高等院校国家技能型紧缺人才培养工程规划教材

物流管理专业

配送中心运营管理

（第3版）

李玉民　主　编
李家斌　张晶蓉　副主编

电子工业出版社

Publishing House of Electronics Industry

北京·BEIJING

图书在版编目（CIP）数据

配送中心运营管理 / 李玉民主编. 一3 版. 一北京：电子工业出版社，2018.3
高等院校国家技能型紧缺人才培养工程规划教材. 物流管理专业
ISBN 978-7-121-33127-5

Ⅰ. ①配… Ⅱ. ①李… Ⅲ. ①物流配送中心－运营管理－高等学校－教材 Ⅳ. ①F253

中国版本图书馆 CIP 数据核字(2017)第 293110 号

策划编辑：刘露明
责任编辑：刘淑敏
印　　刷：北京虎彩文化传播有限公司
装　　订：北京虎彩文化传播有限公司
出版发行：电子工业出版社
　　　　　北京市海淀区万寿路 173 信箱　　邮编 100036
开　　本：787×1092　1/16　印张：16.5　字数：402 千字
版　　次：2007 年 3 月第 1 版
　　　　　2018 年 3 月第 3 版
印　　次：2025 年 1 月第 12 次印刷
定　　价：48.00 元

凡所购买电子工业出版社图书有缺损问题，请向购买书店调换。若书店售缺，请与本社发行部联系，
联系及邮购电话：(010) 88254888，88258888。
质量投诉请发邮件至 zlts@phei.com.cn，盗版侵权举报请发邮件至 dbqq@phei.com.cn。
本书咨询联系方式：(010) 88254199，sjb@phei.com.cn。

高等院校国家技能型紧缺人才
培养工程规划教材·物流管理专业
编委会名单

出版说明 ●————————————————————————————

　　21 世纪既是一个竞争日益激烈的世纪，也是一个充满机遇的世纪。随着我国经济的发展，物流管理与技术飞速发展的时代已经到来。物流人才被列为全国 12 种紧缺人才之一。为了满足经济建设与人才培养的需要，2005 年 9 月教育部推出了《高等教育物流管理专业紧缺人才培养指导方案》(以下简称《指导方案》)，它的颁布对全国高等院校起到了规范与引导的作用。

　　为了密切配合教育部此次推出的《指导方案》，满足培养物流技能型人才的需要，我们于 2005 年启动了"高等院校国家技能型紧缺人才培养工程规划教材·物流管理专业"教材的策划、组织与编写工作。

　　本套教材约由 20 本组成，由来自高等院校物流专业教学第一线的"双师型"教师参与编写，基本满足高等院校物流管理专业物流运输管理方向、仓储与配送方向、企业物流方向与国际物流方向的培养需求，并将突出以下几个特色：

- 以教育部新推出的《指导方案》为依据，构建丛书框架结构与每本书的基本内容，从而符合物流管理专业教学指导委员会对本专业建设的规划与精神。
- 针对高等院校学生的特点、培养目标及学时压缩的趋势，控制内容深浅度、覆盖面及写作风格。
- 突出基础理论知识够用、应用和实践技能加强的特色；保持相对统一的活泼的编写体例与丰富的栏目。适量增加实训的内容。
- 在内容构建上，将学位教育与职业资格证书考试相结合，满足学生获得双证的需求。
- 写作上强调文、图、表有机结合，使内容与知识形象化，学生好学易记。
- 配套可免费下载的用于教学的 PPT 及习题参考答案(下载网址：www.hxedu.com.cn)，以及更多的延伸阅读材料，使老师好用、学生好学。

　　本套教材主要作为高等院校物流管理专业的教材，也可作为全国高等教育自学考试物流管理专业、初中级物流专业人才培训或物流行业从业人员的充电书籍参考使用。希望本套教材对我国物流管理人才培养及物流行业的发展有所贡献。

全国高职高专教学研究与教材出版编委会

E-mail:lmliu@phei.com.cn

前　言

伴随着社会经济的迅速发展，现代物流的基础战略地位和支撑作用越来越明显。尤其是近年来随着物流"第三利润源"价值的发现，我国物流发展进入了快车道。现代物流中颇具特色的物流配送活动，正越来越多地活跃在社会经济的各个环节；配送中心也越来越多地在供应、生产、流通、消费等领域发挥着越来越重要的作用。

从现代物流的角度来看，配送中心绝不仅仅是一个仓库或一个作业场所，更是社会物流系统中一个重要的网络节点，是一种新兴的生产与运作组织管理形式，是有效消除商品的时间距离和空间距离的物质基础，是为了满足客户需求，对供应商、制造商、销售商和最终用户之间的物流、商流、信息流和资金流进行有效管理，以实现低成本、高效率、快速度经营运作的重要载体。

本书第 1 版自出版以来受到了业界的广泛关注和普遍好评，并于 2011 年进行了修订，但考虑到物流理论和实践的与时俱进，应电子工业出版社的要求，我们着手对本书进行了再次修订。在此次修订过程中，重新撰写了部分案例，补充了大量扫描二维码即可获得的延伸资料，包括阅读材料及现场操作视频，进一步强调了理论与实践相结合，实时体现配送中心运营管理方面有关理论和企业实践的新进展。本书具体体现以下几个特色：

- 紧密结合《高等教育物流管理专业紧缺人才培养指导方案》的要求，体现了物流配送运作的实践特色，系统地介绍了配送中心运作管理的基本理论、技术和方法；
- 注重理论联系实际，注重案例教学和技能训练，注重培养实务操作能力；
- 以学生为中心，以就业为导向，兼顾"双证"要求；
- 注重图、表、文的有机结合，形象直观，易学易记；
- 每章都设有引导案例、案例分析、复习思考题、实训题、推荐阅读材料等，以期给学生更多的启发和引导；
- 提供方便教学的 PPT、练习题及答案要点（下载网址：www.hxedu.com.cn）。

本书由郑州大学李玉民教授担任主编，其他参编的老师有郑州大学刘会新、张晶蓉，郑州航空工业管理学院孟群波及河南工程学院李家斌，其中李家斌老师和张晶蓉老师为副主编。具体分工如下：李玉民提出全书框架和编写大纲，负责全书统稿，并编写第 1 章；刘会新编写第 4、10、11 章；孟群波编写第 5、7、9 章；张晶蓉编写第 6、8 章和全书的实训题；李家斌编写第 2、3 章，并协助全书统稿。

在本书的编写过程中，我们得到了电子工业出版社刘露明老师的热心帮助和大力支持，在此谨表示诚挚的谢意。同时，我们还参考和引用了许多学者和专家的研究成果，在此也向他们表示衷心的感谢。

由于时间仓促和水平有限，书中难免有不妥之处，恳请广大读者批评指正！

李玉民

作者简介

李玉民 博士，教授。曾在中国一拖集团有限公司工作多年，有着丰富的物流运营管理实践经验，现为郑州大学管理工程学院副院长，郑州大学物流供应链研究中心主任，兼任中国物流学会常务理事、特约研究员，河南省物流学会副秘书长，河南省物流与采购联合会副秘书长，中国物流与采购联合会、北京慧之桥咨询有限公司等培训机构高级讲师。

目 录 ————————————————————————————●

第 **1** 章

配送中心概述

学 习 目 标

● 理解配送的概念和内涵，对运输、配送、搬运和送货等概念能够进行有效区分；
● 理解配送中心的概念和内涵，对配送中心和物流中心等概念能够进行有效区分；
● 了解配送中心的一般流程；掌握配送中心的功能和作用；熟悉配送中心的分类。

引导案例

沃尔玛的配送中心

　　沃尔玛百货有限公司（以下简称沃尔玛）1945 年诞生于美国。在创立之初，由于地处偏僻小镇，几乎没有哪个分销商愿意为沃尔玛送货，它不得不自己向制造商订货，然后再联系货车送货，配送效率非常低。在这种情况下，沃尔玛的创始人山姆·沃尔顿决定建立自己的配送组织。1970 年，沃尔玛的第一家配送中心在美国阿肯色州的一个小城市本顿维尔建立，这个配送中心给 4 个州的 32 个商场供货，集中处理公司所销商品的 40%。

　　20 世纪 90 年代，沃尔玛购买了一颗专用卫星，用来传送公司的数据信息。这种以卫星技术为基础的数据交换系统，使沃尔玛的配送中心与供应商及各个店面实现了有效联结，沃尔玛总部及配送中心任何时间都可以知道每一个商店现在有多少存货，有多少货物正在运输过程中，有多少货物存放在配送中心等；同时还可以了解某种货品上周卖了多少，上年卖了多少，并能够预测将来能卖多少。沃尔玛的供应商也可以利用这个系统直接了解自己昨天、今天、上周、上月和上年的销售情况，并根据这些信息来安排组织生产，保证产品的市场供应，同时使库存降低到最低限度。

　　由于沃尔玛采用了这项先进技术，配送成本只占其销售额的 3%，而其竞争对手的配送成本则占到销售额的 5%，仅此一项，沃尔玛每年就可以比竞争对手节省下近 8 亿美元的货物配送成本。20 世纪 80 年代后期，沃尔玛从下订单到货物到达各个店面整个流程需要 30 天，采用这项先进技术之后目前只需要 2~3 天，大大提高了物流的速度和效益。

? 思考题

配送中心在沃尔玛的经营运作中发挥了什么作用？

△▷ 1.1　物流与配送

1.1.1　物流

根据 2007 年 2 月国家技术监督局颁布的《中华人民共和国国家标准·物流术语》（以下简称《物流术语》，GB/T 18354—2006）的规定，物流（logistics）是指"物品从供应地向接收地的实体流动过程。根据实际需要，将运输、储存、装卸、搬运、包装、流通加工、配送、信息处理等基本功能实施有机结合"。

虽然"物流"一词是近代才出现的，但实际上自人类文明一开始，物流思想和物流实践就产生了，如古代中国长城的修建、古代埃及金字塔的修建，其中就包含了丰富的物流学思想；再如，我国春秋战国时期就有了"轻关易道"、"四海货财通"等物流思想，秦国曾大规模地修建了驰道、直道、新道、灵渠等运输通道。

伴随着现代文明的发展，物流思想和物流发展水平也不断提高，并从 20 世纪初逐渐发展成一门系统性、实践性很强的学科。1905 年，美军少校琼斯·贝克（Chauncey Baker）第一次提出了"物流"这一概念，1915 年阿奇·肖（Arch Shaw）教授在其著作《市场流通中的若干问题》（哈佛大学出版社出版）中，明确应用"Physical Distribution"一词来表达"物流"。对物流发展最具激发作用的是第二次世界大战中军事后勤保障的成功实践。第二次世界大战中的军事物资、装备的制造、供应、配置、调运、补给、保养、维护等军事后勤活动使物流方法和系统分析方法得到有效应用，战后这套理论和方法迅速在民用领域得到发扬光大，促进了经济的迅速发展。20 世纪 80 年代，随着计算机技术、网络技术和信息技术的迅速发展，物流发展进入了现代发展阶段。1985 年，美国物流管理协会正式用"Logistics"代替了"Physical Distribution"，并将协会名称由"National Council of Physical Distribution Management"更名为"The Council of Logistics Management"。

"物流"这一概念于 1956 年传入日本，最初其阐述为"物的流通"，后来简化为"物流"。我国的物流概念是从日本传入的，并直接借用了日文的"物流"一词。1979 年 6 月，中国物资经济学会派代表团参加在日本举行的第三次国际物流会议，第一次把物流的概念介绍到国内。但由于种种原因，物流在我国沉寂了近 20 年，直到 20 世纪 90 年代末期，物流才开始在我国"升温"，并迅速进入了快速发展期。

1.1.2　配送

根据《物流术语》的解释，所谓配送（distribution），是指"在经济合理区域范围内，根据客户要求，对物品进行拣选、加工、包装、分割、组配等作业，并按时送达指定地点的物流活动"。

这个概念可以从以下几点来理解。

1. 配送的地域性

由于任何一个企业都有一个比较经济合理的辐射范围，因此"配送"这项物流活动是受一定的区域限制的，超出这个区域范围，物流成本就明显增加，企业运作就不经济了。

不过，随着运输技术的不断发展，配送的经济合理区域范围有逐渐扩大的趋势。

2．配送的服务性

在"配送"的定义中强调了"根据客户要求"，这不但明确了客户的主导地位，同时也明确了配送的服务性质，即配送是按客户要求进行的一种活动。因此，必须明确配送企业处于服务地位，而不是主导地位，配送企业应从客户利益出发，在满足客户利益的基础上取得本企业的利益。

3．配送的综合性

配送是"配"和"送"的有机结合。在配送过程中，如果不进行分拣、配货等作业，而只是有一件运一件，需要一点送一点，就会大大增加人、财、物的消耗，使送货并不优于取货。而配送正是利用有效的分拣、分割、加工、包装、组配等工作，使送货达到一定的经济规模，利用规模优势取得较低的送货成本。整个作业过程几乎包含了物流活动中所有的功能要素，如储存、装卸、搬运、流通加工、包装、运送、物流信息等，是物流的一个缩影，是小范围内物流活动的综合体现。从这个角度来说，配送是物流中一种特殊的、综合的、比较复杂的活动形式。

4．配送的准"点"性

它包含两方面的含义，一是时间准时，二是地点准确，即定义中强调的"按时送达指定地点"。根据客户的要求，把配好的货物按时送到双方约定的地点，才能够为客户的生产或销售活动提供有效的支撑，才能够为客户降低运作和物流成本提供便利条件。满足了客户的利益，配送中心才可能在此基础上获得利益。

5．配送的高技术特性

由于配送是许多物流业务活动的有机结合体，联结着商品供应链的上游和下游，其运作管理的综合性和复杂性很明显，因此若配送活动没有一个物流信息系统和信息网络，没有一套现代化的技术和装备，没有一套现代理念的管理技术和方法，那么配送在规模、水平、效率、速度、质量等方面就难以超过以往的送货形式，也很容易陷入传统物流的境地。

特别提示　　　运输、配送、搬运的概念比对

运输、配送、搬运等物流环节都有改变物品空间位移的作用，但在物流运作过程中，它们还是有很大区别的。

运输（transportation），即用专用运输设备和工具，将物品从一地点向另一地点运送的物流活动。其中包括集货、分配、搬运、中转、装入、卸下、分散等一系列操作。

配送（distribution）指在经济合理区域范围内，根据客户要求，对物品进行拣选、加工、包装、分割、组配等作业，并按时送达指定地点的物流活动。

搬运（handling/carrying）指在同一场所内，以对物品进行水平移动为主的物流作业。

一般来说，运输主要指在一个较大范围内，对物品进行较长距离的空间移动，可以使用车、船、飞机等多种运输方式；配送属于运输中的末端运输（又称"二次运输"），主要指在一个较小范围内，对物品进行较短距离的空间移动，一般使用汽车做运输工具；

而搬运则主要指在同一场所内，对物品进行的水平移动，一般使用叉车、牵引车等搬运工具。

 ## 1.2 配送中心及其作业流程

1.2.1 配送中心的概念

根据《物流术语》的定义，配送中心（distribution center）是指从事配送业务且具有完善信息网络的场所或组织。配送中心应基本符合下列要求：① 主要为特定客户或末端客户提供服务；② 配送功能健全；③ 辐射范围小；④ 多品种、小批量、多批次、短周期。

可结合配送的定义来理解这个概念，如表 1.1 所示。

表 1.1 配送中心概念的理解

要　点	解　释
完善的信息网络	配送活动需要有一个完善的信息系统和信息网络
主要为特定客户或末端客户提供服务	一般情况下，配送中心主要服务于某一类客户（如流通企业、生产企业），或者其他类型的末端客户
配送功能健全	配送几乎包含了物流活动中所有的功能要素，如储存、装卸、搬运、流通加工、包装、运送、物流信息等，是物流的一个缩影和综合体现
辐射范围小	配送中心的辐射范围受限于它的经济合理区域
多品种、小批量、多批次、短周期	指配送中心为了配合生产企业和流通企业去满足日益多样化、个性化、迅速多变的市场需求，而采取的物流措施和物流作业
以配送为主，储存为辅	配送中心强调物品的流动，储存只是暂时的

配送中心的形成及发展是有其历史原因的，一般认为配送中心是物流领域中社会分工和专业化分工的产物。这里引用日本经济新闻社出版的《输送的知识》一书的观点："由于客户在货物处理的内容上、时间上和服务水平上都提出了更高的要求，为了顺利地满足客户的这些要求，就必须引进先进的分拣设施和配送设备，否则就不可能建立正确、迅速、安全、廉价的作业体制。因此，大部分企业都建造了配送中心。"可见，配送中心是物流系统化和大规模化的必然结果，是基于物流合理化和拓展市场这两个需要而逐步发展起来的。

1.2.2 配送中心的作业流程

根据配送中心作业活动的内容和特性，以及配送中心与商品供应链上下游之间的关系，我们不难理出如图 1.1 所示的配送中心各项业务功能的相互关系。

将图 1.1 中的内容进一步分解，就可以得到如图 1.2 所示的常见配送中心的典型作业活动及作业流程。

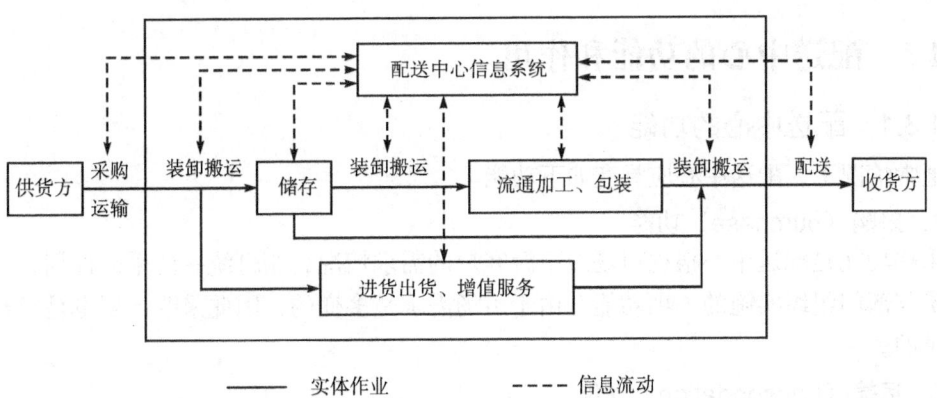

图 1.1　配送中心各项业务功能的相互关系

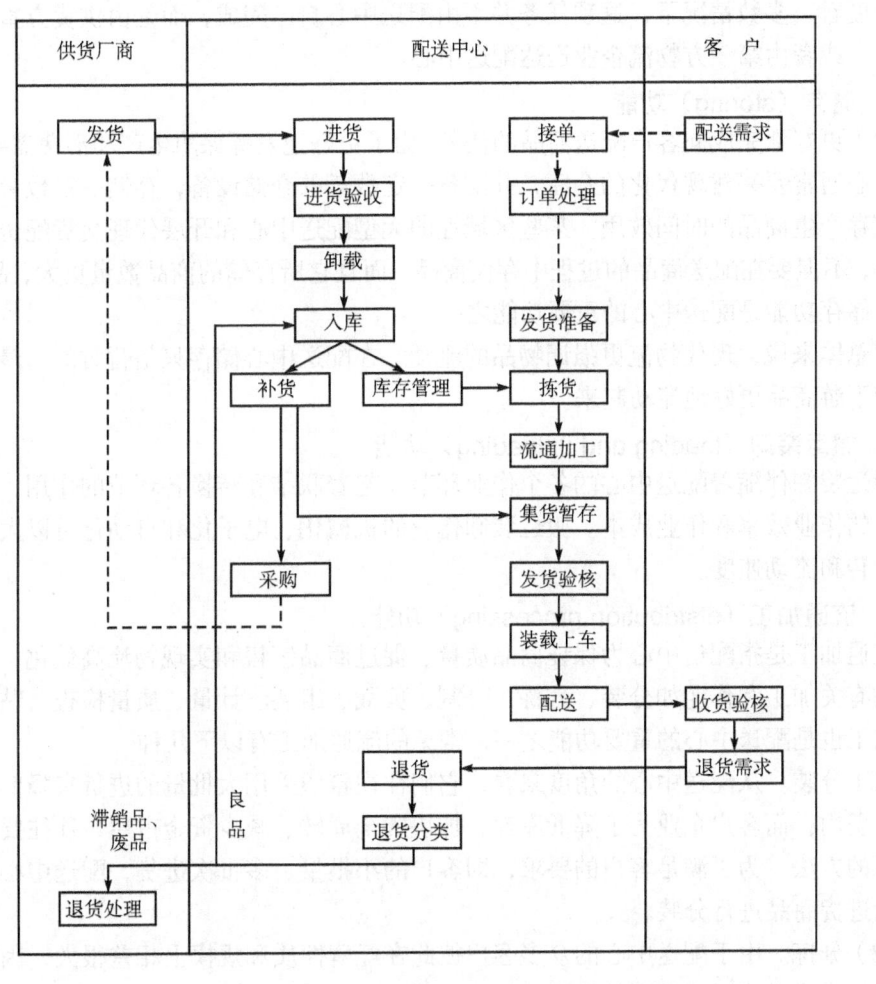

图 1.2　配送中心的典型作业活动及作业流程

1.3　配送中心的功能和作用

1.3.1　配送中心的功能

通常情况下，配送中心应具有如下功能。

1．采购（purchase）功能

采购功能是配送中心根据市场或下游客户的需求情况，制订统一的采购计划，并由专门人员与部门组织实施的一项功能。由于市场需求是多变的，因此采购计划也是经常要随之调整的。

2．运输（transportation）功能

将上游供货方的商品运送至配送中心，就是配送中心的运输功能。不过，从理论和现实的角度看，多数情况下，这项任务并不由配送中心自己完成，而是由供货方直接送达配送中心，或者由第三方物流企业送达配送中心。

3．储存（storing）功能

为了更好地完成向客户配送商品的任务，为了更好地发挥保障生产和消费需要的作用，配送中心通常要兴建现代化的仓库，并配备一定数量的仓储设备，存储一定数量的商品，通过储存产生商品的时间效用。某些区域性的大型配送中心和开展代理交货配送业务的配送中心，不但要在配送商品的过程中存储商品，而且它所存储的商品数量更大，品种更多。因此，储存功能是配送中心的重要功能之一。

但总体来说，现代物流更强调物品的流动，在配送中心储存只是暂时的，最终是希望能够使下游商品更好地流动起来。

4．搬运装卸（loading and unloading）功能

搬运装卸伴随着配送中心的各个作业环节，起着联结和转换各环节的作用，关系到配送中心的作业效率和作业成本。搬运装卸作业的机械化、电子化和自动化可以大大加快商品的中转和流动速度。

5．流通加工（distribution processing）功能

流通加工是指配送中心为保证商品质量、促进商品销售和实现物流高效化，而对物品进行的有关加工和作业如分装、分拣、分割、剪裁、组装、计量、质量检查、贴标签等。流通加工也是配送中心的重要功能之一，常见的流通加工有以下几种。

（1）分装。从配送中心的角度来看，它们往往希望采用大批量的进货来降低进货价格和进货费用；而客户企业为了降低库存、加快资金周转、减少资金占用，往往要采用小批量进货的方法。为了满足客户的要求，即客户的小批量、多批次进货，配送中心就必须对大批量进货商品进行分装。

（2）分拣。由于配送中心的众多客户彼此在经营性质和规模上相差很大，因此，配送中心在订货或进货时，不同的客户对货物的种类、规格、数量会提出不同的要求。为了同时向不同客户配送多种货物，配送中心必须采取适当有效的方式对货物进行拣选，并在此基础上，按照配送计划分装和配装货物。这样，配送中心就增加了分拣货物的功能。

（3）分割。对于某些商品，为了兼顾大批量集合运输的高效率、低损失与消费者的小批量、多样化、定制化需求，常常要将大块或大卷的物品进行必要的分割，如钢板、玻璃等的分割、套裁等。这样做，从客户角度来看，省事、省力，方便了消费；从配送中心角度来看，不但促进了销售，而且有利于加工余料的充分利用；另外，搭配套裁还可以减少边角料，提高材料的利用率，对客户、对自己、对社会都有很大的好处。

（4）组装。某些商品由于自身的特殊形状，在运输、装卸作业中效率较低，且极易发生损失，需要进行适当的流通加工以弥补它们的物流缺陷。例如，自行车、电动车、摩托车等在消费地区的组装加工可防止整车运输的低效率和高损失。

6．组配（assembly）功能

一方面，由于每个客户企业对商品的品种、规格、型号、数量、质量、送达时间和地点等的要求不同，配送中心必须按客户的要求对商品进行分拣和组配；另一方面，配送中心的运输工具载重量和容积，与所需要配送商品的重量和容积并不会每次都正好合适，因此必须合理组织，安排好物品的配载作业。配送中心的这一功能是其与传统仓储企业的明显区别之一，也是配送中心的重要特征之一。

7．包装（packaging）功能

根据商品向下游流转的过程和目的不同，配送中心对商品进行不同的包装。这个过程既包含大袋换装小袋的简单包装，也包括为了促销而进行的漂亮包装。总体来讲，商品包装要满足消费者、运输商和销售商的要求，既起到保护商品、方便储运、促进销售的作用，同时还要降低包装成本。

8．集货（goods collection）功能

配送中心凭借其特殊的地位及其拥有的各种先进的设施和设备，将分散在各个生产企业的商品集中到一起，然后经过分拣、配装向多家客户发运。

9．送货（delivery）功能

配送中心经过进货、分拣、组配等作业后，选用合适的运输工具，依照合理的配送路线，向下游客户送货的过程，属于较小区域内、短距离、多频率的商品送达服务过程。

10．退货回收（returned recycling）功能

配送中心要对下游滞销商品的退货、不合格物品的返修、包装容器的周转等进行有效处理。

11．直接换装（cross docking）功能

直接换装有时又称交叉转运，是配送中心比较特殊的一种作业形式，是指物品到配送中心后，直接从一种运输工具上换载到另一种运输工具上的转换方式。它无须存储，直接将刚收到的货物经过适当分类整理后换装转运到发货站台。直接换装消除了入库、储存和拣选等作业，减少了作业时间和成本，加快了货物流转速度，并能够提高客户服务水平，因此，直接换装的应用正越来越广。据美国统计，约有 75%的食品仓库和配送中心将来自供应商的商品直接转运到零售食品店。直接换装与传统仓库功能的比较如图 1.3 所示。

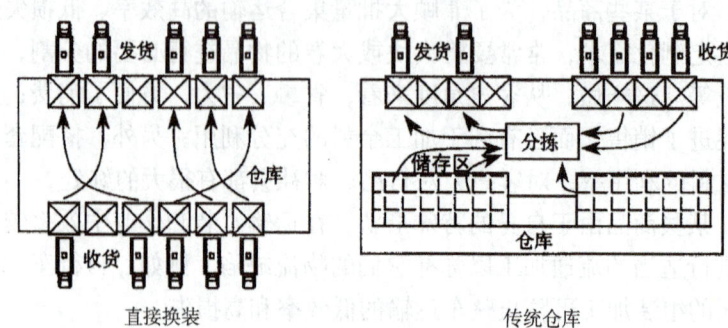

图 1.3　直接换装与传统仓库功能的比较

12．信息处理功能

它主要指配送中心为沟通物流配送各环节、各作业间的活动而建立信息系统和信息网络，有效地为客户提供有关货物的购、储、运、销一体化服务及有关咨询服务，协调各部门、各环节的配送作业。这些信息包括配送商品的数量、质量、速度、时间、成本等作业管理信息，与上下游客户的关联信息、市场信息、政策信息等。

13．增值服务功能

增值服务是指在基本服务的基础上替客户着想、为客户提供的延伸服务和额外服务。增值服务有时需要更多的成本，所以配送中心常常通过提高服务收费或获得更多的业务予以补偿。一般来说，增值服务需要创意和智慧，需要从客户的角度思考，因此增值服务的内容也常常随着配送中心的不同而有很大不同。以下几种服务都可以认为配送中心提供的增值服务。

（1）在包装上按客户的要求进行特殊包装，设定特定的标记，并帮助客户制作价格标签。

（2）配送中心不仅承担订货处理、储存服务和配送服务，还提供诸如退货、返修、回收商品等逆向物流服务。

（3）配送中心不仅和货主发生物流费用的结算，而且受货主委托，替货主向收货人结算和开票，即通常所说的"代收货款"。

（4）配送中心提供与促销有关的增值服务，如销售点展销台的配置、销售点扩大宣传和促销材料的物流支持等。

（5）准时制（Just in Time，JIT）配送服务，在准确的时间，准确地将适当质量和价格的商品送到客户手中，为 JIT 生产和 JIT 销售提供支撑。

（6）配送中心根据自己的行业经验和专业知识，为货主提供方案策划、系统设计等物流方面的咨询服务，代替货主选择和评价运输商、仓储商及其他物流服务供应商等。这既是一项增值服务，也是一项提高配送中心竞争力的手段。

1.3.2　配送中心的作用

根据在物流系统中服务对象的不同，配送中心具有不同的作用。

1．为社会物流系统服务——社会配送中心

配送中心在社会物流系统中的作用，可以简单地通过图 1.4 来分析。假设在社会物流体系中没有设立配送中心，有 x 家供应商要把商品分别配送到 y 家销售商，这是一种分散配送的物流体系，如图 1.4（a）所示；再假设社会物流体系中设立了配送中心，有 x 家供应商通过社会物流配送中心向 y 家销售商供货，这是一种集中配送的物流体系，如图 1.4（b）所示。

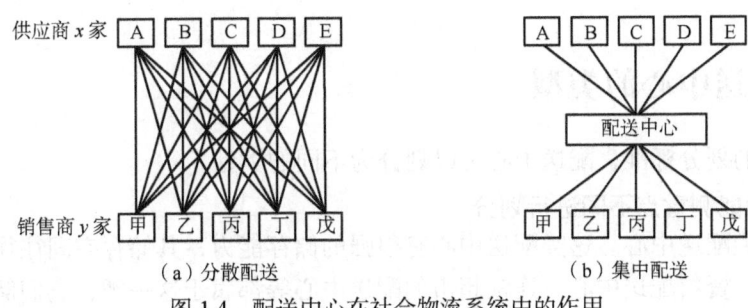

图 1.4　配送中心在社会物流系统中的作用

比较图 1.4（a）和图 1.4（b），可知：

（1）假设供应商和销售商都为 5 家，即 $x=5$，$y=5$，则分散配送时总的配送次数为 $xy=25$，集中配送时总的配送次数 $x+y=10$。分散配送次数增多，必然使整个物流成本增大。

（2）集中配送的物流网络比较有序，而分散配送容易引起物流网络的无序，出现物流通路的混乱，从而导致交通拥挤。

（3）与集中配送相比，分散配送加重了城市噪声、尾气、粉尘等污染和对销售商周边居民生活的干扰，社会负面影响较大。

配送中心的设立有效地衔接了商品流通的上游和下游，通过配送中心的规模运作、专业配送，不仅解决了上下游的物流配送问题，降低了它们的物流运作成本，而且可以使它们没有后顾之忧，从而集中精力去开发、生产更好的产品，去发展、开拓更大的市场。社会物流配送中心属于"第三方物流企业"的一种，其经济效益和社会效益是非常明显的。

2．为企业物流系统服务——企业配送中心

企业配送中心主要有两种，即生产制造企业建立的、服务于企业生产的配送中心和商贸流通企业建立的、服务于贸易流通的配送中心。从不同的角度分析，企业配送中心作用不同。

本书仅以商业连锁企业为例，对其配送中心的重要作用进行讨论。

（1）加快商品流通速度，节约流通时间。

（2）有利于实现大批量商品的运输和存储，取得良好的规模效益。

（3）有助于提高整个商业连锁企业的库存周转率，压缩库存金额和在途商品的金额，加速资金周转。

（4）通过集中采购、大批量订货等方式，使连锁企业得到非常优惠的折扣，同时大量的订货也密切了连锁企业同供应商的关系。

（5）通过专业化的运作，可以减少物流过程中的商品损耗和财产损失。

（6）集中高效的物流配送活动，有助于使各个连锁店铺实现"零库存"，使店铺集中精力经营业务，集中配送有力地支持了连锁企业的营销活动。

（7）合理、通畅、规模化运作的物流配送，可以提高车辆的利用率，节约能源，减少污染，同时缓解城市交通拥挤的现象。

连锁企业配送中心不但使企业获得了巨大的经济效益，而且给社会带来了可观的社会效益。

1.4 配送中心的类型

根据不同的划分标准，配送中心可以划分为不同的类型。

1. 根据功能侧重点不同进行划分

（1）储存型配送中心。这类配送中心有很强的储存能力，其储存空间往往占整体空间比例较大。生产资料配送中心、连锁超市的配送中心等都属于这一类，它们储存了大量物资和商品，为客户提供支持生产或销售的物流配送服务。由于历史的原因，目前我国以这类配送中心居多。

（2）流通型配送中心。这类配送中心不以商品的长期保管、存储为目的，加快商品流通是其主要目标，"大进大出"是其主要特点。一般的情形是，大量货物整托盘或整箱进入；或者经过暂存，然后中转出货；或者以直接换装的形式，直接换装出货；或者经过简单分拣后，就配货发货。

（3）流通加工型配送中心。此类配送中心以流通加工为主要功能，既可以有分拣、分割、计量、组装、小件包装、贴标签、条形码贴附等简单作业，也可以有如净菜加工、食品加工、生产资料加工等稍复杂和有一定技术的作业。

（4）综合型配送中心。这类配送中心功能比较齐全，采购、存储、包装、配送、流通加工、物流信息等功能都具备，作业能力比较强。这类配送中心以大型生产企业和大型流通企业设立的居多。

2. 根据运营主体不同进行划分

（1）生产企业的配送中心。这类配送中心主要由实力雄厚的大型生产制造企业投资建立并运营。一方面为企业的生产制造提供准时生产配送服务，降低生产物流成本；另一方面为企业产品提供销售物流配送服务，以降低流通费用，并提高售后服务的质量。例如，海尔物流配送中心就有采购件和制成品两个自动化仓库，共 19 536 个库存货位。采购件自动化仓库负责向装配线工位准时配送零部件，制成品自动化仓库负责向全国 42 个分销配送中心准时配送制成品。该配送中心建成后，海尔库存资金由 1999 年的 15 亿元迅速降至 2000 年的 7 亿元。

（2）商业企业的配送中心。随着商业规模的扩大和连锁商业的兴起，大型商业企业更愿意自建物流配送中心以达到有效控制销售和降低物流成本的目的，这类配送中心主要包括以批发商为主的批发型配送中心和以零售商为主的零售商（或连锁超市）配送中心。例如，沃尔玛、麦德龙、家乐福、易初莲花等大型流通企业都建立有自己的配送中心，专门为本公司所属的销售网点提供商品配送服务。

（3）第三方运营的配送中心，即社会物流配送中心。由于自建配送中心的建设成本和运营成本一般都比较高，因此使用第三方运营的配送中心，由生产商、批发商、零售商以外的第三方物流企业提供物流配送服务，也是一种经常采用的配送模式。这对广大的中小型生产企业、流通企业及社会上的零散客户来说，是一种很好的选择。

（4）共同配送中心。这是为了满足企业经营和降低成本的需要，由多个中小型企业合资或合作建立的配送中心。这类模式可以在供应链的上下游企业间实行，也可以在同类企业间实行，还可以在异类企业间实行，只要能够实现"共赢"，就达到了各方共同的目标。这样做不仅可以提高配送车辆的利用率，减少企业的配送费用，弥补企业配送能力的不足，而且有利于企业及时、快速地响应客户的需求。

3．根据专业性不同进行划分

由于商品的种类、特性多种多样，因此若根据配送商品的种类不同进行划分，就划分出了各种专业配送中心。常见的有日用品配送中心、食品配送中心、生鲜品配送中心、化妆品配送中心、医药品配送中心、图书配送中心、服饰配送中心、电子产品配送中心、农产品配送中心、钢材配送中心、建材配送中心等。

 特别提示　　　　　　　　配送中心与物流中心

根据《物流术语》的规定，物流中心（logistics center）是指从事物流活动且具有完善信息网络的场所或组织。它应基本符合下列要求：① 主要面向社会提供公共物流服务；② 物流功能健全；③ 集聚辐射范围大；④ 存储、吞吐能力强；⑤ 对下游配送中心客户提供物流服务。

从事物流活动的场所或组织，应基本符合下列要求：主要面向社会服务；物流功能健全；完善的信息网络；辐射范围大；少品种、大批量；存储、吞吐能力强；物流业务统一经营、管理。

可知，物流中心与配送中心都是从事物流活动的一种场所或组织，都是现代物流体系的重要节点，都具有较齐全的物流配送功能，都具有完善的信息网络且功能非常相似，这是它们的共同点，也是这两个概念在现实中经常被混淆、混合使用的重要原因之一。

但实际上，这两个概念是有区别的。

（1）服务客户群的差别。物流中心主要面向整个社会服务，而配送中心主要为特定的客户服务，其辐射的范围要小。

（2）物流业务上的差别。物流中心一般从事的是少品种、大批量、大范围的中转、分拨、调运，而配送中心相对于物流中心来讲，从事的是多品种、小批量、较小范围的末端配送。

（3）作业频次的差别。物流中心多采用中等频次响应客户需要，相比之下，配送中心一般采取类似"少食多餐"的多频次的作业方法去响应客户需要。

（4）在供应链上位置的差别。一般情况下，物流中心的上游是工厂，下游是配送中心或批发商，而配送中心的上游是物流中心或工厂，下游是零售店或最终消费者。

案例分析

海尔集团的配送中心

海尔集团创立于 1984 年，如今已列居中国电子信息百强前茅。2001 年 10 月，海尔配送中心被中国物流与采购联合会评定为"中国物流示范基地"，这是中国第一个物流示范基地。配送中心在海尔集团实施的以市场链为纽带的业务流程再造过程中扮演了重要角色。

海尔国际配送中心立体仓库高 22 米，拥有原材料、成品标准托盘位共 18 056 个。该配送中心采用了以激光导引无人运输车系统为代表的一系列先进技术，实现了物流的自动化和智能化，所有货物从入库到出库过程中的一切活动均实现无人操作，而且出入库信息经由条形码和红外线扫描信息终端，同步传送到了物流管理系统。该中心 7 200 平方米的货区，完成了相当于普通平面仓库 30 万平方米的吞吐量，而整个物流配送中心的操作人员仅有 10 名。

海尔集团在全国各地建有 42 个配送中心，构成了海尔集团服务市场和客户需求的重要物流网络。海尔集团各个生产基地的产品制造完毕后，根据市场需求发送给各地的配送中心。

为确保配送中心实现高效运转，并为管理系统提供及时、准确的物流数据，配送中心日常作业必须改变传统手工作业的方式，建设一套高效和准确的数据采集系统。便携式数据终端作为集成条形码扫描和移动计算功能的高科技产品，在海尔各地的配送中心获得了良好应用。

在配送中心入库作业中，数据终端从主机系统下载有关的入库数据后，操作人员通过在数据终端上输入相应的入库单据编号，便可获得详细的入库数据，具体包括入库产品条形码、单位、数量等。操作人员通过对实际入库产品条形码的扫描，并将实收数据与应收数据核对，实现了对入库数据的高效采集和流程控制功能。最后，数据终端上采集的数据被上传到主机系统中，供物流管理系统做进一步处理和分析。

在配送中心出库作业中，数据终端下载主机系统的出库数据后，操作人员在数据终端上输入相应的出库单据号，便可获得当前批次出库产品的条形码和数量。依据数据终端中的出库数据，操作人员可实现对出库产品的扫描、核对和确认，从而实现了对出库作业的严密管理。最后，数据终端的实际出库数据被上传到主机系统中。

在仓库盘点作业中，数据终端下载主机系统的盘点数据后，操作人员便可在数据终端的操作提示下，对库存产品进行逐项扫描、清点和确认，待盘点数据上传到主机系统之后，便可获得库存的盘点差异数据。

? **思考题**

1．配送中心在海尔集团的发展过程中起到了什么作用？
2．海尔配送中心应用了哪些技术和设备？它们的作业特点有哪些？

复习思考题

1. 配送与运输、搬运、送货等概念有什么异同?
2. 配送中心和物流中心的概念有什么异同?
3. 在社会物流体系中,配送中心有哪些重要作用?
4. 常见的配送中心有哪些?

 实训题

实训目的:

进一步理解物流与配送,物流中心与配送中心,运输、配送与搬运等概念。

实训要求:

1. 先按班级分组讨论,各自阐述自己的认识和理解。
2. 再到图书馆和网上查阅各种物流资料。
3. 结合各种资料,分组对相关概念再进行讨论。一方面发现自己以前认识的不足,另一方面加深对概念的理解和把握,为后续学习打下基础。

实训操作与规范:

1. 分组人数以 7~10 人比较合适,每组选一名小组长。
2. 老师在讨论的过程中,注意调动学生积极性,同时注意启发和引导。

 推荐阅读材料

1. 加拿大沃尔玛的新鲜食品物流配送中心(来自百度视频)。

http://baidu.iqiyi.com/watch/4947270765223354232.html?page=videoMultiNeed

2. 国家标准《物流术语》GB-T 18354—2006。

http://www.moc.gov.cn/zhuantizhuanlan/gonglujiaotong/shoufeigongluzmk/zhengcefagui/201508/t20150814_1863913.html

3．配送中心的基本作业流程（来自百度文库）。

https://wenku.baidu.com/view/1eafdac258f5f61fb736664f.html

第 2 章

配送中心选址与设施规划

学 习 目 标

- 理解配送中心选址的主要影响因素和选址原则，熟悉并掌握各种选址方法；
- 了解配送中心设施规划的目标、原则及其程序框架，熟悉 EIQ 分析方法，掌握基于 SLP 法的配送中心设施规划方法，并能够解决小型配送中心设施规划问题。

引导案例

医药配送中心的选址

　　格林公司是一家从新中国成立初期就发展起来的大型医药流通企业，为众多知名的医药生产企业提供包括仓储、配送及分销在内的各种物流服务，其客户关系覆盖各大医院、连锁药店及全国 29 个省、市的药品批发企业。

　　格林公司北京分公司覆盖的地区主要包括以北京、天津、河北、河南、山东为主的华北区，所有在这个地区之内的药品分销和配送业务都由北京分公司来操作。以北京南三环外的玉泉营配送中心作为华北区的中央配送中心，以石家庄、天津、郑州、太原等地的配送中心作为区域配送中心，北京分公司构筑了面向整个华北区各级城市的自营药店、区域经销商和医疗单位等的物流网络体系，通过自有车队或协议车队为这些客户提供比较准时的配送服务，近年来的物流运作还是比较成功的。

　　自 2002 年以来，格林公司发展迅速，年度业务增长速度达到 25%左右，由此导致原有的物流配送体系难以支持业务的快速发展，需要在原来的基础上进行网络体系优化及新建医药配送中心。

　　北京分公司虽然经过长期发展，已构建了集储存、转运、加工、配送等多功能为一体的物流配送网络，实现了商流、物流、信息流、资金流的统一，但也面临很多新问题，具体如下。

　　（1）配送中心布局不合理。北京分公司各配送中心都是在新中国成立初建设的，当时都处于城市边缘地带或郊区，但近年来已经被包容进城市的中心或近中心地带，而且由于城市交通紧张，配送运营车辆都有各种各样的限制。

　　（2）配送中心现代化程度低。北京分公司各配送中心机械化、自动化水平程度均比较低，几乎所有的物流环节都是人工处理，而且这些配送中心建设比较早，建筑采用砖混结构，净高比较低，即便进行改造，成本投入与新建物流中心相比也没有任何优势。

（3）配送中心运作效率比较低。北京分公司配送中心建设比较早，未采用合适的物流设计技术，导致仓储功能区布局不合理，物流动线交叉严重，"瓶颈"比较多，物流环节存在相互重复、冲突的现象，库存呆滞时间过长，人力资源浪费巨大，造成整体运作效率低下。

（4）配送中心功能单一。北京分公司配送中心基本属于传统仓库模式，主要提供仓储和运输配送的职能，同现代化配送中心具备的库存管理、存储管理、品质检验、流通加工、配送管理、信息管理、资金管理等多种功能相比，相差很大。

通过与北京分公司行政总经理、采购总监和销售总监的分析和讨论，并综合考虑了物流配送成本、客户服务水平、自然环境因素（气象条件、地质条件、水文条件、地形条件）、经营环境因素（产业政策、商品特性、物流费用、服务水平）、基础设施状况（道路交通、公共设施）及其他（土地利用、环境保护）因素，北京分公司物流总监David初步认为把北京分公司的中央配送中心建在通州物流基地比较合适，原因一是土地价格不是很高，二是区位优势和交通优势比较明显。

❓ 思考题

你认为在格林公司配送中心选址过程中，哪种因素最重要？为什么？

2.1 配送中心选址

配送中心选址是指在一个具有若干供应点及若干需求点的经济区域内，选出一个地址设置物流配送中心的规划过程。较好的配送中心选址方案应能使商品通过配送中心汇集、中转、分发，直至输送到需求点的全过程的总体效益最好。

2.1.1 选址影响因素

1. 社会经济因素

（1）交通运输。交通运输是影响配送成本及效率的重要因素之一，配送中心选址必须考虑对外的运输渠道，只有交通便利，进出通畅，才能够提高配送效率，降低配送成本。对于一般的配送中心，可选择在高速公路、国道、快速道路及城市主干道路附近的地方；对于综合型物流配送中心，一定要选择在两种以上运输方式的交会地，如公路、铁路、水运或航空等运输方式的交会处。

（2）产业布局。生产企业、流通企业、各类开发区和大市场等，是物流配送服务需求的直接拉动者和货源产生地，因此配送中心选址要考虑周边的产业布局和商业布局。如为制造业服务的配送中心选址应在生产制造企业集中的工业区和高新技术开发区附近，农副产品配送中心选址应在农副产品生产及其加工基地附近，商贸类配送中心选址应着眼于大型交易市场和批发市场附近。

（3）货物流向。对供向物流来说，配送中心主要为生产企业提供原材料、零部件，因此应当选择靠近生产企业的地点，便于降低生产企业的库存，随时为生产企业提供服务。对销向物流来说，配送中心的主要职能是将产品集结、分拣、配送到门店或客户手上，故应选择靠近客户的地方。

（4）人力资源。确定配送中心位置时必须考虑员工的来源、技术水准、工作习惯、工资水准等因素。配送中心不但需要懂技术、会管理的"白领"人才，还需要很多能熟练操作的"蓝领"人才。配送中心选址要考虑到各类人才的可得性、易得性和廉价性。

（5）城市规划和发展。配送中心的选址不但要符合城市规划，而且要考虑城市扩张的速度和方向。例如，中国物资储运总公司的许多仓库在 20 世纪 70 年代以前处于城乡结合部，不对城市产生交通压力，但随着城市的发展，这些仓库逐渐被包围于闹市之中，大型货车的进出受到管制，专用线的使用也受到限制，在这种情况下就需要考虑外迁。

（6）政策法规。政策法规包括产业政策、环保政策、土地政策、优惠政策（如用地、税收）等，这些都会对配送中心的运作发展产生重大影响，也是配送中心选址过程中常常关注的。如果建在有优惠政策的地方，配送中心的建设投资与运作成本都会降低。

（7）社会影响。配送中心生产运作过程中产生的噪声、尾气、粉尘等环境污染，会对周边居民的生活带来很多负面影响，还会对周边道路的交通秩序产生较大干扰，易引起车流紊乱、交通阻塞等。因此，配送中心的建设还要考察与周边人文环境和城市景观的协调程度。这些因素在选址时必须予以充分考虑，以免给社会带来负面影响。

2．自然环境因素

（1）用地。土地是最宝贵的资源，配送中心的位置、面积、地价等都是十分重要的考虑因素。配送中心的用地，既要考虑到企业现在的发展情况和市场需求，又要考虑到今后的扩展空间。

（2）地质条件。配送中心一般应设置在地势高的地段，以保持物资干燥，减少物资保管费用；如果临近河海地区，必须注意当地水位，不得有地下水上溢。另外，土壤承载力要高，注意防止地面以下存在的淤泥层、流沙层、松土层等不良地质条件，可能对配送中心产生不良影响。

（3）气候条件。配送中心周边不应有产生腐蚀性气体、粉尘和辐射热的企业，至少应处于这些企业的上风方向；还应与易发生火灾的单位保持一定的安全距离，如油库、加油站、化工厂等。

除此之外，有些配送中心建设还要考虑水资源、温度、湿度、能源利用、地质灾害等因素。

2.1.2　选址原则

由上述可知，配送中心的选址，实际上是一个多种因素平衡和协调的过程，要选出投资省、占地少、建设快、运营费用低，具有最佳经济效益、社会效益和环境效益的方案。这是配送中心选址的基本原则。在具体选址过程中，应遵守以下原则。

（1）适应性原则。配送中心的选址应与国家或地区的经济发展方针、政策相适应，与所在地区的城市规划、交通规划、产业规划等相适应，与物流资源分布和需求分布相适应。

（2）协调性原则。配送中心的选址应将国家或地区的物流网络作为一个大系统来考虑，使配送中心的设施设备在地域分布、作业能力、技术水平、运输通道等方面与周边的物流系统相协调。

（3）经济性原则。在配送中心日后的运营过程中，有关选址的费用，主要包括建设费用、物流配送费用和经营管理费用三部分。配送中心选址定在市区、近郊区或远郊区，未来这三部分费用是不一样的，应综合考虑，选出使三部分总费用最低的地址建设配送中心。

（4）可持续发展原则。选址的可持续发展原则有三层含义：一是选址要节约土地；二是注意尽量不影响周边的居民生活、城市景观、城市交通等，将环境污染等负面影响降到最低；三是既要考虑目前的实际需要，又要考虑日后的发展、用地的可扩展性等。

2.1.3 选址方法

一般来说，配送中心有两种选址方法：定性分析法和定量分析法。

1. 定性分析法

定性分析法主要是根据各种选址影响因素和选址原则，依靠专家或管理人员丰富的经验、知识及其综合分析能力，确定配送中心的具体地址。使用这一种方法时，要特别注意尊重客观实际，切忌主观武断。

1）优缺点比较法

优缺点比较法是一种最简单的配送中心选址分析方法，尤其适用于非定量因素的比较。该方法的具体做法是：罗列出各个配送中心选址方案的比较要素，并按最优、次优、一般、较差、极坏5个等级对各个方案的优缺点进行评分，最后将每个方案的各项得分加总，得分最多的方案为最优方案。优缺点比较法的比较要素可参照前述的各种选址影响因素和选址原则给出。

优缺点比较法再辅以经济概算，在我国应用很普遍，优点是简单、方便，可以很快得出初步结论；缺点是缺乏量化比较，对非成本因素考虑较少。

2）德尔菲法

德尔菲（Delphi）法是美国兰德公司（Rand Corporation）赫尔默博士于20世纪40年代末首创的，应用十分广泛，对于那些不易获取详细资料的配送中心选址比较适合。其具体实施步骤如下。

（1）组成专家小组。按照配送中心选址所需要的知识范围确定专家，人数一般以20人为宜。

（2）向所有专家提出配送中心选址的相关问题及要求，并附上各选址方案的所有背景材料，同时让专家提交所需材料清单。

（3）向各个专家提供所需材料，各个专家根据他们所收到的材料，提出自己的意见。

（4）将专家的意见汇总，进行分析和处理。

（5）将分析结果再反馈给各专家，专家根据反馈材料修改自己的意见和判断。这一步骤一般要进行3~4次，直到每位专家不再修改自己的意见为止。

（6）对专家的意见进行综合处理，确定选址方案。据20世纪60年代美国加利福尼亚大学的试验研究表明，专家们的意见是符合正态分布的，因此可用数理统计方法进行处理。

2．定量分析法

配送中心选址的定量分析法有很多种，如重心法、运输问题法、量本利分析法、加权分析法、Baumol-Wolfe 模型、CFLP（Capacitated Facility Location Problem）模型等。本文主要介绍重心法和运输问题法，其他方法可以参考相关文献。

1）重心法

重心法的基本思想是所选配送中心地址到各个配送网点（或客户）的运输费用最小，并假设到各网点的配送费率是相同的。重心法是一种模拟方法，将物流配送网络中的需求点和资源点假设为分布在某一平面范围内，各处的需求量和资源量分别假设为聚积在一个重心上的物体的重量。这些物体的重心就作为物流配送网络中配送中心地址的最佳设置点。求得物体重心，则配送中心的地址就确定了。

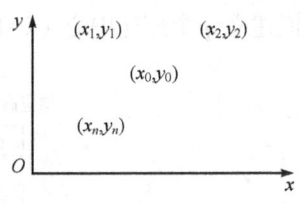

图 2.1　重心法示意图

假设有 n 个配送网点，需要建立一个配送中心。各配送网点（或客户）在平面坐标系中的坐标是已知（或可求）的，为 (x_i, y_i)（$i=1,2,\cdots,n$），如图 2.1 所示。则该配送中心的坐标位置（x_0，y_0）可以用重心法公式求得：

$$\begin{cases} x_0 = \sum_{i=1}^{n} x_i Q_i \Big/ \sum_{i=1}^{n} Q_i \\ y_0 = \sum_{i=1}^{n} y_i Q_i \Big/ \sum_{i=1}^{n} Q_i \end{cases} \tag{2-1}$$

式中，Q_i 表示配送中心向第 i 个配送网点（或客户）的年配送物流量。

例 2.1　某连锁超市拟建一个物流配送中心来负责其属下 5 个连锁店的物流配送。这 5 个连锁店的地理坐标和每年的物流运输量如表 2.1 所示。假设单位运量单位距离的运输成本相同，试用重心法确定该连锁超市拟建物流配送中心的坐标位置。

表 2.1　5 个连锁店的地理坐标和年物流运输量

	连锁店 1		连锁店 2		连锁店 3		连锁店 4		连锁店 5	
	x_1	y_1	x_2	y_2	x_3	y_3	x_4	y_4	x_5	y_5
地理坐标（公里）	2	6	5	10	3	15	16	8	10	16
年物流运输量（吨）	150		200		220		300		180	

解：这是一个直接利用重心法公式求配送中心坐标位置的问题。依题意，将各个连锁店的位置坐标代入式（2-1），即可得到拟建物流配送中心的位置坐标：

$$x_0 = \frac{2 \times 150 + 5 \times 200 + 3 \times 220 + 16 \times 300 + 10 \times 180}{150 + 200 + 220 + 300 + 180} \approx 8.15$$

$$y_0 = \frac{6 \times 150 + 10 \times 200 + 15 \times 220 + 8 \times 300 + 16 \times 180}{150 + 200 + 220 + 300 + 180} \approx 10.93$$

重心法适合配送范围较小，只设立一个配送中心的情形。重心法模型简单，计算量少，可以较快地求出配送中心选址的大体位置；但重心法考虑因素比较简单，因此还需要综合考虑前述的各种选址影响因素和实际情况对计算结果进行修正，以得到更合理的结果。

2）运输问题法

很多情况下，企业面对多个供应商、多个客户，辐射范围较大，需要建立两个或两个以上的配送中心，其物流网络比较复杂，如图 2.2 所示。图中表示有 m 个供应商（$i=1,2,\cdots,m$），每个供应商的供应量为 a_i；有 n 个客户（$j=1,2,\cdots,n$），每个客户的需求量为 b_j；根据需要，拟建立 q 个配送中心（$k=1,2,\cdots,q$）。

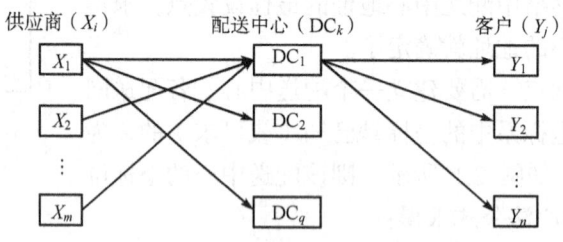

图 2.2　多个配送中心的物流网络

对于此类配送中心选址，在几个备选方案的各种影响因素的作用程度相差不多的时候，就可以将其看成运筹学中的运输问题，考虑用运输规划法求解，找出在最低运输成本下满足供应商、客户的配送中心位置。

拟建具有多个配送中心的物流网络时，假设每个客户的需求都经配送中心进货，不直接从供应商取货（供应商不直接向客户供货），而且拟建的各配送中心的建设成本都差不多（可以不考虑它们建设成本的差别），这时可以得到目标函数：

$$F = \sum_{i=1}^{m}\sum_{k=1}^{q} c_{ik}X_{ik} + \sum_{k=1}^{q}\sum_{j=1}^{n} c_{kj}Y_{kj} + \sum_{i=1}^{m}\sum_{k=1}^{q} c_k X_{ik} \qquad （2\text{-}2）$$

$$X_{ik}, Y_{kj} \geqslant 0$$

式中　F——配送中心网络的总物流费用；

　　　c_{ik}——配送中心 k 从供应商 i 进货的单位商品的运输费；

　　　c_{kj}——配送中心 k 向客户 j 供货的单位商品的运输费；

　　　c_k——在配送中心 k 中转商品时的单位商品中转费用；

　　　X_{ik}——配送中心 k 从供应商 i 进货的数量；

　　　Y_{kj}——配送中心 k 向客户 j 供货的数量。

该目标函数考虑了配送中心进、出货时的运输费用和经由配送中心中转时的中转费用。不同的配送中心物流网络选址方案对应的总物流费用不同。我们的目标是求得总物流费用最低的配送中心物流网络选址方案。目标函数 F 要满足如下约束条件。

（1）从供应商调出的物品量不得大于该供应商的总供应量 a_i，于是得到约束条件：

$$\sum_{k=1}^{q} X_{ik} \leqslant a_i , \quad i=1,2,\cdots,m$$

（2）各客户调进的物品量不得小于该客户的需求量 b_j，于是得到约束条件：

$$\sum_{k=1}^{q} Y_{kj} \geqslant b_j , \quad j=1,2,\cdots,n$$

（3）对于每个配送中心来说，它既不生产物品，也不消耗物品，因此每个配送中心调进的物品量应等于其调出的物品量，于是得到约束条件：

$$\sum_{i=1}^{m} X_{ik} = \sum_{j=1}^{n} Y_{kj} , \quad k=1,2,\cdots,q$$

式（2-2）还可以进一步简化为：

$$F = \sum_{i=1}^{m}\sum_{k=1}^{q}(c_{ik}+c_k)X_{ik} + \sum_{k=1}^{q}\sum_{j=1}^{n}c_{kj}Y_{kj} \tag{2-3}$$

鉴于运输问题已有不少成熟的解法，在此不再赘述，具体可查阅相关资料。

2.2　配送中心设施规划

2.2.1　设施规划的目标和原则

配送中心选址确定以后，下一步就是对配送中心的内部设施进行规划设计。

所谓设施，是指配送中心运行所必需的有形固定资产，主要包括仓库、办公等建筑物、道路和绿化等。配送中心设施规划，就是综合考虑相关因素，进行分析、构思、规划、论证、设计，对配送中心设施系统做出全面安排，使资源得到合理配置，使系统能够得到有效运行，以达到预期的社会经济效益。其研究重点是为生产或服务系统合理配置资源，其总的目标是使整个配送中心系统的人力、物力、财力和人流、物流、信息流得到合理、经济、有效的配置和安排。典型的具体目标有：①有效地利用空间、设备、人员和能源；②最大限度地减少物料搬运；③简化作业流程，提高作业效率；④缩短库存周期，加速商品流动；⑤力求投资最低，降低投资负担；⑥为职工提供方便、舒适、安全和卫生的工作环境。

为了达到上述目标，在配送中心设施规划中应遵循如下原则。

（1）整体最优原则。根据系统的观点，注重配送中心设施系统的整体最优。

（2）流动原则。以流动的观点作为配送中心设施规划的出发点，并贯穿在设施规划的始终，因为配送中心的有效运行依赖于人流、物流、信息流的合理化。

（3）空间利用原则。无论是储存区还是作业区，都要注意充分有效地利用空间。

（4）最短距离原则。配送中心作业过程中，物品的移动距离越短，物流费用才可能越低。减少或消除不必要的作业流程，是提高企业生产率和减少消耗最有效的方法之一。只有在时间上缩短作业周期，空间上少占有面积，物料上减少停留、搬运和库存，才能保证投入的资金最少、生产成本最低。

（5）柔性原则。由于配送中心是以市场为导向的，其随机性、时效性等特点很明显，这就要求设施系统具有适当的弹性、柔性，能够适应快速多变的市场要求，并能根据市场的变化，对设施系统适度、及时地进行调整。

（6）递进完善原则。配送中心设施规划是一个从宏观（总体方案）到微观（各个部门、库房），又从微观到宏观的反复迭代、逐渐完善的过程。要先进行配送中心总体布置，再进行详细布置；而详细布置方案又要反馈到总体布置方案中，对总体方案进行修正。

（7）以人为本原则。配送中心设施系统实际是人—机—环境的综合设计，要创造一个安全、方便、舒适的工作环境。

2.2.2　设施规划方法

关于配送中心设施的规划方法，美国专家理查德·缪瑟（Richard Muther）提出的系统规划方法（Systematic Layout Planning，SLP）就是一种非常有效的方法。SLP法通过引入数理量化的关系密级的概念，建立各作业单位之间物流相关关系与非物流的作业单位相互关系图表，从而构成了设施规划布置的数学模型，这种以图表分析和图形模型为手段、将定性分析和定量分析相结合的特点，保证了整个系统设施规划的科学合理。SLP法最初应用于工厂布置，其获得的成功使该项技术逐渐被广泛应用于各种生产与服务系统。

根据SLP法的规划思想及配送中心的作业特点和运作要求，再结合近年来人们在物流配送方面的理论研究成果和实践经验总结，我们可以得到如图2.3所示的配送中心设施规划与设计的程序框架，共6个阶段。

1．第一阶段，战略规划阶段

战略规划是配送中心设施规划的首要任务。其主要内容包括物流配送市场竞争分析、配送中心发展定位和市场定位、预期发展目标、客户服务水平等。

可以运用SWOT战略分析方法，通过考察配送中心的内部优势（Strengths）、内部劣势（Weaknesses）、外部机会（Opportunities）和外部威胁（Threats）等竞争力影响因素，在综合比较分析的基础上，制定具有竞争力的配送中心发展战略。

2．第二阶段，资料收集与分析阶段

该阶段的主要任务是收集并分析影响配送中心设施规划的基础数据和背景资料，这是配送中心设施规划的重要前提。

1）资料收集

要收集的资料主要包括配送服务对象或接收的订单（entry）、处理货物种类（item）、处理货物的数量与库存量（quantity）、配送中心作业流程（route）、辅助生产部门与配送服务水平（service）、配送交货时间（time）、配送货品的价值或建造预算（cost）。

（1）配送服务对象或接收的订单。配送中心的服务对象或客户不同，订单形态和出货形态就会有很大不同。例如，为生产线提供JIT配送服务的配送中心和为分销商提供服务的配送中心，其分拣作业的计划、订单传输方式、配送过程的组织将会有很大的区别；再如，同是销售领域的配送中心，面向批发商的配送和面向零售商的配送，其出货量的多少

和出货的形态也有很大不同。

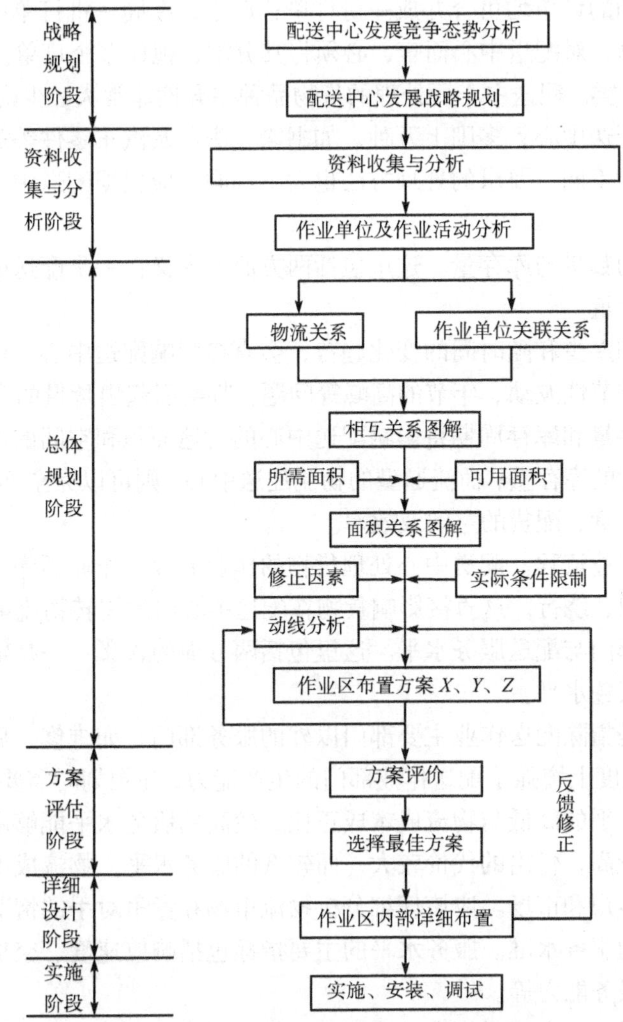

图 2.3　配送中心设施规划与设计的程序框架

　　如表 2.2 所示为零售商型配送中心的配送对象分析。零售商型的配送中心，其配送的对象可能是批发店、超市和便利商店。批发店的订货单位通常为托盘或箱；超市的订货单位通常为箱；而便利店的订货单位多数为单品。因此在设施规划前应分析配送客户的情况，以便决定配送中心的出货形态和特征。

表 2.2　零售商型配送中心的配送对象分析

	批 发 店	超 市	便 利 店
P>B	40%	10%	
P>C	60%	60%	30%
C>B		30%	70%

注：P 为托盘（Pallet）；C 为箱（Case）；B 为单品（Board case）。

在接收的订单中，将具有同时拣货、同时配送至同一地点的订单视作一笔订单，只要在截止时间内，追加的订单均可合并成一份订单；反之，在同一批订单中以不同的时间或不同的地点配送货物，对配送中心而言，必须将其分割，视作多个订单。

（2）处理货物种类。配送中心所处理的货物品种差异性非常大，少则数十种、数百种，如制造企业建造的配送中心；多则上万种，如书籍、医药及汽车零件等类型的物流配送中心。品种不同，特性不同，要求的处理方法也大不相同，应根据配送中心的服务定位和经营范围仔细分析。

（3）处理货物的数量与库存量。这里包括两方面的含义：一是配送中心的出货数量；二是配送中心的库存量。

货品出货数量的多少和随时间的变化趋势，会直接影响配送中心的作业能力和设备的配置。例如，一些季节性波动、年节的高峰等问题，都会引起出货量的变动。

配送中心的库存量和库存周期将影响配送中心的占地面积和空间的需求。一般储存型的配送中心需要较大的库存量；而流通型的物流配送中心，则可以完全不需要考虑库存量，但必须注意拣货、分货、配货的空间及效率。

（4）配送中心作业流程。配送中心处理货物的作业流程、作业顺序，决定了货物在配送中心内有没有迂回、绕行，这直接影响货物在配送中心内的周转物流量。

（5）辅助生产部门与配送服务水平。这里包括两方面的含义：一是辅助生产部门；二是配送中心的物流服务水平。

辅助生产部门是指除配送作业主要部门以外的服务部门，如维修、后勤、安全等支持单位，它们在某种程度上增强了配送作业部门的生产能力，在规划时需要给予足够的重视。

由于配送服务水平的高低与物流成本成正比，较高的服务水平能够赢得更多的客户和市场，但物流成本较高，付出的代价较大；而较低的服务水平，物流成本也较低，但会失去企业赖以生存的客户和市场。应该仔细分析物流市场和竞争对手的情况，针对客户的需求，制定一个合理的服务水准。服务水平的主要指标包括响应速度、交货时间、货物缺货率和完好率、增值服务能力等。

（6）配送交货时间。交货时间太长或不准时都会严重影响客户的业务，因此交货时间的长短与守时与否是配送服务品质的评估项目。一般来说，配送交货时间是指从客户下订单开始，经过订单处理、库存检查、拣货配货、流通加工、装车、配送，到货物最终到达客户手上的这一段时间。配送交货时间依客户要求的服务水准的不同而不同，交货时间越短，其成本越高。

（7）配送货品的价值或建造预算。配送货品的价值与物流成本有很密切的关系，因为在物流的成本计算方法中，往往会计算它所占货品价值的比例，如果货品的单价高，则物流成本百分比相对会比较低，客户比较能够负担得起；如果货品的单价低，则物流成本百分比相对会比较高，客户会感觉负担比较重。

另外，配送中心的建造费用预算也会直接影响配送中心的规模和自动化水准，如果没有足够的建设投资，任何规划都是无法实现的。

上述资料可以通过对历史资料或商务合同的统计、同类配送中心的参考类比、专家经验咨询、市场调查分析，甚至实验测算的办法获得，应尽可能准确。

2）资料分析

资料分析即对上述基础数据和背景资料进行分析，包括定量分析和定性分析，其中定量分析包括物品特性分析，品种与数量、储运单位分析，需求变动趋势分析等；定性分析包括作业流程分析、人力资源分析等。这里主要介绍几种定量分析方法。

（1）物品特性分析。物品特性是货物分类和作业分区的参考因素，如按储存保管特性可分为干货区、冷冻区及冷藏区；按货物重量可分为重物区、轻物区；按货物价值可分出贵重物品区和一般物品区等。对货物进行物品特性分析，可以划分配送中心不同的储存和作业区域。

（2）储运单位分析。储运单位分析就是考察配送中心各个主要作业环节（进货、拣货、出货）的基本储运和作业单位。一般配送中心的储运单位包括 P—托盘、C—箱子和 B—单品，不同的储运单位，其配备的储存和搬运设备也不同。因此掌握物流过程中的单位转换相当重要，需要将这些包装单位（P、C、B）进行分析，即所谓的 PCB 分析。常见的例子为企业的订单资料中同时含有各种出货形态，包括订单中整箱与零散两种类型同时出货，以及订单中仅有整箱出货或仅有零星出货。为使仓储区和拣货区得到合理的规划，必须将订单资料按出货单位类型加以分析，以正确计算各区实际的需求。配送中心常见的储运单位形式如表 2.3 所示。

表 2.3　配送中心常见的储运单位形式

入库单位	储存单位	拣货单位
P	P	P
P	P、C	P、C
P	P、C、B	P、C、B
P、C	P、C	C
P、C	P、C、B	C、B
C、B	C、B	B

（3）订单变动趋势分析。要制定配送中心配送能力的规划目标，需利用过去的经验值来预估未来趋势的变化。因此在规划配送中心时，首先要针对历史销售资料或出货资料进行分析，以了解订单及出货量的变化特征与规律。若以时间为横轴进行时间序列分析，则可得到一般配送中心常见的订单变动趋势分析，如表 2.4 所示。

表 2.4　配送中心常见的订单变动趋势分析

变动趋势	分析	应用
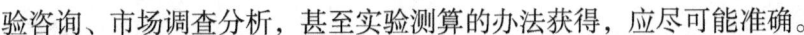	有长期持续递增的趋向，应配合年周期的成长趋势加以分析判断	规划时应以中期的需求量为规模依据，若需考虑长期递增的需求，则可以预留空间或考虑设备扩充的弹性，以分阶段投资方式建设

续表

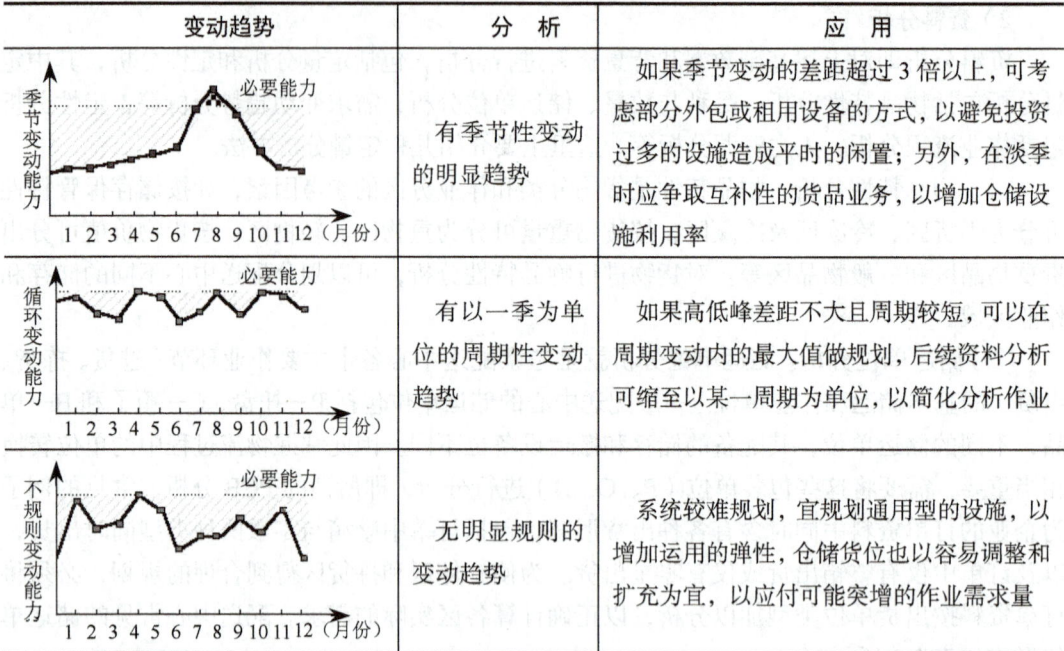

变动趋势	分析	应用
季节变动能力（图：1 2 3 4 5 6 7 8 9 10 11 12 月份，必要能力）	有季节性变动的明显趋势	如果季节变动的差距超过3倍以上，可考虑部分外包或租用设备的方式，以避免投资过多的设施造成平时的闲置；另外，在淡季时应争取互补性的货品业务，以增加仓储设施利用率
循环变动能力（图：1 2 3 4 5 6 7 8 9 10 11 12 月份，必要能力）	有以一季为单位的周期性变动趋势	如果高低峰差距不大且周期较短，可以在周期变动内的最大值做规划，后续资料分析可缩至以某一周期为单位，以简化分析作业
不规则变动能力（图：1 2 3 4 5 6 7 8 9 10 11 12 月份，必要能力）	无明显规则的变动趋势	系统较难规划，宜规划通用型的设施，以增加运用的弹性，仓储货位也以容易调整和扩充为宜，以应付可能突增的作业需求量

（4）EIQ 分析。

① EIQ 分析的方法。EIQ 分析就是利用 E（Entry，订单）、I（Item，品项）、Q（Quantity，数量）这三个物流关键要素，来研究配送中心的需求特性，为配送中心提供规划依据。日本铃木震先生积极倡导以 EIQ 分析方法来进行配送中心的系统规划，即从客户订单的品项、数量与订购次数等出发，进行配送特性和出货特性的分析。EIQ 分析方法的分析项目及含义如表 2.5 所示。本书另列举了一个具体的 EIQ 资料分解实例，如表 2.6 所示。

表 2.5 EIQ 分析方法的分析项目及含义

分析项目	含义
EQ（订单量）分析	每张订单的订货/出货数量的分析
EN（订货品项数）分析	每张订单的订货/出货品项数的分析
IQ（品项数量）分析	每个品项种类的受订/出货数量的分析
IK（品项受订次数）分析	每个品项种类的受订/出货次数的分析

注：1. EQ 是订单 E 和数量 Q 的组合。
  2. EN 是由订单 E 和货物种类 Nani（日文）中的 N 组合而成的。
  3. 关于 IQ，若从生产关系的角度讲，采用制成品 Product 的第一个字母 P 可命名为 PQ 分析。在物流系统中，由于物品种类和数量是重要的因素，因此一般称为 IQ 分析。
  4. IK 是某类货物 I 和被几个客户的订单所重复 Kasanatsute（日文）订购中的 K 组合而成的。

表 2.6 一个具体的 EIQ 资料分解实例

		出货品项						订单出货数量	订单出货品项
		I_1	I_2	I_3	I_4	I_5	I_6	EQ	EN
出货订单	E_1	4	6	0	5	3	2	$EQ_1=20$	$EN_1=5$
	E_2	3	0	7	8	7	0	$EQ_2=25$	$EN_2=4$

续表

		出货品项						订单出货数量	订单出货品项
		I_1	I_2	I_3	I_4	I_5	I_6	EQ	EN
出货订单	E_3	5	0	1	0	0	6	$EQ_3=12$	$EN_3=3$
	E_4	3	5	0	7	4	0	$EQ_4=19$	$EN_4=4$
单品出货量	IQ	$IQ_1=15$	$IQ_2=11$	$IQ_3=8$	$IQ_4=20$	$IQ_5=14$	$IQ_6=8$	GEQ/GIQ=76	
单品出货次数	IK	$IK_1=4$	$IK_3=2$	$IK_3=2$	$IK_4=3$	$IK_5=3$	$IK_6=2$		GEN/GIK=16

注：1. EQ_1（订单 E_1 的出货量）$=Q_{11}+Q_{12}+Q_{13}+Q_{14}+Q_{15}+Q_{16}$；

　　2. IQ_1（品项 I_1 的出货量）$=Q_{11}+Q_{21}+Q_{31}+Q_{41}$；

　　3. EN_1（订单 E_1 的出货品项数）$=$ 计数（$Q_{11}, Q_{12}, Q_{13}, Q_{14}, Q_{15}, \cdots$）$>0$ 者；

　　4. IK_1（品项 I_1 的出货次数）$=$ 计数（$Q_{11}, Q_{21}, Q_{31}, \cdots$）$>0$ 者；

　　5. GEQ、GIQ、GEN 和 GIK 分别表示"订货出货量 EQ"、"单品出货量 IQ"、"订单出货品项 EN"和"单品出货次数 IK"的累计。

上述 EIQ 资料分解实例是针对配送中心某一天的订单和出货资料进行的分析，还可以选择一周、一月或一年，根据不同的情况、不同的分析目的，可以选取不同的时间单位。

在资料分析过程中，要注意数量单位的一致性，必须将所有订单品项的出货数量转换成相同的计算单位，如体积、重量、箱、个或金额等，否则分析将失去意义。金额的单位和价值功能分析有关，常用于物品及储区的分类；体积和重量等单位则与物流作业有直接密切的关系，也将影响整个系统的规划。

② EIQ 分析的作用。对订单数量进行 EIQ 分析，可以了解单张订单订购量的分布情形，可用于决定订单处理的原则、拣货系统的规划，并影响出货方式选择、仓储区和出货区等的规划。表 2.7 中给出了配送中心常见的 EIQ 模式。

- 订单量 EQ 分析，主要了解单张订单订购量的分布状况，可用于决定订单处理的原则、拣货系统的规划，并将影响出货方式及出货区的规划。
- 品项数量 IQ 分析，主要了解各类货品出货量的分布状况，分析货品的重要程度与运量规模；可用于仓储系统的规划选用、储位空间的估算，并将影响拣货方式及拣货区的规划。
- 品项受订次数 IK 分析，主要分析各类货品出货次数的分布，对了解各类货品的出货频率有很大的帮助，可配合 IQ 分析决定仓储与拣货系统的选择。另外，当储存、拣货方式已确定后，有关储区的划分及储位配置，均可利用 IK 分析的结果作为规划参考的依据。

表 2.7　配送中心常见的 EIQ 模式

	分布图	分析	应用
EQ		为一般配送中心常见模式，由于量分布趋于两极化，可利用 ABC 分析做进一步分析	规划时可将订单进行分类，将少数订量大的订单作为重点管理，相关拣货设备的使用也可分级

续表

	分 布 图	分 析	应 用
IQ		为一般配送中心常见模式，由于量分布趋于两极化，可利用ABC分析做进一步分析	规划时可将产品按储区储存，各类产品储存单位、存货水平可设定不同标准
IK		为一般配送中心常见模式，由于量分布两极化，可利用ABC分析做进一步的分析	规划时可按产品分类划分储区及储位配置，A类可接近出入口或便于作业的位置及楼层，以缩短行走距离。品项多时可考虑作为订单分割组的依据来分别拣货

3）作业单位及作业活动分析

作业单位及作业活动分析是下一步物流关系分析和作业单位关联关系分析的基础。在对配送中心设施规划的基础数据和背景资料分析的基础上，进而对配送中心主要的业务活动、作业的关联性及其大体作业程序进行分析，并划分作业区域和作业单位。

一般来说，配送中心的功能定位和发展目标不同，它们的业务活动与作业程序也不同，但通常都包含运输、储存、订货、进货、发货、拣货、配送等主要活动。有的配送中心还要进行流通加工、贴标签和包装等作业。当有退货作业时，还要进行退货品的分类、保管和退回等作业；在物流作业过程中往往要产生废弃物，因此还要对废弃物进行回收和处理。

除此之外，还需注意各作业区域之间可能存在的如下关系：作业区之间信息交换的关系；作业区之间的组织关系；各作业区之间考虑操作环境和安全需要而保持的关系。综合考虑上述各种分析结果、相关关系，对配送中心的各作业区域和作业单位进行划分，可以得到一个配送中心常见的作业区划分方案，如表2.8所示。

表2.8　配送中心常见的作业区划分方案

	类　型	描　述
功能作业区	管理区	中心内部行政事务管理、信息处理、业务洽谈、订单处理及指令发布的场所；一般位于配送中心的出入口
	进货区	收货、验货、卸货、搬运及货物暂停的场所
	理货区	对进货进行简单处理的场所；在这里，货物被区分为直接分拣配送、待加工、入库储存和不合格需清退的货物，分别送往不同的功能区；在实行条形码管理的配送中心，还要为货物贴条形码
	储存区	对暂时不必配送或作为安全储备的货物进行保管和养护的场所；通常配有多层货架和用于集装单元化的托盘

续表

	类　型	描　述
功能作业区	加工区	进行必要的生产性和流通性加工（如分割、剪裁、改包装等）的场所
	分拣配货区	进行发货前的分拣、拣选和按订单配货
	发货区	对货物进行检验、发货、待运的场所
	退货处理区	存放进货时残损、不合格或需要重新确认等待处理货物的场所
	废弃物处理区	对废弃包装物（塑料袋、纸袋、纸箱等）、破碎货物、变质货物、加工残屑等废料进行清理或回收复用的场所
	设备存放及维护区	存放叉车、托盘等设备及其维护（充电、充气、紧固等）工具的场所
物流设备作业区	仓储设备	储存货架、重力式货架、回转式货架、托盘、立体仓库等
	搬运设备	叉车、搬运车、连续输送机、垂直升降机等
	拣货设备	拣货车辆、拣货输送带、自动分拣机等
管理和信息系统作业区	事务性管理	它是配送中心正常运转所必备的基本条件，如制定配送中心的各项规章制度、操作标准及作业流程等
	信息管理系统	包括订货系统、出入库管理系统、分拣系统、订单处理系统、信息反馈系统等
辅助设施作业区		包括库外道路、停车场、站台和铁路专用线等

　　至于配送中心该划分多少个作业区，没有一个固定的模式，只要便于分析讨论，都是合理的。当然，一般来说，综合业务的配送中心划分的作业区要比专业的配送中心多些。

3．第三阶段，总体规划阶段
1）物流关系与关联关系分析
　　（1）物流关系分析。物流关系分析是对配送中心作业过程中各作业区之间的物品移动强度和数量进行分析。常通过绘制物流从至表（from-to chart）等方法，对配送中心作业区之间的物流量进行分析。物流从至表是以一定的顺序按行排列物品移动的起始作业区，以相同的顺序按列排列物品移动的终止作业区而形成的方阵表格，行列相交的表格中记录着从起始作业区到终止作业区的各种物流量的总和。
　　下面结合一个简单的例子进行介绍。

例 2.2　某小型配送中心划分了 5 个作业区（1—进货作业区，2—分拣作业区，3—存储作业区，4—流通加工，5—出货作业区），A、B、C、D 四类物品是该配送中心的主要经营商品，并主要以箱（case）为作业单位，它们的作业路线及作业量如表 2.9 所示，所得到的物流从至表如表 2.10 所示。

表 2.9　作业路线及作业量

物品	作业路线	单箱重量（吨）	月处理量（箱）	月物料量（吨）
A	1—5	0.20	100	20
B	1—3—5	0.10	200	20
C	1—3—2—5	0.05	300	15
D	1—2—3—4—5	0.10	100	10

表 2.10　物流从至表

从＼至	1	2	3	4	5	合　计
1		10	35＝（15+20）	0	20	65
2	0		10	0	15	25
3	0	15		10	20	45
4	0	0	0		10	10
5	0	0	0	0		0
合　计	0	25	45	10	65	145

注：1. 只考虑作业区之间的物流量，作业区内部的物流量（如 x_{11}、x_{22}、x_{33}、x_{44}、x_{55} 等）在此不计入。

2. $x_{12}=10$ 表示从作业区 1 到作业区 2，发生了 10 吨物流量；$x_{13}=35$ 表示从作业区 1 到作业区 3，共发生了 35 吨物流量；其余含义以此类推。

3. 表的最右下格，表示各个作业区之间发生的物流量的总和为 145 吨。

由于分析大量的物流量数据比较困难，也没有必要，而且在考察作业区间的物流强弱时更关心的是它们之间的相对物流强度，因此，可以根据物流从至表中各作业区间物流量的大小，将物流强度分为 5 个级别，分别用字母 A、E、I、O、U 表示，其物流强度逐渐减小。它们的含义及比例划分如表 2.11 所示。

表 2.11　物流强度等级含义及比例划分

物流强度等级	符　号	物流路线比例（%）	承担物流量的比例（%）
超高物流强度	A	10	40
特高物流强度	E	20	30
较大物流强度	I	30	20
一般物流强度	O	40	10
可忽略搬运	U		

根据各作业区间的物流关系及物流强度等级划分情况，可以得到物流相关表，该表反映了各作业区之间的物流关系及物流强度。对于例 2.2，其物流相关表如图 2.4 所示。

在布置配送中心各作业区时，从物流系统优化的角度讲，物流相关表中物流强度等级较高的作业区之间的距离应尽量缩小，彼此应尽量接近；而物流强度等级较低的作业区之间的距离可以适当加大。

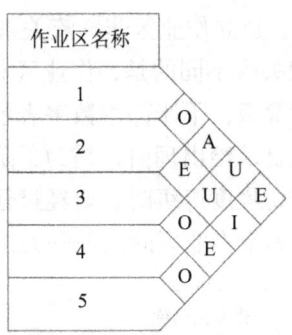

图 2.4　作业区物流相关表

在此需要简单讨论一下作业关系对的个数。假设要分析的作业区数量为 N，则上述物流关系分析中，共需要分析的总的作业区对数 P 为：

$$P = N(N-1)/2 \tag{2-4}$$

例 2.2 中有 5 个作业区，则共要分析 10 对关系。若某配送中心有 15 个作业区，则要分析 105 对关系。显然，作业区划分越多，作业对关系就越多，越错综复杂。

（2）作业区非物流关系分析。物流分析是配送中心规划的重要因素，但也不能忽视非物流因素的影响，尤其是在物流对作业影响不大或没有固定的物流的情况下，配送中心布置就不能仅依赖于物流分析，还应考虑作业区之间非物流关系的分析结果。

作业区非物流关系分析的主要对象是人在各作业区间往返接触的密切程度，文件在各作业区间传递的频度，各作业区管理组织的关系，以及考虑环境因素和安全因素而导致某些作业区不宜靠近、必须远离等远近关系，等等。不同的配送中心，不同的作业区，它们之间的关联关系影响因素也是不一样的。一般可以从以下方面考虑：作业流程或工艺流程；作业性质类似；使用同一场所；使用同一组工作人员；使用相同的设备和公用设施；使用相同的文件档案；工作联系频繁程度、服务的紧急程度；技术、产品、监督和管理方便；噪声、震动、烟尘、易燃易爆危险品的影响，等等。

对上述作业区间非物流关系的各种影响因素进行分析，确定出各作业区之间的关联关系密切程度等级。与物流关系分析类似，作业区间非物流关系密切程度等级分为 A、E、I、O、U、X、XX，其含义及比例划分如表 2.12 所示。

表 2.12　作业区关联关系等级及比例划分

含　义	符　号	所占比例（%）
绝对必要（absolutely necessary）	A	2~5
特别重要（especially important）	E	3~10
重要（important）	I	5~15
一般密切程度（ordinary closeness）	O	10~25
不重要（unimportant）	U	45~80
负的密切程度，不希望靠近	X	视情况而定
负的密切程度，极不希望靠近	XX	视情况而定

接着采用和前面类似的方法，建立作业区非物流关系表，对于例 2.2，其作业区非物流关系表如图 2.5 所示。与物流相关表不同的是，作业区非物流关系表中每个菱形上半部填写作业区间的关联关系密切程度等级，下半部用数字表示确定非物流关系密切程度等级的理由，之所以这样"强制性"地要求给出理由，是为了防止设计人员的主观片面性及随意性，要求他们在确定关联关系密切程度等级时，要经过仔细的分析和权衡。有时也可以采取开会讨论或专家咨询等方法来确定作业区间的关联关系密切程度等级。

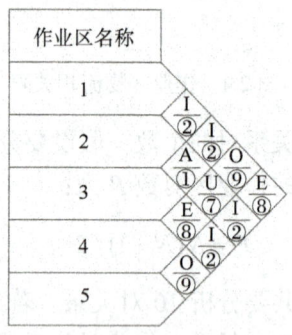

图 2.5　作业区关联关系表

同样，在上述作业区非物流关系分析中，也需要分析 P 对作业区关联关系，P 值的计算同式（2-4）。

2）综合关系分析

一般情况下，配送中心规划布置时，需要综合考虑各作业区间的物流关系和非物流关系。此时，需要将已得到的各个作业区之间的物流相关表和非物流关系表综合成综合关系表。

要将两种关系合并，首先要将图 2.4 和图 2.5 中的各种关系量化。依照 SLP 法的思想，一般可按表 2.13 中的方法对各种关系进行量化。其中，对于极不希望靠近的 XX，有时为了表示"惩罚"，可以取小于–2 的值。

表 2.13　各种关系量化的对应关系

关　系	A	E	I	O	U	X	XX
量　化　值	4	3	2	1	0	–1	–2，–3 等

假设任意两个作业区分别为 A_i 和 $A_j (i \neq j)$，其量化后的物流关系等级为 MR_{ij}，量化后的作业区关联关系的等级为 NR_{ij}，则作业区 A_i 和 A_j 之间的综合关系密切程度数量值为：

$$TR_{ij} = mMR_{ij} + nNR_{ij} \qquad （2-5）$$

物流关系和非物流关系相对重要性的比值 $m:n$ 称为加权比例。一般来说，加权比例 $m:n$ 的取值在 3：1 和 1：3 之间。当比值大于 3：1 时，说明物流关系占主导地位，配送中心布置设计时只需考虑物流关系；当比值小于 1：3 时，说明非物流关系占主导地位，配送中心布置设计时只需考虑作业区的关联关系。

TR_{ij} 是一个量值，需要经过等级划分，才能够得到类似物流相关表和非物流关系表的综合关系表。综合关系等级及比例划分如表 2.14 所示。

表 2.14　综合关系等级及比例划分

含　义	符　号	所占比例（%）
绝对必要靠近	A	1~3
特别重要靠近	E	2~5
重要	I	3~8
一般	O	5~15
不重要	U	20~85
不希望靠近	X	0~10
极不希望靠近	XX	视情况而定

需要补充说明的是，将物流关系和非物流关系综合时，应注意 X 关系的处理：任何一级物流相互关系等级与 X 级非物流关系等级合并时，其结果都不能超过 O 级；加权合并超过 O 级的，把此综合关联关系调整为 O 级。

同样，完成综合关系表，也需要分析 P 对作业区的关系，P 值的计算同式（2-4）。

对于例 2.2，假设这 5 个作业区之间的物流关系和非物流关系的相对重要性为 1∶1，根据前述分析，最终得到的综合关联关系表如图 2.6 所示。

3）绘制作业区位置关系图

得出配送中心作业区的综合关联关系表之后，就可据以绘制作业区位置关系图。位置关系图实际上是根据综合关联关系表中每对作业区相互关系密切等级的高低，决定两作业区间相对位置的远近，从而得到各作业区的相对位置关系（或拓扑关系）。由于这时并没有考虑各作业区的占地面积，因此得到的仅仅是各作业区的相对位置关系图。

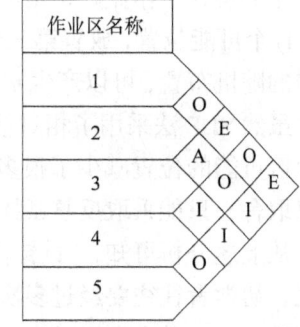

图 2.6　综合关联关系表

在绘制作业区的位置关系图时，SLP 法引入如表 2.15 所示的线条和颜色表示方法。表中斜线表示可以接近，实线越多，表示可靠得越近；波浪线可以形象化地理解为弹簧，表示将连线两端的作业区彼此推开，它们应远离。

表 2.15　作业区关系等级的线条和颜色表示

符　号	代表数值	含　义	线条表示	线条颜色
A	4	绝对必要	////	红色
E	3	特别重要	///	橘黄色
I	2	重要	//	绿色
O	1	一般	/	蓝色
U	0	不重要		不着色
X	−1	不希望	∿	棕色
XX	−2，−3 等	极不希望	∿∿	黑色

SLP 法采用不断试探、调整、修正的方法得到各个作业区的位置关系图。对于例 2.2，可得到如图 2.7 所示的作业区位置关系图。当然，根据 SLP 法得到的作业区位置关系图不止一个，图 2.7 中给出的只是其中一种方案。

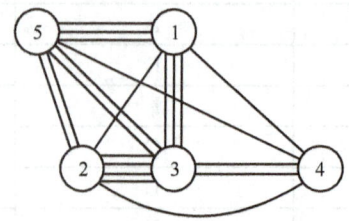

图 2.7　作业区位置关系图

由于这一过程要反复试探进行，直至得到比较满意的结果，因此也有人称为"试错法"。这种做法实际上是一种不得不采用的办法，究其原因主要是在规划布置作业区时，每个作业区可能的位置太多。这一点可以这样考虑：若将所有的作业区同等对待，即不考虑它们的相对重要性和任何顺序关系，则每个作业区可以在规划区域内随机布置。此时，若一个配送中心有 n 个作业区，则放置第一个作业区时有 n 个可能位置，放置第二个作业区时有 $(n-1)$ 个可能位置，放置第三个作业区时有 $(n-2)$ 个可能位置……直至最后一个放置完毕。这样的随机布置，可以产生 n! 个规划布置方案。当 n=5 时，规划布置方案数将达到 5! =120 个。虽然 SLP 法采用了相对重要性和相互关联关系，对作业区的布置做了很多约束，每个作业区可能的位置减少了很多，但还远远不够，还有很多可能的规划位置使布置设计人员难以取舍，只能采取反复试探、调整的方法得到较为合理的作业区的位置关系图。

从上述分析可知，"试错法"得到作业区的位置关系图，这一过程定量性不强，极具经验性，初学者往往要经过多次尝试才能够成功；布置设计人员一般要反复绘制 6~8 次图，大型配送中心的布置设计中绘制的次数更多。不过，这一问题早已被计算机辅助规划设计解决了，并且有很多种解决方案。

 特别提示　计算机辅助规划设计（Computer Aided Layout，CAL）

随着计算机技术的快速发展和推广应用，自 20 世纪 60 年代以来，人们提出了许多计算机辅助的规划设计方法，其中较有代表性算法的有两种：一种是以计算机设施布置技术（Computer Relative Allocation of Facilities Technique，CRAFT）和计算机辅助设施设计法（Computerized Facilities Design，COFAD）为代表的改进型算法，是在原有布置方案上求得改进，得到一个以降低物料搬运成本乃至考虑搬运设备及成本评价的规划布置方案；另一种是以计算机辅助相关法（Computerized Relationship Layout Planning，CORELAP）和自动化布置相关法（Automated Layout Design Program，ALDEP）为代表的新建型算法，是将 SLP 法运用于计算机，或者说是利用计算机化的 SLP 法，为新建的设施寻求一个使各作业区之间的密切度最佳的方案。计算机辅助规划设计不仅能加快规划方案优化的速度，而且可以启发设计人员的思想，从众多方案中选择最佳方案。

4）作业区的面积计算

根据对作业区内部的设备、人员、通道、辅助装置等的测算，得到各个作业区的占地面积，这个面积应与可用面积相适应。

一般可以利用表 2.16 中的指标来概算配送中心作业区的面积。

表 2.16　配送中心作业区面积概算指标

序　号	作　业　区	单位面积作业量
1	储存保管作业区	0.7~0.9 吨/平方米
2	收验货作业区	0.2~0.3 吨/平方米
3	拣选作业区	0.2~0.3 吨/平方米
4	配送集货作业区	0.2~0.3 吨/平方米
5	辅助生产面积	配送中心总面积的 5%~8%
6	办公生活面积	配送中心总面积的 5%左右

对于例 2.2，假设配送中心各作业区的占地面积已经计算或测算得到，其结果如表 2.17 所示。

表 2.17　配送中心各作业区的占地面积

作业单位	1	2	3	4	5
面积（平方米）	150	120	200	60	150

5）绘制作业区面积关系图

依照比例，将各作业区的占地面积添加到作业区位置关系图中，就得到作业区的面积关系图，如图 2.8 所示。实际上也就得到了该配送中心作业区规划布置的一个初始方案图。

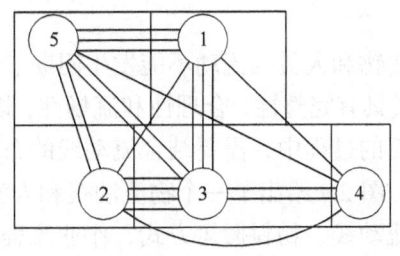

图 2.8　作业区面积关系图

6）方案修正

作业区面积关系图只是原始的规划布置图，还需要根据实际条件限制和各种修正因素对其进行调整与修正，从而得到若干个比较有价值的规划布置方案。实际条件限制往往包括场址条件、建设成本、安全考虑等因素；修正因素往往包括物流动线和人流动线、物料搬运方式、工艺过程、仓储设施、道路布置、建筑设计、详细布置的结果反馈调整等。本书只对其中最主要的物流动线和人流动线进行分析讨论。

所谓物流动线和人流动线，即指物品和人员在配送中心的作业区与作业区之间，以及作业区内的空间移动路线。一般来说，配送中心的物流动线由其内部物流通道、出入口方位、从进货到发货的主要作业流程及核心功能区的位置所决定。作业区域物流动线的基本形式有直线形、双直线形、锯齿形（S 形）、U 形、分流型、集中型等，如表 2.18 所示。

表 2.18　作业区物流动线的基本形式

名　称	图　例	名　称	图　例
直线形		U 形	
双直线形		分流型	
锯齿形（S 形）		集中型	

（1）直线形。这种形式的特点是出/入口在库房的相对面，无论订单大小与拣货品项多少，均要通过库房全程；适用于作业流程简单、规模较小的物流配送作业。

（2）双直线形。这种形式的特点是出/入口在库房的相对面；适用于作业流程相似，但有两种不同进/出货形态的物流配送形式。

（3）锯齿形（S 形）。这种形式通常适用于多排并列的库存货架区内。

（4）U 形。这种形式的特点是出/入口在库房的同侧，可根据进/出货频率的大小，将物流量大的物品安排在靠近进/出口端的储区，缩短这些物品的拣货搬运路线。

（5）分流型。这种形式适用于批量拣货的分流作业。

（6）集中型。这种形式适用于因储区与物品特性，需要把订单分解在不同区域拣货，然后再进行集货的作业方式。

在配送中心作业区内的货物和人员的流动不能发生阻断、迁回、绕行和相互干扰等现象，要求物流动线和人流动线具有完整性、合理性和流畅性，以提高配送中心的运转效率。因此，在作业区规划方案修正的过程中，需要结合流动线的布置形式和流畅性要求，对初始规划方案进行调整和修正。图 2.9 给出了一个物流动线和人流动线分析示例。

综合考虑物流动线和人流动线、物料搬运方式、作业流程、实际条件限制等因素，对初始规划方案进行修正后，常常会得到数个备选的规划布置方案。如图 2.10 所示就给出了例 2.2 的一种修正完善后的规划布置方案。需要说明的是，该方案只是例 2.2 的备选方案之一，从其他角度考虑还会得到其他备选方案。

4．第四阶段，方案评估阶段

方案评估是规划布置中间过程的一个决策阶段。对在总体规划阶段得到的数个方案，应用系统工程学、技术经济学或计算机仿真等方法，从社会、经济、技术等方面，进行综合评价和方案评估，然后从中选择一两个最优的方案进行详细设计。常见的方案评估方法有以下几种。

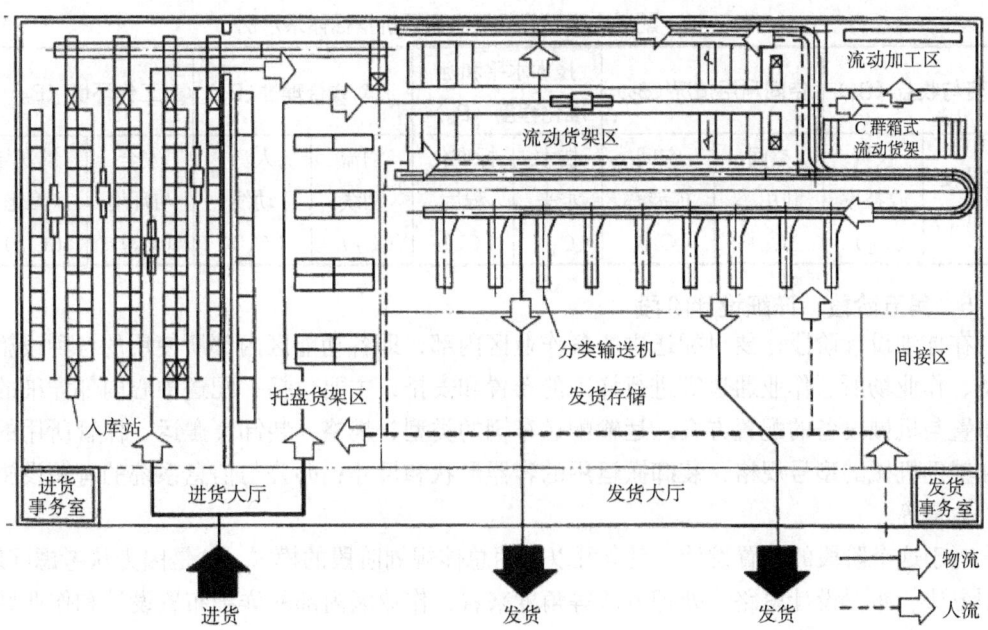

图 2.9　物流动线和人流动线分析示例

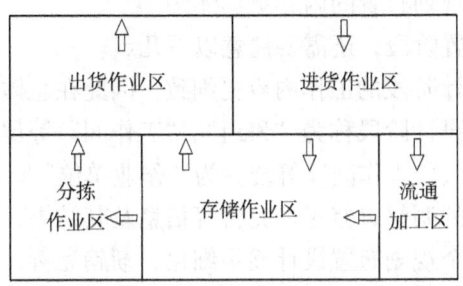

图 2.10　例 2.2 备选规划布置方案之一

（1）优缺点比较法。在初步方案的评价和筛选过程中，由于规划布置方案并不具体，各种因素的影响不易准确确定，此时常采用优缺点比较法对多个备选方案进行评价，舍弃那些存在明显缺陷的规划布置方案。该方法的要点在于确定方案评价的主要因素，并对各个方案的优缺点进行有效判断。在应用中常常采用列表格、逐条比较的方法。

（2）加权分析法。首先考察规划布置方案的各种评价因素，进而建立包括定性指标和定量指标在内的评价指标体系，并通过层次分析法或两两比较法，确定各个指标的权重，然后计算每种方案的综合得分，最后依据综合得分对各个备选的规划布置方案排序。如表 2.19 所示给出了一个配送中心设施规划方案评价指标体系示例。

（3）成本比较法。成本分析比较的方法有很多，常用的分析方法及使用指标包括年成本法（annual cost method）、现值法（present worth method）、投资报酬率法（capital worth rate of return）等。由于每个配送中心的市场定位、服务对象和发展目标不一样，因此可根据不同的情况选用不同的成本比较法。

表 2.19　配送中心设施规划方案评价指标体系示例

投资与收益（B₁）		空间利用情况（B₂）		技术水平和标准化程度（B₃）		流动线合理性（B₄）		工作环境（B₅）	
建设投资（C₁）	投资收益率（C₂）	空间利用率（C₃）	空间扩展率（C₄）	技术水平（C₅）	标准化程度（C₆）	物流动线（C₇）	人流动线（C₈）	安全与环境（C₉）	景观与美化（C₁₀）

5．第五阶段，详细设计阶段

在详细设计阶段，要对配送中心各作业区内部，即各功能区内部所使用的各种设施、设备、作业场所、作业通道等进行详细的布置和安排，主要包括：配送中心内部详细的平面布置与机械设备的配置方案；运输配送车辆的类型、规格；装卸、搬运、保管所用的机械和辅助机械的型号规格；装卸搬运用的容器形状和尺寸；办公与信息系统的有关设施规格、数量等。

对于这个阶段的布置设计，完全可以采用总体规划阶段的模式，这是因为从考虑问题、规划方法、布置设计思路、处理方法等角度来看，作业区内部的详细布置设计和作业区规划布置的方法几乎完全一样，只是工作的深度、设计的范围和细致程度不同，详细设计阶段考虑的问题更细致些，规划布置的内容更具体些。

在配送中心的详细布置阶段，还需要注意以下几点。

（1）由于详细规划设计阶段的工作内容更细致，因此在总体规划阶段称为"作业区"的作业单位，在详细规划设计阶段称为"班组"、"工作间"等比较合适。正是基于此，有时将"作业区"和"班组"、"工作间"等统称为"作业单位"。

（2）详细设计过程中的调整、修正、完善等信息及其结果，都要及时反馈到总体规划中，从而使配送中心的整个规划布置设计逐步细化、渐趋完善，最终得到一个较优的、合理的、满意的布置设计方案。

（3）在详细布置设计过程中，注意要与物料搬运系统规划相协调，因为设施布置设计只有通过完善的搬运系统规划，才能显示出其合理性。

6．第六阶段，实施阶段

最后的实施阶段包括配送中心的招商引资、基础设施建设、设备制造安装、系统调试、试运行等。至此，才算完成了配送中心设施规划的整个一轮过程。

综上所述，配送中心设施规划实际上是一个层层深入、逐步细化、不断修正直至得到完善的规划方案的递进优化过程。

2.2.3　配送中心设施规划中的其他问题

考虑到配送中心设施规划与设计的完整性和有效性，在配送中心设施规划中，除以上工作外，还应考虑到设施规划设计的柔性、物料搬运系统分析及仓库的布置。

1．设施规划设计的柔性

柔性是指系统适应环境或输入条件变化的能力。对配送中心的设施规划设计来说，其柔性体现在能够根据业务的繁忙程度，及时对配送中心的设施规划进行调整。由于配送中心直接面向市场、面对客户，除了大客户的服务相对固定以外，一般情况下，物流配送服务随着合同的签订而开始，随着合同的结束而终止，因此其随机性、不确定性、动态性特征明显。又由于物流市场变幻莫测，即使采用基于拉动的 EIQ 分析方法，预测也很难达到较高精度，从而使设施规划所依据的基础数据的可靠度、可信度等大打折扣。这就要求设施规划具有一定的柔性，能够适应配送中心的作业特点，根据业务的繁忙和空闲情况及时调整。另外，配送中心规划设计的柔性还表现在能够适应配送中心不断发展壮大的要求。

因此，在配送中心设施规划的整个过程中，尤其在总体规划阶段和详细布置设计阶段，都需要注意设施规划设计的柔性。一般来说，配送中心规划设计的柔性，可以从布置设计、建筑技术、机械制造等多方面考虑，采取相应的措施来实现。

（1）考虑将来可能发生的变化，规划设计要留有适当余地，暂时没用的地方可先予以绿化。

（2）把未来有较大扩充可能性的作业区布置在配送中心可以扩展的纵深方向。

（3）多利用大跨度车间厂房，一来可以提高空间利用率，二来利于作业区就在此厂房内局部调整。

（4）利用组合式厂房、可拆卸墙体，必要时可拆迁重新组装搭建，有利于变动和调整。

（5）设备布置时多采用成组技术、可重构技术。

（6）注意各种机械设备、建筑设施等的标准化、模块化。

（7）设备的安装固定多采用弹性固定、可移动性支撑构件等。

2．物料搬运系统分析

所谓物料搬运，就是对各种物料，包括产品、零件、商品、介质或其他物品进行搬动、运输或改变其位置。在配送中心的各项作业中，装卸搬运起着联系、衔接其他基本功能的纽带作用，是物流系统中承上启下的重要环节，在配送中心各项作业环节的前后或同一作业环节的不同活动之间都有装卸搬运活动的发生。物料搬运系统分析，是对配送中心的物料装卸和搬运设施系统进行规划，确定经济合理的物料搬运方法，目标是使配送中心物料搬运距离最短，效率最高，成本最低。

一般来说，物料搬运系统分析要更具体些，是在系统规划设计的框架下进行的，即在应用 SLP 法完成配送中心的作业区域规划之后，才开始物料搬运系统分析，因此可以认为物料搬运系统分析主要应用在配送中心的详细规划设计阶段。

物料搬运系统分析可以采用与 SLP 法类似的思路、方法和程序，如图 2.11 所示，这里不再赘述，可查阅相关文献资料。

完善的物料搬运系统是实现合理的设施规划设计的重要保证，在配送中心详细设施规划阶段，要尽可能考虑到物料搬运系统的需要，必要时可以对总体设计进行调整和修改。

3．仓库的布置

一般情况下，配送中心都有不同类型的仓库，储存不同种类的物资。配送作业过程中会经常有商品运进搬出，工作量很大。如果仓库布置不合理，将会影响物流配送成本。

由于配送中心仓库作业的全部搬运都发生在仓库的出入口和仓库内的货区之间，因此对于配送中心仓库的布置，比前述规划布置要简单些，可以采用相对简单的方法。下面以一个简单的例子说明。

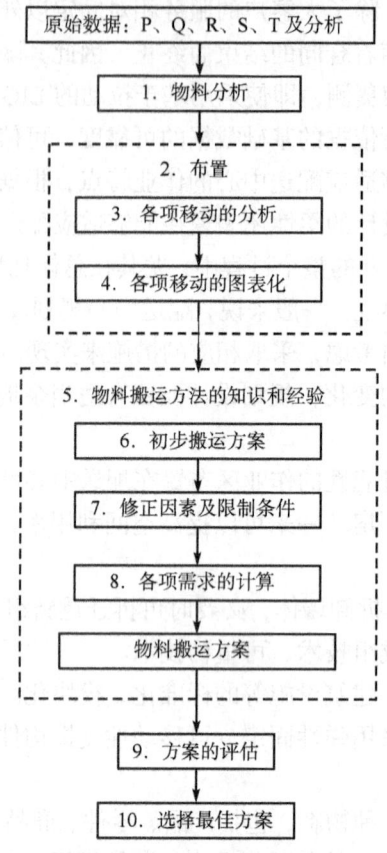

图 2.11 物料搬运系统分析

假设有一个家电用品仓库，共有 M 个货区，分别储存 7 种家电用品。仓库有一个出入口，进出仓库的货物都要经过该出入口［见图 2.12（a）］。该仓库每种家电用品的储存信息如表 2.20 所示，则应该如何布置这 7 种家电用品的货区，才能使总搬运量最小？

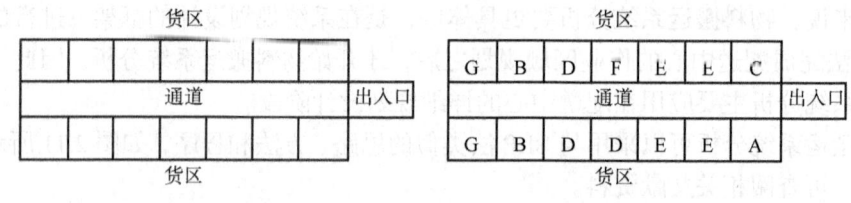

（a）布置前货区分布　　　　　　　　　　（b）布置后货区分布

图 2.12 某家电用品仓库货区分布

表 2.20 每种家电用品的储存信息

存储物品	搬运次数（次/周）	所需货区数量（个）	存储物品	搬运次数（次/周）	所需货区数量（个）
A（电烤箱）	280	1	E（电视）	800	4
B（空调）	160	2	F（收音机）	150	1

存储物品	搬运次数 （次/周）	所需货区数量 （个）	存储物品	搬运次数 （次/周）	所需货区数量 （个）
C（微波炉）	360	1	G（其他）	100	2
D（音响）	375	3			

这种仓库布置可进一步区分为两种不同情况：①各种物品所需货区面积相同，在这种情况下，只需把搬运次数最多的物品货区布置在靠近出入口之处，即可得到最小的搬运总负荷数。②各种物品所需货区面积不同，这时需要首先计算各物品的搬运次数与所需货区数量之比，取该比值最大者靠近出入口，依次往后排列。本例中，各种物品的该比值从大到小的排列顺序为（括号中为比值数）：C（360）、A（280）、E（200）、F（150）、D（125）、B（80）、G（50），于是得到该仓库的布置方案如图 2.12（b）所示。

对于该例，用 EIQ 模式分析，也可以得到类似的布置结果。该例介绍的是一个小型仓库的布置问题，且只考虑使搬运量最小这一个目标。对于大型仓库的规划布置，要考虑更多的因素和目标。

 案例分析 1

光明乳业华东地区配送中心布局整合

与普通快速消费品相比，乳制品的配送有其特殊要求：不仅对配送的时间要求几乎达到苛刻的地步，同时对配送过程中的温度控制也有相当高的要求。在进行乳制品配送中心选址和线路安排时，必须从其对时间和温度高度敏感的特点出发，测算客户反应时间和仓储、配送成本等基本要素。

光明乳业在华东地区 4 个城市有生产厂，为 14 个区部供货。依照销售情况，光明乳业在华东地区分为浙江大区、沿江大区、南京大区 3 个销售区域，配送中心的布局基本上与销售区域划分保持一致。根据各地销量预测和订单需求，华东 4 个城市的生产厂在进行本地集拼后向各大区下各配送中心直接输送产品，各大区配送中心之间基本不发生平行输送，但各大区内的配送中心根据需要进行移库，以分拣配送货品和整合运力。这样，光明乳业华东地区任何一个区部的销售网点都可以在本区部的配送中心内订购所需全部类型产品，并得到配送支持。

现有的配送中心选址布局在一定程度上满足了客户的反应时间。然而，随着外部环境的变化，配送和仓储的物流运作成本也在发生变化。例如，油价的上升导致配送费用增加，在同等的总需求量下，应尽量减小运输货物周转量，即增加配送中心，增加大吨位输送周转量，减少小吨位配送周转量；路网建设使路桥变得更加畅通，在同等的客户反应时间内，货物运输距离将显著增加，因此可考虑缩减配送中心数量以降低仓库租赁和管理费用，并可通过集拼大批量货物和减少装卸次数达到提高客户反应速度和降低配送成本的目的；在销量节节攀升，新的网点、路线不断出现的同时，仓库重新规划和整合就成为公司目前需要解决的问题。

通过深入分析，光明乳业采取了打破现有的按照行政区域划分的配送格局、物流业务外包、拓展仓库业务、与分销商建立合作伙伴关系等方法，对华东地区配送中心的布局进行了整合，显著提高了其物流配送网络的效率，降低了物流配送网络的成本。

思考题

一般情况下，配送中心的布局选址是动态的，为什么？本案例从哪几个方面说明了这个问题？

 案例分析2

江苏×××农副产品加工配送中心的规划布置

江苏×××农副产品批发市场于1992年创办，迄今已形成了占地30万平方米、六区一街（蔬菜区、果品区、粮油区、副食品区、荤食品区、水产品交易区和贸易中心街）的经营格局，拥有冷库、仓储、货运、装卸、停车、餐饮、金融、邮电、信息等配套齐全的服务设施。为了调整和扩大市场经营方式和经营结构，使市场上规模、上档次、高水平发展，并满足华东地区百姓生活乃至农副产品出口贸易的要求，该市场决定依托批发市场，建立农副产品加工配送中心，开展农副产品的深加工和物流配送服务，深加工需要的原料如蔬菜、瓜果、肉蛋禽、水产品等就地取材，产品辐射苏锡常地区、华东地区，部分产品出口日、韩等国。

该农副产品加工配送中心建设项目包括：综合大楼、加工区、配送区、检测区、原料暂存区、冷藏保鲜库、展示销售区、出口产品作业区、停车场和公共服务区等工程，总体布局如图2.13所示。

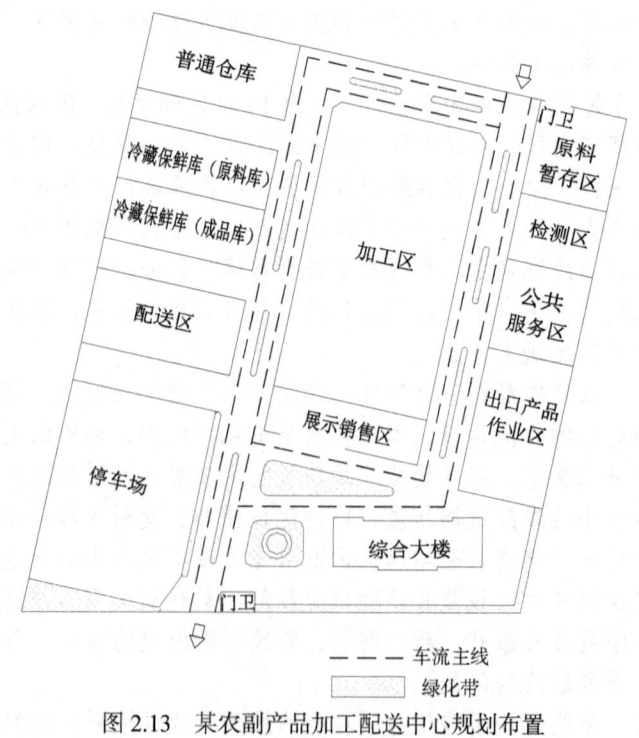

图2.13　某农副产品加工配送中心规划布置

综合大楼是加工配送中心的管理和运作中枢，设置有与物流配送相关的服务部门，以保证加工配送中心运作顺利。具体有加工配送中心的管理运作部门、信息中心、结算中心、调度中心、监控中心等，以及入驻银行、工商、税务、保险等公共服务部门。

检测区为加工配送中心所有要加工的原料提供检测，同时还承担市场的常规检测工作。具体检测蔬菜、果品等的药物残留，肉类、鱼类的传染病疫情和有毒有害物质（如瘦肉精），干货中的有毒有害物质等。

加工区是加工配送中心最主要的作业区，具有分拣、加工、包装等功能。其中分拣作业包括蔬菜、鱼类、肉类、果品、干货等的分拣，加工作业包括蔬菜、鱼类、肉类、果品的清洗、加工、营养搭配、干货分装（大袋分成小袋）等，包装作业包括把加工好的成品、半成品包装、贴标签等。

普通仓库用来存放未加工的干货或易保存物品的原料，加工好的干货成品、半成品等。冷藏保鲜库用来存放未加工的蔬菜、果品等的原料，以及加工好的蔬菜、水果、鱼类、肉类等的成品、半成品。

配送区负责配送调度、搬运装卸作业、运输作业安排、运输路线设计等，把已经加工好的产品如净菜、鲜货、干货等送达客户手中。

展示销售区设有展示冷柜、LED 大型电子显示屏和销售交易区。该区可提供无公害产品及加工成品的展示、销售交易及信息发布如政务信息、实时菜价变动信息等服务。

出口产品作业区主要为新鲜蔬菜、水产（如螃蟹、鱼类）、干货等的出口提供"一关三检"（海关报关、商检、卫检、动植物检疫）、集装箱拼装等服务。

停车场为加工配送中心提供停车服务。公共服务区为加工配送中心提供后勤如保安、水电、临时休息等服务。

该配送中心的作业流程如图 2.14 所示。

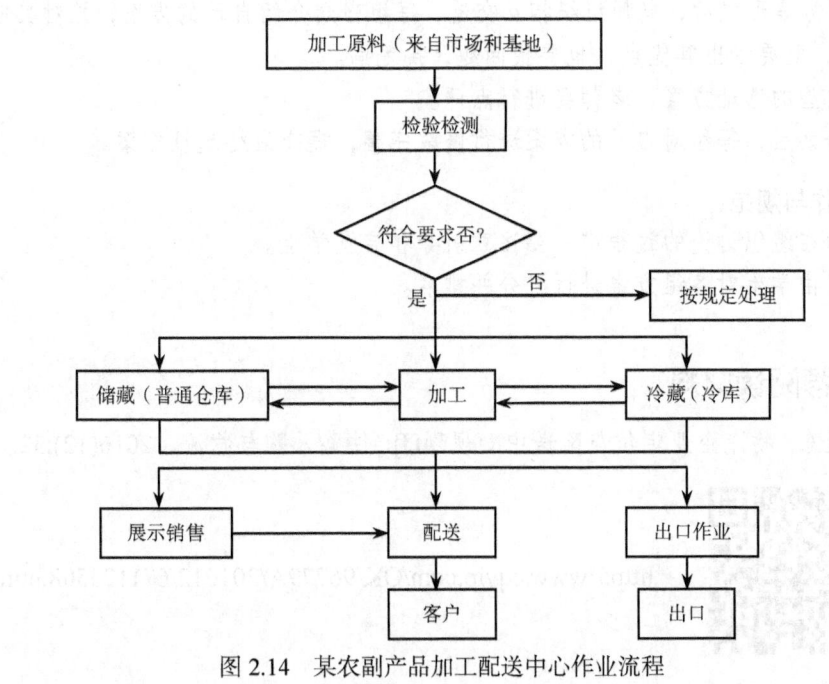

图 2.14 某农副产品加工配送中心作业流程

思考题

1．农副产品加工配送中心的选址和布置与普通配送中心有哪些不同？
2．农副产品加工配送中心的作业流程与普通配送中心有哪些不同？

 复习思考题

1．配送中心选址的主要影响因素和选址原则是什么？
2．定性分析法选址和定量分析法选址各有什么优缺点？
3．基于 SLP 法的配送中心设施规划程序的主要思路是什么？
4．简述 EIQ 分析方法的内涵及其应用。
5．在仓库布置中，如果各种物品所需货区面积不同，为什么要将物品搬运次数与所需货区数量的比值最大者靠近出入口排列？

 实训题

实训目的：
加深学生对配送中心选址因素的理解及对配送中心选址方法的掌握。

实训要求：
1．把全班分成小组，每组 10 人左右。
2．每组自主选择一种类型的配送中心，分析提出该类型配送中心的选址因素和选址方法，并形成约 2 000 字的文稿。
3．各组方案形成后，老师组织相互交流，每组当众介绍自己的方案，并对其他组的方案进行评价，既要指出其优点，也要找问题，挑毛病。
4．对典型的选址方案，老师要进行点评。
5．讨论之后，每组对自己的方案进行修改完善，提交最终选址方案。

实训操作与规范：
1．老师在组织讨论的过程中，要注意引导和启发学生。
2．可以由学生对各组方案进行打分并排名。

 推荐阅读材料

1．符振东. 物流企业定位与配送中心规划[J]. 铁路采购与物流，2016(12):32.

http://www.cqvip.com/QK/96779A/201612/671123508.html

2．王青燕．沃尔玛中国配送中心选址合理化分析[J]. 中国储运，2016(7):97-100.

http://www.cqvip.com/read/read.aspx?id=669334246

3．郭沛瑶．基于 EIQ 分析法的连锁经营配送中心应用及实例研究[J]. 商业经济研究，2016(12):32-34.

4．许相华．卷烟智能物流配送中心设计[J]. 物流技术与应用，2016(2):106-110.

http://www.cqvip.com/read/read.aspx?id=667840262

5．陶倩．呷哺呷哺餐饮物流配送中心的运营管理[J]. 物流技术与应用，2011(9):50-54.

http://www.cqvip.com/read/read.aspx?id=39072960

6．张凌辉．如何建设现代医药物流中心[J]. 物流技术与应用，2010(11):52-57.

http://www.cqvip.com/read/read.aspx?id=35864014

7．陶倩．生鲜配送中心的发展与建设[J]. 物流技术与应用，2010(8):63-66.

http://www.cqvip.com/read/read.aspx?id=34831416

8．物流配送中心选址问题分析及配送中心选址案例。

http://www.chinawuliu.com.cn/zhxw/201211/11/193667.shtml

9．配送中心选址（来自知网学问）。

http://xuewen.cnki.net/CJFD-WLJS201507059.html

第 3 章

配送中心战略管理与组织结构

学 习 目 标

- 了解配送中心战略管理的概念、构成要素；
- 掌握配送中心战略管理的主要内容、过程和方法；
- 掌握配送中心组织结构设计的原则；
- 掌握配送中心组织结构类型及优缺点。

引导案例

沃尔玛的低成本发展战略

沃尔玛于 1996 年进入中国市场，截至 2016 年 12 月 31 日，沃尔玛已在中国 189 个城市开设了 439 家商场、8 家干仓配送中心和 11 家鲜食配送中心。说起沃尔玛的成功，不得不提其制胜的法宝——低成本发展战略。沃尔玛是怎么实现其低成本的呢？

1. 降低采购成本

沃尔玛采取辅助供应商降低成本、直接购货、统一购货、全球化采购等相结合的方式，实现了大批量采购，降低了采购成本。

2. 降低物流、配送成本

一是优化配送中心的选址。沃尔玛的配送中心一般设立在 100 多家零售店的中央位置，基本上是以 320 千米为一个商圈建立一个配送中心，配送距离均匀，配送效率高。二是配送中心采用交叉配送（Cross Docking, CD）方式，进货时直接装车出货，没有入库储存与分拣作业，降低了成本，加速了流通。三是运输时采用长达 16 米的加长货柜运送货物，利用全球卫星定位技术（GPS）等信息技术实时优化车辆的调度，使得商品从配送中心运到每家分店的时间不超过 48 小时，既降低了运输成本，又节省了库存成本。

3. 严格控制费用支出

如沃尔玛对营销的要求是接近零成本促销，认为顾客的口碑就是最好的广告。又如培养员工勤俭节约的风气，不断奖励和提拔那些在损耗控制、节约开支方面有创意、有想法的员工，公司与员工共同分享因减少损耗而获得的盈利，如果某家商店将损耗率控制在公司的目标以内，该店每个员工都可以获得最高 200 美元的奖金。

思考题

企业战略在企业经营中有什么样的作用？它对配送中心的运营会产生什么影响？

3.1 配送中心战略管理

3.1.1 配送中心战略管理的概念和构成要素

1. 配送中心战略管理的概念

战略，原为军事用语，是指对战争全局的策划和指挥，即依据敌对双方的军事、政治、经济、地理等因素，遵从战争规律，照顾战争全局的各方面所制定和采取的有关战争方针、政策和方法。这些军事战略概念被运用于企业后，便产生了"企业战略"这一概念。企业战略是指企业根据经营环境和自身实力确定经营目标、分配关键资源、组织企业活动的方针、政策和方法。

战略管理就是对企业战略的制定、实施、控制和修正进行的管理，是对组织战略过程进行的管理，从而决定企业长期业绩的管理决策和行动。对于独立经营的第三方配送中心，作为专门从事配送业务的企业组织，其战略问题也就是一般的企业战略问题。而对于附属于大型企业的配送中心，其战略一般从属于这些企业的总体战略。本书介绍的是作为第三方配送中心的企业的战略问题。

一般而言，配送中心战略是指对配送中心将来的生存和发展做出的总体方略，是配送中心根据外部环境和内部自身条件，设定配送中心的组织目标，保证目标的正确落实，并使配送中心使命得以实现的一个动态过程。配送中心战略管理的过程一般包括配送中心战略环境分析、战略制定、战略实施、战略评估和控制 4 个部分。

2. 配送中心战略管理的构成要素

1）业务与市场范围

业务与市场范围说明配送中心所属的特定行业和领域，以及配送中心在其所处行业中的业务与市场地位是否占有优势等。为了清楚地表达配送中心的共同经营主线，业务与市场的范围常常需要分行业来描述。分行业是指大行业内具有相同特征的业务、市场、使命和技术的小行业，如饮料行业中的果汁饮料分行业、机械行业中的机床分行业等。

2）增长向量

增长向量又称为成长方向，它说明配送中心从现有业务与市场结合向未来业务与市场组合移动的方向，即配送中心经营行动的方向，而不涉及配送中心目前业务与市场的态势。下面通过表 3.1 来说明增长向量。

表 3.1 增长向量

	配送中心现有业务	配送中心新业务
现有市场	市场渗透	业务开发
新市场	市场开发	多种经营

（1）市场渗透是指通过配送中心目前的业务与现有市场份额的增长达到配送中心成长的目的。

（2）市场开发是指为配送中心现有业务寻找新的市场，以此作为配送中心成长的方向。

（3）业务开发是指配送中心创造新的业务，以逐步替代现有业务，从而保持配送中心成长的趋势。

（4）多种经营独具特色，对于配送中心来讲，它的业务与市场都是新的；换言之，配送中心进入了一个新的经营领域，即所谓的多元化发展。

3）竞争优势

竞争优势说明了配送中心所寻求的、表明配送中心某一业务与市场组合的特殊属性，凭借这种属性可以给配送中心带来强有力的竞争地位。如图 3.1 所示为美国战略学家迈克尔·波特（Michael E.Porter）对竞争优势的研究成果模型，该模型认为一个成功企业的竞争优势可包括三个方面：一是在成本控制方面领先，如沃尔玛的成本控制；二是对目标市场或业务聚焦（集聚），如格兰仕对微波炉市场的聚焦；三是标新立异，别人不能模仿，如苹果手机产品等。

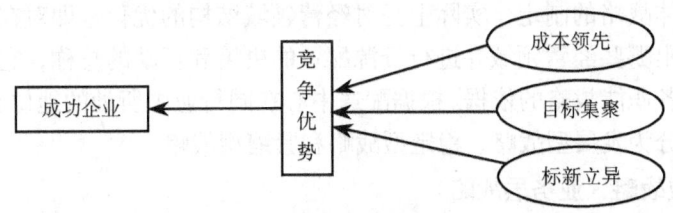

图 3.1 竞争优势模型

4）协同作用

协同作用指明了一种联合作用的效果，涉及配送中心与其新业务和市场项目相配合所需要的特征。在相关文献中，协同作用常常被描述为 1+1>2 的效果，这意味着配送中心内各经营单位联合起来所产生的效益要大于各个经营单位各自努力所创造的效益总和。

美国管理学者伊戈尔·安索夫（H.Igor Ansoff）又进一步将协同作用划分为：销售协同作用，即配送中心各种业务使用共同的营销渠道、仓库等；运行协同作用，即配送中心内分摊间接费用，分享共同的经验曲线；管理协同作用，即在一个经营单位里运用另一个单位的管理经验与专门技能。当然，如果协同作用使用不当，也会产生负面的协同作用，这就是所谓的内耗，导致 1+1<2。

在配送中心战略管理的 4 个构成要素中，业务与市场范围指出寻求配送中心获利能力的范围；增长向量指出这种范围扩展的方向；竞争优势指出配送中心最佳机会的特征；而协同作用则挖掘配送中心总体获利能力的潜力，提高配送中心获得成功的能力。这 4 个要素相辅相成，共同构成了配送中心战略管理的内核。

3.1.2　配送中心战略管理的层次

一个配送中心的经营战略往往都不是单一的战略，而是有层次的，按照配送中心经营战略所属的层次可将其划分为总体战略、经营领域战略和职能层战略，如图 3.2 所示。

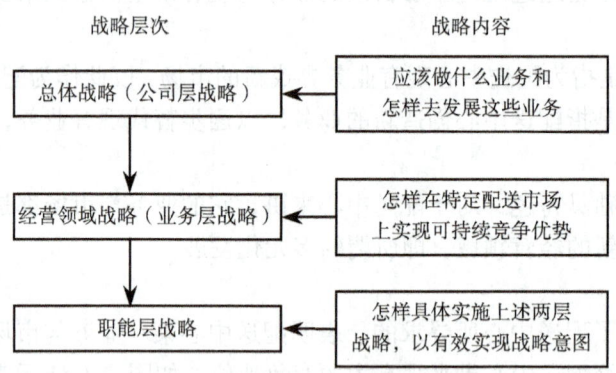

图 3.2　配送中心战略管理层次

1. 总体战略（公司层战略）

总体战略是指导配送中心在今后若干年的总体发展、统率全局的综合性战略。它是在充分考虑资源能力和协同作用的条件下，解决配送中心应在哪些经营领域里从事生产经营活动的问题。总体战略的制定，实际上是对经营领域结构的优化，即对在战略期中发展或收缩、进入或退出哪些经营领域并进行资源配置的决策和行动的总称，它是配送中心各个经营领域战略和各职能战略的依据。根据配送中心在同行业中所处的地位和基础水平不同，一般将总体战略分为发展型战略、稳定型战略和紧缩型战略。

2. 经营领域战略（业务层战略）

经营领域战略是指配送中心在某一行业或某一细分行业内确定其市场地位和发展态势的战略。经营领域战略与总体战略的关系是：某一经营领域战略服从于总体战略，而总体战略的制定又要以经营领域战略为依据。

3. 职能层战略

职能层战略是在总体战略和经营领域战略的指导下，针对配送中心各职能部门、各专业工作的重大问题所制定的谋划和方略。它是总体战略和经营领域战略的具体实施，并结合研究开发、生产、财务、营销、人力资源、组织等专业职能的实施，使总体战略确定的战略目标和战略方针得以实现。

3.1.3　配送中心的战略环境分析

从配送中心与外部环境的相互关系来看，配送中心的环境大体可分为外部环境和内部环境。外部环境是指处于配送中心之外，对配送中心的生存与发展产生重大影响的因素的总和。它又可分为宏观环境（又称总体环境）和中观环境（又称行业环境）两部分。内部环境又称微观环境，主要是影响配送中心实力的内部可控因素，如产品或服务、销售情况、人力资源、财产资源、物力资源等。进行配送中心环境的战略分析，就是要使配送中心明确所面临的内外环境中可供配送中心发展的机会，或是对配送中心生存和发展形成的威胁，以及配送中心内部具备的竞争优势和劣势。经常性的战略分析可使配送中心在环境变化之前就有所准备，同时能够缩短其对环境变化做出反应的时间。

1. 配送中心宏观环境分析

宏观环境是指所有配送中心共有的一般环境条件，主要包括国内外的政治与法律环境、经济环境、技术环境、社会与文化环境和自然环境等环境因素，如表 3.2 所示。这些因素一般被称为间接环境因素，但这并不意味着它们对经营活动的影响较小。恰恰相反，由于宏观环境的变化性和不可控性，往往会给配送中心的经营活动带来重大的影响。

表 3.2　宏观环境分析的主要环境因素及其主要内容

主要环境因素	主要内容
政治与法律环境	社会制度、执政党性质、国家政策、方针、法律法规、对外友好关系等
经济环境	GDP、经济增长率、政府收支、外贸及汇率、通货膨胀、储蓄情况等
科学技术环境	高新技术、工艺技术及基础研究的突破进展等
社会与文化环境	居民教育程度、环保意识、宗教信仰、风俗习惯、就业情况、价值观念等
自然环境	自然资源拥有情况、气候、季节、能源、自然灾害、生态平衡、环境保护等

（1）政治与法律环境。政治与法律环境主要是指一个国家的社会制度、执政党的性质、政府的方针、政策、法律法规和对外友好关系等，这些都会对配送中心的经营产生重大影响。政治稳定是社会稳定的基础，政治的剧烈变动必定会对经济发展和社会稳定带来不利的影响，对配送中心来说，其所处区域的政治稳定是其长期稳定发展的一个必要保证。一个地区或国家的法律体系对配送中心来说也是非常重要的。因为大多数配送中心对法律和政策的影响力都很小，处于比较被动的适应状态。

（2）经济环境。经济环境主要包括宏观经济环境和微观经济环境。宏观经济环境主要是指一个国家的人口数量及其增长趋势、国民收入、国民生产总值等。微观经济环境主要指企业所在地或所服务地区的消费者的收入水平、消费偏好、储蓄情况、就业程度等，它直接决定配送服务市场容量的大小，从而决定了配送中心的个数及规模等。

（3）科学技术环境。科学技术环境是指配送中心除了要考察与配送活动直接有关的科学技术的现有水平、发展趋势和发展速度外，还应了解国家对科技开发的投资、支持重点、科技研发费用总额、技术转移及商品化速度、相关专利及其保护情况等。在现代化大生产中，科学技术是第一生产力，科学技术的发展变化对配送中心的经营活动将产生巨大影响。技术革命一方面可能会给配送中心带来新的发展机遇，另一方面也可能使配送中心面临新的挑战。

（4）社会与文化环境。社会与文化环境是指一个国家或地区的居民教育程度和文化水平、宗教信仰、家庭构成、社会风俗习惯、储蓄倾向、审美观点、价值观念等。社会文化因素比较复杂，包含的内容很多，对配送中心有着多方面的影响，其中有些是直接的，有些是间接的。社会与文化环境主要通过以下两个方面影响配送中心的经营：①社会的价值观念规范着人们和组织的社会行为，从而影响企业的价值观念和企业文化，规范配送中心的经营行为。②社会与文化环境影响人们的消费结构和消费行为，从而影响配送中心的产品或服务，即市场战略和经营策略的选择。

（5）自然环境。自然环境是指一个国家的自然资源和生态环境。具体包括自然资源拥有情况、气候、季节、能源、自然灾害、生态平衡、环境保护等方面的情况。这些因素的变化，同样会使配送中心面临新的市场或生存威胁。在这些环境因素中，自然资源的可得性及一定时期的开发利用情况，是制约配送中心经营活动的重要因素。

2．配送中心中观环境分析

中观环境分析又称行业环境分析，是指对直接影响配送中心实现其目标的外部力量的分析。与宏观环境相比，行业环境对配送中心有着更直接、更现实的影响。迈克尔·波特教授认为，一个行业的竞争力是由5种竞争作用力决定的，即新进入者的威胁、替代品的威胁、现存竞争对手之间的竞争、买方的议价能力及供方的议价能力。这5种竞争作用力表现在配送中心行业中，如图3.3所示。因此，配送中心的竞争战略目标在于使配送中心在行业内部处于最佳定位，保卫自己，抗击5种竞争作用力，或根据自己的意愿来影响5种竞争作用力。

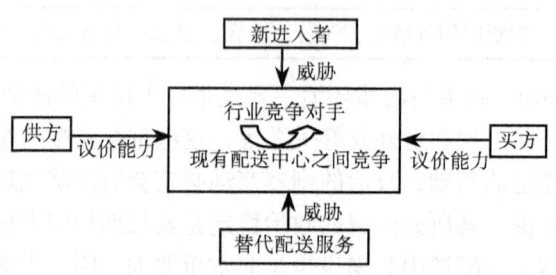

图3.3 配送中心行业环境分析

以上5种竞争作用力所反映出的事实是：配送中心的竞争大大超越了现有参与者的范围。客户、供应商、替代品、新进入者均为该行业的竞争对手，并且依具体情况会或多或少地显露出其重要性。这种广义的竞争可称为拓展竞争（extended rivalry）。下面对这5种竞争力做简要分析。

（1）新进入者的威胁。随着中国物流市场的开放，有部分外资企业已与外资物流公司签约，想完全自主控制在中国市场上的物流业务，许多大型的生产、零售企业都在建立和准备建立自己的配送中心，这些新进入者将引进新的业务能力，结果导致已有配送企业的成本上升，利润率下降。对于物流行业来讲，进入威胁的大小很大程度上取决于行业呈现的进入壁垒，主要有物流规模经济、配送服务歧异、资本需求、转换成本、配送渠道的获得、与规模无关的成本劣势等。

（2）替代品的威胁。广义地看，一个行业的所有企业都有生产替代服务或产品的行业竞争。替代品设置了行业企业可谋取利润的定价上限，从而限制了一个行业的潜在收益。替代品所提供的价格、性能选择机会越有吸引力，行业利润的获得就越困难。例如，对于第三方配送中心来说，其配送服务的替代产品就是客户企业由配送外包转为自营配送，即买方自己取货或卖方自己送货。由此设立了配送中心服务价格的上限，配送中心要取得高利润，就必须通过物流系统化和集约化提高效率，降低成本，以显示专业化服务企业的优势。

（3）现存竞争对手之间的竞争。就现在的中国物流市场来看，物流、配送行业虽然才刚刚起步，但发展迅速，现有竞争者数量多、技术力量雄厚。许多国外的大公司都已涉足中国物流与配送市场。这些现有竞争对手以人们熟悉的方式争夺地位，战术应用通常是价格竞争、广告战、新服务引进、增加客户售后服务内容等。从总体上看，激烈的竞争往往导致配送中心利润率的下降。因此，在决定配送中心的战略是进入或退出、扩张或缩减时，对行业的竞争激烈程度要有一个正确的分析和预测。

（4）买方的议价能力。在配送的服务上，买方的议价能力取决于：自营的可能性，该行业竞争的激烈程度，还有就是买方自身面临的竞争压力，如许多配送客户自身面临着降低价格的巨大压力，导致在议价时态度强硬。

（5）供方的议价能力。配送中心的运营需要投入大量的生产和资源要素，这些要素是由配送中心的供方提供的，其价格取决于供方的议价能力。供方的议价能力是与配送中心的实力互为消长的。配送中心规模越大，实力越强，供方的议价能力就越弱，反之亦然。

3．配送中心内部条件分析

虽然外部环境可以给配送中心带来潜在机会，但是，配送中心只有具备了能够利用这种机会的内部条件，潜在机会才有可能变为现实。配送中心内部条件是指构成配送中心内部经营过程的各种要素。这些要素都以各自不同的方式影响着配送中心的实力。由于配送中心所处外部环境及其发展时期等不同，所表现出来的问题也不一样，因此进行配送中心内部分析的内容和重点也会不同。一般来说，配送中心内部条件分析的重点是配送中心企业素质、配送中心产品实力和配送中心财务状况。通过配送中心内部条件分析，能够明确了解配送中心的优势和劣势及形成这种优势和劣势的原因，指明改进的方向。

（1）配送中心企业素质分析。配送中心企业素质是指构成配送中心的各种要素的质量及其相互结合的本质特征，它决定着配送中心经营活动所必备的基本要素的有机组合所产生的整体功能。配送中心企业素质包括：配送中心建立地点和配送中心经营任务所要求的自然条件与社会经济条件之间的适合程度；配送中心的资源能力、数量能力、技术力量、组织机构、经营者及员工队伍、经营管理基础等经营能力同配送中心经营任务的相适应程度；配送中心的长期经营战略、计划及经营活动的优劣程度。

（2）配送中心产品实力分析。对配送中心来说，它的产品是配送及相关服务，它的产品实力分析可以从以下几个方面进行：配送服务的质量分析、配送服务的种类分析、配送服务成本与价格分析、配送服务的销售与服务分析、配送服务技术水平分析、配送服务及企业形象分析、配送服务获利能力分析等。

（3）配送中心财务状况分析。配送中心财务状况分析主要是对配送中心在各项战略业务中的获利能力及其潜力增长趋势做出分析。具体包括：①配送中心获利能力评价。其评价指标有资产报酬率、所有者权益报酬率、销售利润率、成本费用利润率等。②资金周转状况。资金周转状况反映了资金使用的效率及有效性，因此它可以反映配送中心的经营状况及管理水平。常用的资金周转状况分析指标有存货周转率、应收账款周转率、流动资产周转率、固定资产周转率、总资产周转率等。

（4）竞争优势分析。竞争优势分析的目的是要发现配送中心自身的优势，培养优势，并且充分发挥优势。不同的配送中心由于处于不同的行业和不同的竞争环境，因此需要建立和突出的竞争优势也不同。配送中心应根据环境特点和自身特点，建立不同类型的竞争优势。常见的竞争优势有技术优势、成本优势、资源优势和品牌优势等。

3.1.4 配送中心战略环境分析方法

战略环境分析需要运用各种模型和技术将关键外部环境因素对配送中心的影响及其相互关系进行综合分析，并对内部条件的优劣及其适应程度进行综合评价。配送中心战略环境分析方法众多，主要有战略环境要素评价模型、行业关键战略要素评价矩阵、"雷达"图分析法、产品评价法、SWOT 分析法等。其中，SWOT 分析法是最常用的一种。下面介绍 SWOT 分析法在配送中心战略环境分析的应用。

进行配送中心环境的 SWOT 分析，其目的在于对配送中心战略环境分析的综合情况进行客观公正的评价。通过识别配送中心的优势与劣势、机会与威胁等相关因素，就可能发挥优势、克服弱点、充分利用机会、避免威胁，找到真正有利于配送中心发展的机会。

1．SWOT 分析的要素

（1）优势（Strengths）分析。要分析配送中心在设备、设施、信息技术、市场占有率与营销网络、资金、人力资源、与供方关系等方面的优势，这种分析应该是一个详尽的比较分析，即要与各个主要竞争对手做比较，可能的话，应该是定量比较。

（2）劣势（Weaknesses）分析。同样，也要在上述各个方面与竞争对手做详尽比较，要分析自身的劣势对自己竞争能力的危害及可能的补救措施。

（3）机会（Opportunities）分析。要与上述宏观与微观分析相衔接，着重分析配送服务需求与配送服务供应之间的缺口。因为正是这种现实的或潜在的缺口才是配送中心生存与发展的机会。对这种缺口的分析应该分门别类，在数量与质量上都进行分析，从而为配送中心的市场定位打下基础。

（4）威胁（Threats）分析。要分析现有竞争者、潜在竞争者的竞争能力与主攻方向，从物流行业看，既要看到现有物流企业的竞争，更要看到承运人甚至大客户从企业物流中转化出新的独立的物流企业的可能性。当然还要分析市场总体需求在质上的变化对配送中心所产生的新的要求及如果不适应这种要求可能产生的后果。

2．SWOT 分析的步骤与方法

对配送中心进行 SWOT 分析的总体思路如图 3.4 所示。要具体进行 SWOT 分析，可将企业内部环境的优势与劣势、外部环境的机会与威胁同列在一张"十"字形图中加以对照，如图 3.5 所示。

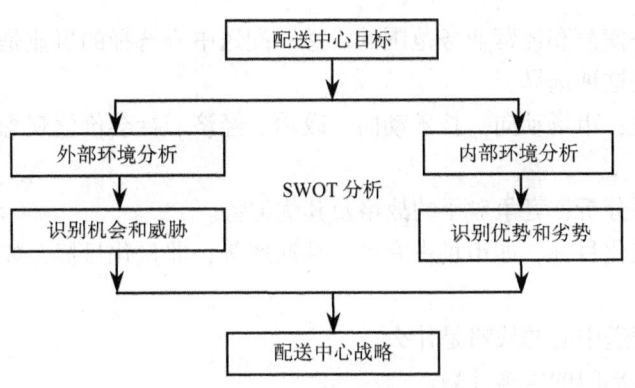

图 3.4   配送中心 SWOT 分析

配送中心成本优势	配送中心设备老化
配送中心竞争能力优势	配送中心战略方向不明确
特殊配送服务能力	配送中心竞争地位恶化
配送服务创新能力	配送中心业务范围狭窄
配送中心规模经济性	配送中心研究开发工作能力弱
配送中心财务资源优势	配送中心营销水平低
配送服务质量优势与水平	配送中心管理能力弱
管理人员经验	配送中心利润下降原因不明
配送中心品牌信誉优势	配送中心资金缺乏
配送中心战略方向明确	配送中心相比竞争对手成本较高
配送中心设备及其他经营资源优势	其他劣势
配送中心营销能力	
其他优势	
竞争能力优势	**竞争能力劣势**
潜在的外部机会	**潜在的外部威胁**
配送中心纵向一体化或横向一体化	市场增长慢，竞争压力大
配送中心配送市场开拓增长迅速	政府政策对配送中心不利
可以增加开发延伸服务、增值服务	行业有新竞争者进入
可争取到新的客户群	替代配送服务规模上升
在同行业中业绩优良	客户议价能力加强
外部环境发生有利于配送中心的事件	客户需求与爱好改变
客户需求向有利于配送中心的方向发展	商业循环衰退
其他机会	其他威胁

图 3.5   SWOT "十" 字形分析评价

3．配送中心战略研究报告

配送中心 "十" 字形图分析的结果最后要体现在配送中心战略研究报告上，否则会流于形式，无法实施。配送中心战略研究报告的内容至少要包括以下几个方面。

（1）配送中心使命和经营业务范围的设想：配送中心选择的事业是什么，将来的事业是什么，为什么是这种选择。

（2）环境假设：市场动向、技术动向，政治、经济、社会价值观念、人和文化等方面的变化和动向。

（3）竞争对手分析：竞争对手的战略及其优劣势。

（4）目标：量化目标，如市场占有率、利润率等；非量化目标，如企业形象、产品形象等。

（5）战略：配送中心的战略是什么。

（6）计划：各部门的实施计划。

（7）资源：人、财、物、时间等资源的分配。

（8）机会：除了做目前的事业以外，还有什么事业可做（放弃的机会）。

（9）不测事件：万一实际发生的事态和环境分析不一致怎么办。

3.1.5　配送中心战略的制定、实施、评价与控制

1．配送中心战略的制定

配送中心战略的制定是在配送中心战略环境分析的基础上，确定配送中心宗旨、设置配送中心战略目标并做出选择的过程。

1）确定配送中心宗旨

配送中心的宗旨是指配送中心存在的理由和目的。确定配送中心宗旨就是根据对配送中心内外部环境因素的分析，判断配送中心应该从事什么业务，它的客户是谁，向客户提供什么样的产品和服务。产品是短暂的、易过时的，而客户群及其基本需要却是永恒的。因此，确定配送中心宗旨应以市场为导向。

2）设置配送中心战略目标

配送中心战略目标是配送中心在遵循宗旨时所要达到的长期的特定地位，它可以看作配送中心经营活动在一定时期所要达到的结果。配送中心的战略目标不同于配送中心的中间目标、具体目标。战略目标是由配送中心的经营目的确定的，是经营目的的对象化和数量化。一般来说，配送中心战略目标有 3 种基本类型。

（1）成长性目标。如配送服务产品品种、配送量，配送中心资产总额，配送服务产品的销售额及其增长率，配送中心利润及其增长率等。

（2）稳定性目标。如配送安全率、利润率、支付能力、配送中心凝聚力等。

（3）竞争性目标。如配送服务成本价格地位、配送服务质量水平、市场占有率、配送中心知名度和美誉度等。

以上是配送中心战略目标的内容，对于配送中心经营的具体目标，可以概括为"四恰当"、"三提高"，即在恰当的时候，以恰当的配送方式、恰当的价格，向客户提供恰当的服务，达到提高客户和社会的满意度、提高竞争力、提高经济效益和社会效益的目标。

3）配送中心战略评价与选择

配送中心确定了未来的经营宗旨及具体的战略目标后，就可以通过多种途径和方法，依靠各种资源组合的支持来达到战略目标，由此形成多个可能的战略决策方案，必须对这

些方案进行论证，选择其中的最优方案作为决策。战略选择是选择备选方案中最适合配送中心外部环境与内部条件的战略方案。这就决定了战略评价要把重点放在评价配送中心经营战略目标与企业的总体目标是否一致，配送中心的战略与配送中心的环境是否一致，战略方案本身所包含的目标和方针是否一致，预期取得的经营成果与战略假设的基础是否一致等方面。通常配送中心可以采取以下竞争战略。

（1）总成本领先战略（或称低成本战略）。总成本领先战略又称全面成本战略，是指通过采取各种措施全面降低配送成本，从而以比竞争对手同类产品更低的价格提供配送服务的战略。为此，配送中心就必须进行技术设备更新，以提高劳动效率；同时采取措施，不断降低作业费用、科研开发费用及其他间接费用。尽管质量、服务及其他方面也不容忽视，但贯穿于整个战略中的主体是使配送成本低于竞争对手。

赢得总成本最低的地位通常要求具备较高的相对市场份额或其他优势，如良好的供方或原材料供应等。对配送中心而言，可能要求具备一个覆盖面较广、效率较高、弹性较大的公共服务平台，保持一个较宽的相关服务系列以分散成本，以及为建立起批量而对所有主要客户群进行服务。因此，实行成本领先战略就可能要求企业有很高的购买先进设备的前期投资、激进的定价和承受初始损失，以取得高的市场份额。而高市场份额又可进而使企业获得采购的经济性，使成本进一步降低。企业一旦赢得了成本领先地位，所获得的较高的利润又可对新设备、新设施和现代化信息系统进行再投资以维护成本上的领先地位。这种再投资往往是保持低成本地位的先决条件。实行这种战略的配送中心必须努力处理好这个良性循环，而不能落入被动状态。

（2）标新立异战略（或称差异化战略）。它通常是指在同类市场中突出自己产品和服务同其他产品和服务的不同特点，以加强自己产品和服务竞争力的战略。如突出快速、隔夜送达的航空快递配送，突出低温保鲜不同温度带的冷链配送等。标新立异战略具体可以有许多方式，如设计独特的品牌形象、技术特点、外观特点、服务网络及其他方面的独特性等。最理想的情况是使配送中心在几个方面都标新立异。应当强调，这个战略并不意味着配送中心可以忽略成本，只不过此时成本不是配送中心的首要战略目标。如果标新立异战略可以实现，它就成为在行业中赢得超常收益的可行战略。标新立异战略利用客户对品牌的忠诚及由此产生对价格的敏感性下降使配送中心得以避开竞争。它也可使企业利润增加而不必追求低成本。客户的忠诚和某一竞争对手要战胜这种独特性需付出的努力就构成了进入壁垒。

实施标新立异战略有时会与争取获得更大的市场份额相矛盾，即这一战略与提高市场份额两者往往不可兼顾。因此，配送中心对这一战略的排他性要有思想准备。较为普遍的情况是，采取标新立异战略所提供的服务往往成本高昂，如广告研究、产品和服务设计、高质量的材料或周密的客户服务等。而在实践中，并不是所有客户都愿意或有能力为配送中心标新立异的产品或服务支付较高的价格。

（3）目标集聚战略（或称集中性战略）。目标集聚战略主攻某个特定的客户群、某产品和服务系列的一个细分区段或某一个地区市场等，集中投入资源，以取得成本方面或差异性方面优势的战略。目标集聚战略的核心是围绕着为某一特定目标提供优良的服务这一中心建立的。这一战略的前提是：配送中心能够以更高的效率、更好的效果为某一狭窄的战略对象服务，从而超过在更广阔范围内的竞争对手。结果是，配送中心或者通过较好地满足了特定对象的需要而实现了标新立异，或者在为这一对象服务时实现了低成本，或者二者兼得。尽管从整个市场的角度看，目标集聚战略未能取得低成本或差异优势，但它的确在狭窄的市场目标中获得了一种或两种优势地位。现实中，配送中心针对生鲜市场的配送、针对图书的配送、针对北京市内的配送等就是这一战略的体现。

以上3种竞争战略各具优势，应根据具体情况加以灵活运用。美国目前具有影响力的大型配送中心如沃尔玛、联合包裹服务公司、联邦快递就是根据自身的资源情况、产品和市场特点，以及竞争对手的战略等因素将这3种竞争战略灵活地加以运用，最终赢得了市场竞争中的领先地位。这3种基本战略的比较如表3.3所示。

表3.3　3种基本战略的比较

基本战略 比较点		总成本领先战略 （或称低成本战略）	标新立异战略 （或称差异化战略）	目标集聚战略 （或称集中性战略）
特征	业务差异化	低（主要是价格）	高（各自业务特色）	由低到高
	市场细分化	低（程度不深、不细）	高（众多细分市场）	低（特定市场）
对配送中心能力和资源的要求		1. 良好的投融资能力 2. 流程优化能力 3. 严格高效的管理 4. 高效的作业系统 5. 低成本的分销系统 6. 良好的物料管理	1. 强大的生产营销能力 2. 产品加工能力 3. 较强的基础研发能力 4. 创造性 5. 良好的公司形象 6. 独特的技能	针对具体的战略目标，整合企业的能力，重点突破
对配送中心的组织要求		1. 结构分明的组织和责任 2. 严格的定量管理（精细作业） 3. 严格的成本控制	1. 研发、加工、市场部门紧密配合 2. 重视主观评价和激励（而不仅仅是数量） 3. 有利于创新的文化氛围	与集中性战略任务相适应的组织和激励
主要风险		1. 成本领先无法长期保持（竞争者模仿、技术进步、企业相关能力下降、成本不利因素出现如原材料涨价） 2. 未做好差异化准备，可能会丧失此方面的优势 3. 可能有在成本方面采用集中性战略，因此产生挑战	1. 差异化无法长期保持（竞争者模仿、市场、客户需求变化如对差异化不敏感） 2. 相应可能失去成本优势 3. 采用某个差异化或集中性战略经营的对手取得更好的差异化	1. 其他对手模仿和挤入同类集中性定位和战略 2. 市场结构变化（特别是对采用集中性战略的企业赖以生存的特殊市场） 3. 大型企业的精细化经营带来挑战

2. 配送中心战略的实施

配送中心战略的实施是借助行动方案、预算和一定的工作程序，实现配送中心战略的行动过程。一般认为，战略实施是一项行政性的管理工作，是在配送中心最高管理层的监督和指导下，由配送中心的中下层管理人员具体实施的。然而，作为配送中心的最高行政主管，配送中心经理必须对配送中心战略的实施承担全部责任。实际上，对大多数配送中心来说，较之制定配送中心战略，它们不得不将更多的时间用于把战略付诸行动，设法使其在客观条件的允许下顺利地运行。

配送中心战略的实施过程包括制订行动方案、编制预算、确定工作程序等内容。

（1）制订行动方案。行动方案是对完成一次性配送计划的活动和步骤的陈述。例如，一个配送中心选择了开发图书配送市场的战略，就需要在战略实施过程中为开发新市场制订行动方案。

（2）编制预算。预算是配送中心在一定时间内的财务收支预计。从配送中心战略管理的角度看，预算是确定每项战略活动方案的详细成本，达到计划控制的目的。预算是实现配送中心战略目标的财务保证。

（3）确定工作程序。工作程序是规定完成某一特殊行动或任务的步骤和方法。这些活动是实现配送中心战略目标所必需的，因而其程序必须在时间、人、财、物等方面满足战略目标的要求。为了制定最佳的工作程序，可以借助计算机，并利用计划评审法、关键路线法、线性规划、动态规划、目标规划等一系列科学管理方法。

3．配送中心战略评价与控制

配送中心战略评价与控制是将战略实施成效与预定的战略目标进行比较，测定二者的偏离程度，并采取措施进行纠正，以达到实现战略目标的过程。战略评价与控制包括以下3 个要素。

（1）确定评价标准。战略评价标准是用以衡量战略执行效果好坏的指标体系，包括定性指标和定量指标，各项定量标准既要应用本行业的相关资料，又要应用有关竞争对手的资料和国外同行业领先者的资料，进行综合分析确定。

（2）衡量实际工作成果。实际工作成果是战略在执行过程中实际达到目标程度的综合反映。掌握准确成果资料，必须建立管理信息系统，并运用科学的控制方法和控制系统。

（3）评价工作结果。评价工作结果是将取得的实际效果与预订目标进行比较，通过比较实际工作成果与目标之间的差距，分析工作结果形成的原因，并采取相应措施。

配送中心战略评价与控制的过程如图 3.6 所示。

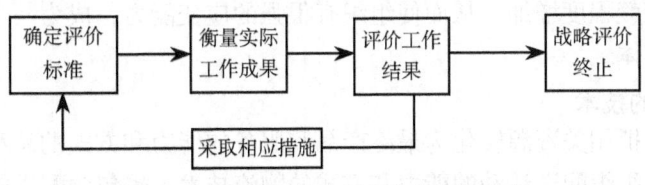

图 3.6　配送中心战略评价与控制的过程

3.2　配送中心的组织结构设计

组织结构是组织内全体成员为实现组织目标，在管理工作中进行分工协作，通过职位、职责、职权及三者相互之间的关系构成的结构体系。配送中心作为从事配送业务的组织，其组织结构的合理性将直接影响配送中心经营目标的实现。因此，必须建立合理的配送中心组织结构。

配送中心组织结构设计，是指把实现配送中心组织的目标所要完成的工作划分为若干个性质不同的业务工作，然后把这些工作"组合"成若干个部门，并确定部门职责与职权的过程。

3.2.1 影响配送中心组织设计的因素

影响配送中心组织结构设计的因素主要有配送中心的规模、战略、环境和技术等因素。

1．配送中心的规模

不同规模的配送中心会采用不同的组织结构形式，小型的配送中心，其组织结构一般采用较简单的直线或职能制形式；较大规模的配送中心则会采用事业部制或矩阵式等形式。同一个配送中心在发展的过程中，随着配送中心组织规模的扩大和复杂化，也会对组织结构进行变革。

2．配送中心的战略

组织战略是实现组织目标的基本手段，它决定着组织在一定时期内的活动方向和水平，组织战略的变化必然会导致组织的变化。为了实现组织目标，组织结构设计必须服从组织战略的需要，只有按照这一要求设计的组织，才能成为组织目标实现的有效的和可靠的依托。

组织战略对组织结构设计具有两方面的影响：一是不同的组织战略要求有不同的组织任务和职能，这就会影响组织的职能、职位、职权及规范制度的设计；二是组织战略的变化和调整会影响组织的工作重点及各职能部门和职位在组织中的重要性的变化，由此引起职能部门和职位及其相互关系的调整。

3．配送中心的环境

对配送中心组织结构设计具有重要影响的是配送中心所在的外部环境。配送中心的外部环境是对配送中心具有影响的因素和条件的总和。这些因素和条件包含物质的和精神的、有形的和无形的、自然的和社会的等。如果配送中心所处的环境相当稳定，则其组织结构是规规矩矩的、传统型的，具有专业化、分工性与阶层性的特征，整个组织结构的稳定性程度很高；如果配送中心的环境动荡不定，组织就不得不采取富有弹性的、权变性的结构，组织内部的相互依赖程度增加，从而使组织有很强的应变能力，成为一个处在不断变革与调整中的经济有机体。

4．配送中心的技术

技术是组织中把相关资源转化为最终产品和服务的能力和方式的总和。对配送中心来说，其技术既包含组织配送活动的能力和方式的物流技术，也包含配送中心组织管理的能力和方式的一般技术。

物流技术对配送中心组织结构设计具有重要影响，不同的物流技术水平和物流技术装备，对配送中心的活动内容的划分、部门的设立、职能的设计、职务的设置和权力的配置、组织制度规范的内容和实施方式及组织各部门之间的关系，会有不同的要求。一般技术如计算机和信息网络技术会极大地改变配送中心组织活动的内容、配送中心组织的构成部门和职位、配送中心组织的权力配置和权力关系，以及配送中心组织制度规范的要求，形成高度集约化的组织形式。

3.2.2　配送中心组织结构设计的原则

在进行配送中心的组织设计时，除应考虑以上因素外，还应遵循一些基本的原则，具体如下。

1．任务目标原则

配送中心本身的形成和发展是基于物流合理化和企业拓展市场的必然结果。配送中心所有的管理活动的核心目标是在提供高的服务水平的同时，获得低成本。特别是作为第三方的配送中心，其活动的要点就是面向社会，满足客户物流服务的需求。因此，客户业务的特点及其组织机构的特征也是配送中心设置组织管理机构的重要考虑因素。配送中心组织机构的设立既要考虑企业内部机构设置的合理性，同时要考虑机构设置对客户的影响，即根据配送的目标来构建配送中心的组织。

2．组织结构合理的原则

配送中心各类部门的组建应同企业的规模和经营的业务相适应，要求合理设置管理层次和幅度，合理配置工作人员。物流发达的国家的物流企业的组织结构伴随着技术水平的发展，在市场竞争的压力下发生着变化，从多层次的"宝塔"结构向扁平化演变。配送中心应该在服从经营需要的前提下，因事设机构、设职，因职用人，尽量减少不必要的机构和人员，力求精兵简政，以达到组织机构设置的合理化，提高工作效率。同时，各级组织机构要有明确的职责范围、权限及相互间的协作关系；具有健全和完善的信息沟通渠道；制定合理的奖惩制度；还应有利于发挥职工的主动性和积极性。

3．权责对等原则

在配送中心组织结构设计中，应确保组织中的每个部门和部门中的每个人员都有责任按照配送中心的工作目标的要求保质、保量地完成工作任务，同时，组织也必须给予相应人员自主完成任务的权力，使职权和职责对等，责大于权，会造成管理者对责任的逃避；权大于责，将导致权力的滥用。

4．统一指挥、利于沟通原则

构成配送中心的各个部门，必须是一个有机结合的统一的指挥组织体系。在这个组织体系中，所有的经营活动都要有效地协调起来，实现配送中心的总目标。另外，良好的沟通是提高配送中心整体能力和及时了解、满足客户需求的关键，配送中心组织机构的设置既要便于配送中心内部各部门之间的沟通，也要便于与配送中心外部、与客户之间的沟通。配送中心内部的沟通目的是保证信息在配送中心内部的无障碍传递及决策的快速性；外部沟通目的是保证客户信息能有效、快速地传递到位，客户要求能得到快速反应。

5．柔性经济原则

所谓柔性，是指一个配送中心组织的部门结构、人员的职责和职位都是可以变动的；所谓经济原则，是指要以较少的人员、较少的层次、较少的时间达到管理的效果。

上述各项原则，是配送中心建立和健全组织机构应当遵循的基本原则，还有其他一些原则，如稳定与适应相结合原则、执行与监督分开原则等，在此不细述。每个配送中心在具体实践中，要根据自己的具体情况和特点有所选择和侧重。

3.2.3 配送中心组织结构的形式

配送中心组织结构的形式，是指配送中心的整个组织机构框架设置的模式。它是配送中心运营管理的载体。它取决于配送中心的目标、战略、规模、经营内容、人员素质、经营管理水平和内外部环境等多种因素。而且，配送中心组织结构形式也是随着配送中心的发展及管理水平和技术手段的不断提高而不断改进的。从一般的发展过程来看，配送中心组织结构主要有以下几种形式。

1. 直线制形式

直线制形式组织结构如图 3.7 所示，这种组织结构是最早和最简单的一种组织形式，适用于经营规模小、经营对象简单的配送中心。此类配送中心没有专业的职能机构，配送中心经理对生产、技术、财务等各项事务都亲自处理，从最高管理层到最低层实现直线垂直领导。

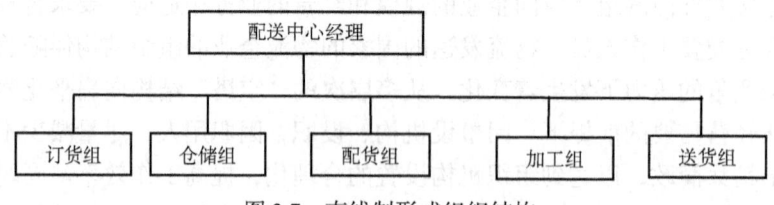

图 3.7　直线制形式组织结构

2. 职能制形式

职能制形式组织结构的特点是引入了计划、财务等职能部门，各职能部门或人员在自己的业务范围内都有权向下级下达指示和命令，各级负责人除了要服从上级直接领导的指挥以外，还要受上级各职能机构的领导。这种组织方式发挥了专业管理的作用，管理深入，但政出多门，破坏了统一指挥的原则。职能制形式组织结构如图 3.8 所示。

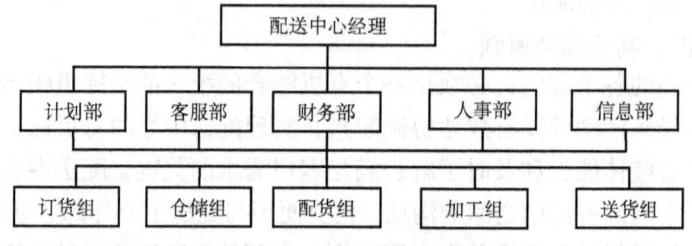

图 3.8　职能制形式组织结构

3. 直线职能制形式

直线职能制形式是以直线制形式为基础，将职能制形式结合在一起的一种组织机构形式。它的特点是各管理层的负责人自上而下进行垂直领导，并设职能机构或职能人员协助经理工作，但职能机构或人员对下级单位不能下达指示命令，只能在业务上进行指导监督，下级负责人只接受上一级负责人的领导。这种形式的优点是取直线制和职能制两种形式之长，舍二者之短，是一种较好的形式，在单一配送中心的组织结构中得到比较广泛的应用。直线职能制形式组织结构如图 3.9 所示。

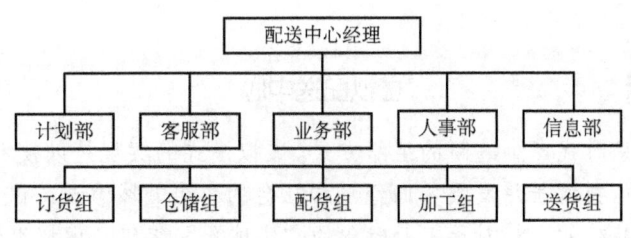

图 3.9　直线职能制形式组织结构

4．事业部制形式

事业部制也称分部型结构，是在直线职能制基础上演变而成的现代组织结构形式。它的特点是按配送货品类别、经营业务或配送地区设若干个事业部，实行集中决策下的分散经营和分权管理。事业部是实现经营目标的基本经营单位，具体管理经营活动。这种组织结构的优点是：有利于上层管理者摆脱日常的行政事务，集中进行决策；有利于事业部根据市场变化做出相应的经济决策；有利于组织专业化配送，提高效率。缺点是：由于事业部是一个利益中心，往往只考虑自己的利益而影响相互协作。它适用于规模大、货品种类多、分布面广的配送中心。事业部制形式组织结构如图 3.10 所示。

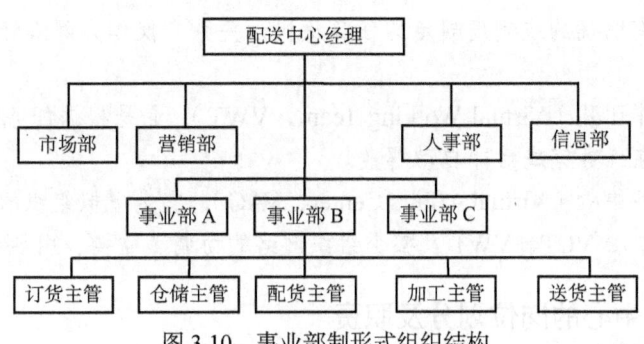

图 3.10　事业部制形式组织结构

5．矩阵式组织结构

矩阵式组织结构是在直线职能制组织系统的基础上，再增加一种横向的领导系统组成一个为完成一个特定配送任务的机构。这种组织的成员，一般都接受两个方面的领导，即在工作业务方面接受原单位和部门的垂直领导，在执行具体配送任务时，接受配送项目主管的领导。这种组织的优点是：机动、灵活，可随项目的开发与结束进行组织或解散，避免各部门的重复劳动，使管理方法更具专业化。矩阵式组织结构如图 3.11 所示。

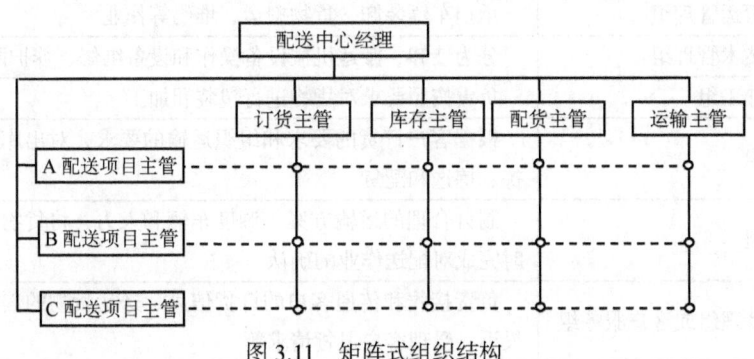

图 3.11　矩阵式组织结构

特别提示　　　　　　**虚拟配送中心**

虚拟化是信息时代产生的新的组织方式。虚拟模式的实现是以技术领域的不断进步，计算机技术和通信技术长足发展并向经济和社会的各个领域渗透，以及管理组织结构扁平化、小型化为基础的。相对于工业时代的"实体化"组织，虚拟组织具有3个主要特点：专长化、合作化与虚拟化。把虚拟组织的组织形式应用于配送中心，就形成了虚拟配送中心。配送中心的虚拟化，是未来配送企业的一种非常有吸引力的实现形式。虚拟配送中心是一种网络化的配送中心，是通过网络连接若干家企业，共同完成与传统配送中心相似的业务。由于组成虚拟配送中心的各个成员分处在不同的地理位置，它的运转必须由功能强大的国际网络配送信息系统来支持，因此虚拟配送中心的核心就是它的信息中心。

同一般的虚拟企业的组织结构一样，虚拟配送中心的组织结构由以下几个主要的构件组成。

（1）虚拟能力团队（Virtual Competence Team，VCT），它是按能力的差异划分的团队，该团队并没有明确的或制度规定的任务及权责关系，仅作为网络管理的一个虚设单位。

（2）虚拟工作团队（Virtual Working Team，VWT），它是根据任务需要临时由VCT形成的工作组，在任务完成后即自动解散。

（3）网络事务中心（Virtual Affairs Center，VAC），它是虚拟组织的"综合"部门，负责对网络事务中心VCT、VWT及整个组织网络的协调、监控、引导和对外联络。

3.2.4　配送中心的岗位划分及职责

根据配送中心的作业流程，可以设置的岗位如表3.4所示。

表3.4　配送中心的岗位划分及职责

序号	岗位名称	主要职责
1	采购或进货管理组	主要负责订货、采购、进货等作业环节的安排及相关的事务处理，同时负责对货物的验收工作
2	储存管理组	负责货物的保管、拣取、养护等作业的运作与管理
3	装卸搬运管理组	承担车辆装卸、货物搬运、堆码等作业
4	机械技术管理组	分为装卸、搬运机械设备操作和设备维修、养护两部分
5	流通加工组	负责按照要求对货物进行包装和加工
6	配货组	根据客户订货的要求和组织运输的要求，对出库的商品进行分拣、拣选和配货
7	送货组	制订合理的运输方案，调度车辆和人力，将货物送交客户，同时完成对配送作业的确认
8	营业管理组或客户服务组	负责接收和传递客户的订货信息、送达货物的信息，处理客户投诉，受理客户退货请求等

续表

序号	岗位名称	主要职责
9	账务管理组	负责核对进出货表单、库存管理表单、配送完成表单等，协调、控制、监督整个配送中心的货物流动，同时负责管理各种费用发票和物流收费统计、配送费用结算等工作
10	退货与坏货处理组	当营业管理组或客户服务组接到客户的退货信息后，应安排车辆回收退货商品，再集中到配送中心退货处理区进行清点整理，然后根据所退货的状况和退货的原因，按有关退货制度处理

以上岗位是一般配送中心的主要岗位。实际上，由于配送中心的规划不同，其具体的岗位设置也不尽相同。

案例分析

某生鲜食品配送中心的组织结构

生鲜食品配送中心与其他商品配送中心类似，一般由信息部门和作业部门构成。信息部门起着汇集信息并对配送中心进行管理的作用。作业部门根据各部门不同的功能又可分为不同的作业组。某生鲜食品配送中心的组织结构设置如下。

1. 信息部门

信息部门指挥和管理着整个配送中心，它是配送中心的中枢神经。它的功能是：对外负责收集和汇总各种信息，包括门店的销售、订货信息，以及与部分供应商联网的信息，并根据这些信息做出相应的决策；对内负责协调、组织各种活动，指挥调度各部门的人员，共同完成配送任务。

2. 作业部门

因超市类型不同，配送中心的类型也有所不同，其作业组划分也不尽相同。

（1）收货组。工作人员需完成接收货物的任务和货物入库之前的准备工作，如卸货、检验等。它的主要设施有验货用的计算机和卸货工具。

（2）储存组。这个作业组负责保管、拣取、养护验收后的货物。储存组所在区一般都建有专用的冷藏库（温度在 0 ℃以上）、冷冻库（温度在 -18 ℃左右），并配置各种设备，其中包括各种货架、叉车、起重机等起重设备。

（3）理货组。理货组主要进行拣货和配货作业。一般来说，拣选货和配货工作量大的配送中心（如便利店），不但要求要对货物进行拆零，还要完成向多家门店以少批量、多批次的方式进行配送，所以这样的配送中心的拣货和配货区域的面积较大。

与其他作业区一样，在理货区内也配置着许多专用设备和设施。一般有手推货车、货架等；如果采用自动拣选装置，其设施包括重力式钢架、皮带机、传送装置、自动分拣装置、升降机等。

（4）配装组。由于种种原因，有些分拣出来并配备好的货物不能立即发货，而是需要集中在某一场所等待统一发货，把负责这种放置和处理待发货物的人员归为配装组。配装组要根据每个门店的位置、货物数量进行分放、配车，并确定单独装运还是混载同运。

（5）发货组。发货组主要负责将组配好的货物装车外运。在许多企业和配送中心中，配装组和发货组往往是合在一起的。

（6）加工组。加工组负责对收进的生鲜食品进行整理加工，如对蔬菜去除老叶、清洗等，对鱼类剖腹、去鱼鳞等。加工组人数的多少与超市生鲜食品的加工量有关，生鲜食品加工量直接取决于其加工的深度、加工的品种及超市的销售量，一般来说，生鲜食品经营规模越大的加工组所占的人员越多。

 思考题

根据案例，试分析该生鲜配送中心的组织结构有什么优缺点？你有什么改善建议？

 复习思考题

1．如何理解配送中心战略的含义？

2．配送中心战略的构成要素是什么？

3．配送中心宏观、中观环境分析的具体内容是什么？如何进行分析？

4．进行配送中心组织结构设计的主要原则是什么？

5．配送中心的组织结构有哪些类型？各有什么优缺点？如何进行选择？

实训题

实训目的：

参观相关物流企业或企业的配送中心，进一步了解与掌握配送中心的岗位设置及组织结构。

实训要求：

1．熟悉相关理论知识。

2．去不同种类的配送中心参观，收集各配送中心的岗位设置及组织结构图等资料。

3．记录并熟悉各个配送中心的岗位设置。

4．重点掌握配送中心组织结构。

实训操作与规范：

1．有组织地进行活动，将全班学生分成多组，在每组内分别安排每个成员进行配送中心各个岗位的调查、采访、询问与记录实际配送中心的岗位设置及工作内容。

2．记录完成后，将组员的记录资料汇总分析，列出各配送中心的所有岗位设置并画出组织结构图。

3．根据岗位设置及组织结构图，说出该组织结构形式的优缺点及改进意见。

推荐阅读材料

1．从成本中心到战略优先——访中百配送中心总经理李兆杰[J]．物流技术与应用（货运车辆），2011(10):46-48.

http://www.ixueshu.com/document/86e16440af8cf357318947a18e7f9386.html

2．吴清一．我国商品物流配送中心发展战略的探讨[J]．物流技术与应用，1997(2):1-3.

http://www.cqvip.com/read/read.aspx?id=2875527

3．罗建锋．新型物流（配送）中心的战略实施框架研究[J]．公路运输文摘，2004(6):17-19+14.

http://www.ixueshu.com/document/9f8ff65e40ba15e9318947a18e7f9386.html

4．沃尔玛低成本战略的成功秘诀。

http://mt.sohu.com/20160503/n447365191.shtml

5．丰田汽车零件物流配送中心发展战略规划。

http://cdmd.cnki.com.cn/Article/CDMD-10217-1012265667.htm

6．×××配送有限公司《配送中心组织结构及岗位规划报告》。

https://wenku.baidu.com/view/7f0e92e94afe04a1b071de4d.html

第4章

配送中心仓储与库存管理

学 习 目 标

- 了解仓储的意义与功能；
- 熟悉仓储管理作业环节及其特点；
- 熟悉库存控制原理与方法；
- 了解季节性库存管理的特点。

引导案例

亚马逊菲尼克斯仓储中心

亚马逊公司（Amazon，简称亚马逊）是美国最大的网络电子商务公司，该公司在全球各地设有超过90座仓储中心。菲尼克斯仓储中心（PHX6）是亚马逊公司位于菲尼克斯的仓储中心之一，该中心可以说是亚马逊实体运营的一大支柱。通过仓储中心工程，亚马逊建立起了全球最灵活的物流设施，形成了一个可增强任何组织或个人转移物品能力的物流平台。

PHX6占地120万平方英尺，中心部署了一个庞大的传送带网络。目前，有超过200万个的第三方卖家使用亚马逊的仓储中心存放商品，例如，小商户ShaveWell通过亚马逊直售浴室镜，并将销售、配送甚至在线营销任务外包给亚马逊，另一个商家Tech Armor则将它的智能手机屏幕保护膜和保护壳直接从亚洲工厂运送到亚马逊位于肯塔基州的一个仓储中心。亚马逊对第三方卖家收取仓储费用，从订单交易额分成。ShaveWell的运营者表示，鉴于亚马逊带来的配送速度和便利性，付出这部分成本绝对是值得的。

ShaveWell将浴室镜送至亚马逊，随后亚马逊将之分配到各个仓储中心。在亚马逊的仓储中心内，商品入站的重要性几乎不亚于配送订单。卡车将货箱送到后，工人就会对里面的商品进行扫描，并将它们放进周转箱。之后，传送带将周转箱送至仓库的各个位置，然后由其他工人卸货，再次扫描，并扫描商品存放隔间的条形码。如此一来，订单下达后，仓储中心就能"知道"到哪里找ShaveWell镜子或者其他的商品。

PHX6的存货大多数是小件商品，每个货架会分成多个小隔间，每个隔间都有一个条形码和一个 ID，就像杜威十进分类系统那样。但与杜威十进分类系统不同，那些条形码并不标注隔间内商品的类别。商品只是放在够放的位置，而相同的备用商品会存放在仓库内的各个点，从而使得工人不必走很远一段距离来拣货。来自亚马逊网站的订单会传送到每个员工都随身携带的手提式扫描仪。扫描仪引导员工前往被订购商品所存放的小隔间，之后员工对商品进行挑拣和扫描，再将商品放进也经过扫描的周转箱。周转箱装满后，就会由坡道组成的传送带系统运送出去，周转箱最终传送至某个包装站。工人会将商品整理到高高的轮式货架上的小插槽，每个插槽代表单个订单，接着那些货架被推送到包装站。

物流提速和平台策略使亚马逊销售额从 2006 年开始迅猛增长。第三方卖家的到来使得商品品类激增，同时也让亚马逊能够很好地对冲仓储过久的风险。它可以让第三方来填充品类空缺，而不需要自己投入资金处理可能要持续 60 天的库存。

跟装配流水线一样，亚马逊仓储系统的关键在于精确运作——人近乎于机器的精确运作。亚马逊仓储中心就像庞大的机器人，而精简流畅运营的途径会是将尽可能多的工作任务机械化。亚马逊在一步步为其仓库引入更多的机器人，但人手和人脑始终还是诸多工作的最佳工具。该公司拥有算法智能来平衡机器人和人工的使用，从而让它的全球性机器维持高效运转。这种智能也是亚马逊相比其主要竞争对手的最大优势。即便像谷歌、苹果、Facebook、微软这样的科技巨头，在短期内也无法撼动亚马逊的零售物流优势。因为与软件不同，仓储中心无法一夜建成。

【改编自百度新闻与网易科技 2014 年合作稿件。】

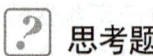 **思考题**

现代化仓储管理的要求是什么？

4.1　配送中心仓储管理

配送中心是一种多功能、集约化的物流据点。仓储环节是配送中心作业中的重要一环，它在配送中心商品的进出之间起到了重要的缓冲作用，能够有效地缓解商品供与需之间的不一致性，对维持商品的价值、保证商品的安全并增加商品的附加值起了重要作用。

4.1.1　配送中心仓储管理概述

在社会生产与生活中，由于生产活动与消费活动在地理上、时间上和模式上的差异，使得生产与消费的节奏无法完全协调统一，商业组织为了保证生产或销售活动的顺利进行，提高管理的效率，就会储存一些以备将来之需的物料和商品。如何在生产与消费或供给与需求的时间差距里，妥善地保持这些备用物料或商品的有用性和价值，是配送中心仓储环节所要解决的问题。仓储是指通过仓储空间对商品进行的储存和保管活动，它是商品流通的重要环节之一，也是物流活动的重要支柱。配送中心仓储管理就是对物流过程中在配送中心进行的仓储活动及由此带来的商品装卸、包装、分拣、整理等活动的经营管理。

1．配送中心仓储活动的意义

随着经济的全球化发展，生产组织和商品分销的全球化模式使商品的生产与消费在时间、空间上的距离越来越大，生产方式的规模化需求与消费方式的多样化和个性化趋势之间的矛盾更加尖锐。配送中心的仓储活动作为物流活动中的重要而独特的一环，在生产与消费之间架起了一座桥梁，可以有效地克服众多的相互分离又相互联系的生产者之间、生产者与消费者之间在商品生产与消费地理上的分离，衔接商品生产与消费时间上的距离，以及调节商品生产与消费在方式上的差异，使物流活动实现规模化和多样化，在保证社会再生产顺利进行的同时实现成本最小化。管理好配送中心仓储活动，可以实现以下目标。

（1）优化商品流通，节约流通费用。物流过程中的仓储环节是商品流通网络中的一个节点，通过仓储作业，可以使商品流通顺畅，加快商品流通的速度，降低商品流通总体成本。配送中心通过储存、分拣等过程使商品流通过程中的单位商品流通距离减少，时间减少，从而降低商品流通的综合成本。

（2）保证商品流通过程中的质量。通过仓储环节，对流通商品进行检验，加强商品进入市场前的质量检查工作，可以最大限度地防止不合格商品流入市场。

（3）为商品进入市场做好准备。在仓储作业环节，可以进行商品的整理、包装、质检、分拣、贴标签、再加工等工作。在销售末端环节运营成本越来越高的情况下，尽可能地利用仓库集中作业的低成本和有效性，可以为下一流通环节提供方便，创造价值。

（4）为生产提供方便。为优化生产和流通环节，使生产环节中产品品种简化，流通环节中减少存货品种，在仓储环节可以实现部分的后续生产过程，以达到减少生产或储存成本的目的。

（5）为逆向物流提供场所。现代商品流通向着环保的方向发展，商品的包装物及使用后的回收越来越引起人们的注意。商品流通对逆向物流提出了新的要求，配送中心也是逆向物流必不可少的通道和场所。

2．仓储活动的特点

在仓储活动中，为了保证仓储业务的正常进行，必须具备相应的仓储设施（建筑物、容器）和装卸、搬运、堆码的各种设备及操作工具，同时，还需要耗费一定的人力对储存的商品进行养护，防止各种因素对商品质量的影响。也就是说，仓储活动是具有一定技能的工作人员借助劳动资料（库房、设备、工具），作用于劳动对象（储存的商品）的活动，因此它具有生产性，实质上是一种管理活动，具备以下特点。

（1）经济性。配送中心仓储活动通过对商品的储存和养护，创造商品价值，同时也会消耗各种资源，发生各种费用，产生成本。要追求仓储活动的经济性，就要不断减低仓储成本，以最小的成本去获取最大的利益。

（2）技术性。仓储作业的机械化与自动化、仓储管理的信息化、仓储系统的智能化已是发展趋势，仓储管理将是各种新技术如物联网技术、大数据技术、虚拟现实和增强现实技术（VR&AR）、人工智能（AI）的试验场和聚集地，体现出技术密集型活动特征。

（3）综合性。现代仓储管理包含了新技术、新设备、新的管理理念与方法，涉及行业广泛；仓储管理是一门经济管理科学，同时也涉及应用技术科学，故属于边缘交叉性学科。

3. 仓储的功能

仓储的功能一般包括储存功能、组合功能、分类和转运功能，以及其他增值服务功能。

（1）储存功能。这是仓储的基本功能。对于生产过程来讲，原材料和半成品的储存，可以防止因缺货造成的生产停顿；对于销售过程来讲，储存尤其是季节性储存可以为企业的市场营销创造良机，为客户提供更好的响应性和服务水平。

（2）组合功能。这是仓储的一个经济功能，如图 4.1 所示。组合来自多个制造企业的产品或原材料，进行"一票装运"，可以降低运输成本和接货成本。

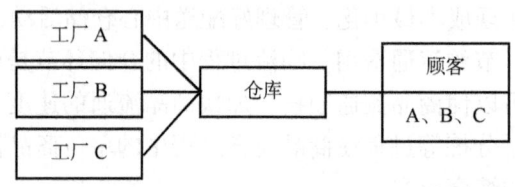

图 4.1　仓储的组合功能

（3）分类和转运功能。这是仓储的另一个经济功能。分类是将组合订货分割成个别订货，安排运输配送，如图 4.2 所示。转运是从多个制造商处运来整车货物，按照客户或地点进行分配，如图 4.3 所示。

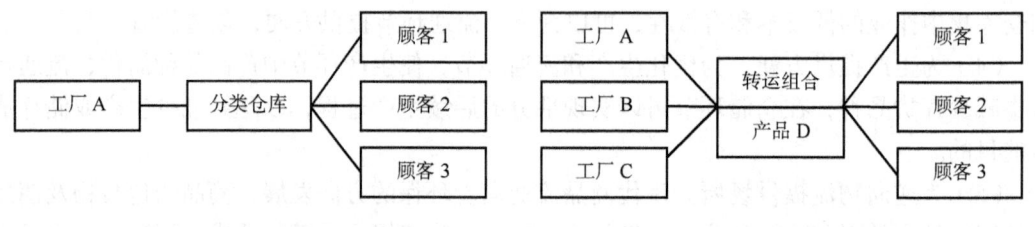

图 4.2　仓储的分类功能　　　　　　图 4.3　仓储的转运功能

（4）其他增值服务功能。仓储的其他经济功能包括贴标签、再包装、称重、组装、组配及简单加工等。

4.1.2　仓储空间分配

1. 仓储空间的总体构成

配送中心仓储空间的合理规划和使用对提高配送中心作业效率有着直接的影响。仓储空间通常由生产作业区、辅助生产区和行政生活区三大部分组成。

1）生产作业区

生产作业区是商品储运活动的场所，主要包括储货区、专用线路（道路）、装卸站台等。

储货区是储存保管的场所，又分为库房、货棚、货场。货场不仅可以存放商品，而且还起着仓位的周转与调剂作用。专用线路是库房内外的商品运输通道，商品的进出库和库内商品的搬运，都通过这些运输线路。专用线路应与库内其他道路相同，应保证畅通。装卸站台是供火车或汽车装卸商品的平台，有单独站台和库边站台两种，其高度和宽度应根据运输工具和作业方式而定。

2）辅助生产区

辅助生产区是为商品储运保管工作服务的辅助车间或服务站，包括车库、变电室、油库、维修车间等。

3）行政生活区

行政生活区是指行政管理机构和生活区域，一般设在配送中心出入口附近，便于接洽和管理。行政生活区与生产作业区应分开，并保持一定距离，以保证配送中心的安全及行政办公和居民生活的安静。

2. 商品保管区的划分

在规模比较大的配送中心，储存商品品种多、数量大。为了便于管理，可按照配送中心建筑物的布局和储存商品的类别，划定若干储存保管区。划分储存保管区的方法如下。

1）**按商品的理化性质分区**

按商品的理化性质分区是指将库存商品按其理化性质，分成若干大类，对每类商品划定一个储存保管区，如食品类、电器类、建筑材料类等。这种分区方法，有利于针对某类商品的特性，采取相应的保管措施，便于对这类商品进行集中统一管理。

2）**按商品的发送地分区**

按商品的发送地分区是指按照商品的使用方向和用途，将商品分成若干大类，如铁路材料厂可分为修车用料、建筑工程用料、通信信号用料等每类商品，划定一定的储存保管区。这种分区方法，便于对基层用料单位配送料，用料单位来材料厂领料时也比较方便。其缺点是：用于同一方向的商品品种繁多，性质各异，要求不同的保管条件，给保管带来一定的困难。

3）**混合分区**

混合分区即将上述两种方法结合起来运用，有的按商品的理化性质分区，有的按商品的使用方向和用途分区。

以上分区方法各有优缺点，通常情况下多采用混合分区法。通用商品按理化性质分区（如金属材料、非金属材料），专用商品按使用方向和用途分区（如机车车辆配件、通信信号器材等）。

3. 库房、料棚、料场的分配

仓库划定保管区后，各保管区就要对本区的仓储设施进行统一的规划和使用，对本区的库房、料棚、料场安排各自的用场，即把本类商品合理地分配到库房、料棚或料场。对仓储空间的合理分配对提高保管质量、便利仓库作业、降低保管费用有直接影响，可以说它是搞好商品保管的基础。

在确定商品的储存场所时，应综合考虑各方面的因素，如商品的理化性质、加工程度、本身的价值、用途和作用、批量大小、单位重量和体积等。其中，商品的理化性质应为主要依据。此外，商品在库保管时间的长短、仓库所在地的地理气候条件、储存商品的季节等，也是必须考虑的因素。

依据外部环境（如风吹、日晒、雨淋及温湿度）变化对储存商品的理化性质的影响程度，对料场、料棚和仓库的分配一般可做如下安排。

（1）凡风吹、日晒、雨淋和温湿度变化，对其无显著影响的商品，均可存放在露天料场，如生铁锭块、毛坯、钢轨、大型钢材、铸铁管、中厚钢板、原木、大型粗制配件等。

（2）凡风吹、日晒、雨淋易使其变质损坏，而温湿度的变化对其影响不大的商品，可存入料棚保管，如中型钢材、钢轨配件、优质木材、耐火砖、电缆等。

（3）凡因雨雪侵袭、风吹、日晒及温湿度变化的影响，易造成损害的商品，应存入普通库房，如小型钢材、优质钢材、金属制品、有色金属材料、车辆配件、水泥、化工原料、机械设备等。

（4）凡因风吹、日晒、雨淋和温湿度变化的影响容易损坏的商品，特别是对温度变化比较敏感的商品，应存入保温库房，如精密仪器仪表、电子器件、高精度量具、轴承、锡及锡制品等。

（5）凡需特殊保管条件、易燃易爆或具有毒害性、放射性等特点的商品，应存入专用库房。这类商品主要指各种危险品，如汽油、炸药、压缩气体、毒性物品、腐蚀性物品、放射性物品等。

4．对仓储楼库各层的使用分配

仓储楼库多为3~5层。各层的保管条件和作业条件不同，应合理利用各层仓储楼库。

1）楼库的底层

楼库的底层地坪承载能力强，净空比较高，两侧和两端均可设库门和站台，收发作业方便；但地坪易反潮，易受库边道路灰尘的影响，因此应存放大批量、单位重量大、体积大、收发作业频繁、要求一般保管条件的商品，如金属材料、金属制品等。

2）楼库的中间层

楼库的中间层楼板承载能力比较差，净空比较低，增加了垂直方向的搬运，只能从竖井借助升降机或电梯收发商品，作业不方便；但楼板比较干燥，采光通风条件良好，受外界温湿度的影响小，保管条件比较好，所以适合存放体积较小、重量较轻、要求保管条件比较高的商品，如电工器材、仪器仪表等。

3）楼库的顶层

楼库的顶层除具有与中间层相同的条件外，还有对保管和作业不利的方面，因为顶层直接受日光照射，受温度的影响比较大，而且收发作业更加不方便，因此适合存放收发不太频繁、要求一般保管条件的轻体商品，如纤维制品、塑料制品等。

5．确定存入同一库房的商品品种

对存入同一库房的商品，应考虑彼此间的互容性。凡两种商品相互之间不发生或很少发生不良影响的，称两者之间具有互容性，如金属材料、金属制品、金属零配件、机械设备等，彼此之间不发生影响，允许存入同一库房。但以下几种商品不宜混存。

（1）要求不同保管条件的商品。如怕潮湿与怕干燥的商品，怕高温（或低温）与一般商品，由于它们要求不同的保管条件，不可能在同一库房同时得到满足，所以不宜存入同一库房。

（2）要求不同作业手段的商品。如体积大小相差悬殊，单位重量相差很大，要求不同的装卸搬运手段的商品，如果存入同一库房，会给收发作业带来困难，而且影响仓储空间的有效利用。对大型笨重商品最好存放在有起重设备的大型库房。

（3）相互之间发生影响的商品。如粉尘材料同精密仪器仪表，腐蚀性物品同各种易被腐蚀的商品，大部分化工危险品之间（如炸药与起爆器材、易燃品与自燃物、易燃气体与助燃气体等）不宜混存。

6．仓位管理

1）仓位编号

为了建立良好的保管秩序，应对仓位进行统一编号。我国商品仓库多采用"四号定位"仓位编号法，即由库房号、料架（垛）号、料架（垛）层号和仓位顺序号 4 组号数来表示一个仓位。仓位编号的表示方法，有数字表示法、字母表示法和数码字母混合表示法 3 种。数字表示法是利用 0~9 共 10 个数字表示；字母表示法是用汉语拼音字母或拉丁字母 A、B、C、D…表示；数码字母混合表示法是同时用数字和字母表示。混合表示法一般会附加文字说明，易记且直观，在实际中运用较多。

随着仓库规模的不断扩大和仓储信息系统的建立，"四号定位"仓位编号法在仓位定位方面还不够完善。如不能区分库房、料棚、料场，容易混淆；没有把料区表示出来，在仓库比较大的情况下，料架（垛）的位置仍不便查找。因此，对"四号定位"还可加以补充：一是补充区分库房、料棚和料场的符号，可用拼音字母表示，如用"K"表示库房，用"P"表示料棚，用"C"表示料场，作为第一组编号；二是补充料区编号，用几排几列表示，如 32 表示 3 排 2 列。将料区号插入库房号之后，就构成了"六号定位"，其优点是对仓位的表示更加精确，更便于查找。"六号定位"仓位编号法如表 4.1 所示。

表 4.1　"六号定位"仓位编号法

号码位置	第 1 位	第 2 位	第 3 位	第 4 位	第 5 位	第 6 位
表示内容	库、棚、场号	库、棚、场号	料区号	料架（垛）号	料架（垛）层号	仓位号

2）仓位分配

仓位分配是指在仓库内为每种库存商品分配适当的储存保管地点。合理分配仓位的目的在于实现物得其所，库尽其用，地尽其力。仓库仓位的分配有 5 种方式。

（1）固定货物的仓位。这是指仓位只用于存放确定的货物，严格区分使用，绝不混用、串用。对于长期货源的计划库存大都采用固定方式。固定仓位具有仓位用途固定，便于拣选、查找货物等优点，由于是固定货物，仓位可以针对性地进行装备，有利于提高货物保管质量。但是这种仓位分配方式的仓容利用率较低。

（2）随机仓位。这是指货物任意存放在有空的仓位，不加分类，也称不固定仓位。不固定仓位有利于提高仓容利用率，但是仓库内显得混乱，不便查找和管理。对于周转极快的配送中心，货物保管时间短，大都采用不固定方式。不固定货物的仓位在计算机的配合管理下，能充分利用仓容，方便查找。要注意的是，采用不固定仓位方式，仍然要遵守仓储的分类安全原则。

（3）分类固定货物的仓位。这是指将所有的储存货品按照一定特性加以分类，每一类货品都有固定存放的位置，而同属一类的不同货品又按一定的法则来指派储位。通常按产品相关性、流动性、产品尺寸和重量及产品特性来分类。这种方式有利于保管货物，也较方便查找货物，仓容利用率可以提高。大多数储存仓库都采用这种方式。

（4）分类随机储存。这是指每类货品有固定存放位置，但在各类货品的储区内，每个储位的指派是随机的。分类随机储放兼具分类储放和随机储放的特色，需要的储存空间介于两者之间。

（5）共用储存。这是指在确切知道各货品的进出仓库时间的情况下，不同的货品可共用同一的储位。共用储存在管理上虽然较复杂，但所需的储存空间及搬运时间却更经济。

3）选择仓位的原则

（1）根据货物的尺度、货量、特性、保管要求选择仓位。仓位的通风、光照、温度、排水、防风、防雨等条件应满足货物保管的需要；仓位尺度与货物尺度要匹配；仓位的容量与货量要接近；选择仓位要考虑相近货物的情况，防止与相近货物相互影响。

（2）保证先进先出、缓不围急。先进先出是仓储保管的重要原则，能避免货物超期变质。在仓位安排时，要避免后进货物围堵先进货物，以及存期较长的货物围堵存期较短的货物。

（3）出入库频率高的货物使用方便作业的仓位。对于持续入库或持续出库的货物，应安排在靠近出口的仓位，以方便出入；流动性差的货物，可以离出入口较远。同样的道理，存期短的货物安排在出入口附近。

（4）小票集中、大不围小、重近轻远。多种小批量货物，应合用一个仓位或集中在一个仓位区，避免夹存在大批量货物的仓位中；重货应靠近装卸作业区，以减少搬运作业量，或者直接采用装卸设备进行堆垛作业；使用货架时，重货放在货架下层，需要人力搬运的重货，存放在人体腰部高度的仓位。

（5）方便操作。所安排的仓位能保证搬运、堆垛、上架作业方便，有足够的机动作业场地，能使用机械进行直达作业。

（6）作业分布均匀。所安排的仓位，应尽可能避免仓库内或同作业线路上同时有多项作业进行，以免相互妨碍。

4.1.3　仓储保管作业

仓储保管，即根据商品的性能和特点，提供适宜的保管环境和保管条件，保证库存商品数量正确，质量完好。保管业务主要包括理货、堆码、养护保管等作业。

1. 理货

理货是指配送中心在接收入库货物时，根据入库单、运输单据、仓储合同和仓储规章制度，对货物进行清点数量、检查外表质量、分类分拣、数量接收的交接工作。

1）理货的内容

理货是仓库管理人员在货物入库现场的管理工作，其主要内容有：清点货物件数；查验货物单重、尺寸；查验货物重量；检验货物表面状态；剔除残损；货物分拣；安排仓位、指挥作业；处理现场事故；办理交接。

2）理货的方法

（1）在运输工具现场进行理货。理货必须在送货入库的运输工具现场进行，一般在运输工具旁与卸货同时进行，或者在运输工具上点数，卸货时查验外表状态。除非特殊情况或特殊货物，经送货人、存货人同意，可以在现场以外地方理货。如双方同意在货垛点数，有开箱查验货物内容质量的要求时，可约定卸货时不查验外表质量。

（2）与送货人一起理货。理货又称理货交接，是货物交接的一个环节，因此理货必须由交接双方在场共同进行，以免将来发生争议。如果送货人或存货人拒绝参与理货，表明其放弃理货权，只能接受仓库单方面的理货结论。

（3）按送货单或仓储合同理货。理货员在理货时，按照仓储合同的约定或送货单的货物记录、质量要求进行，只要货物符合单据或合同所描述的状态和质量标准，符合送货人提供的验收标准，就可以验收，无须要求货物的绝对质量合格。如运单记载货物使用旧包装，则无须要求包装物表面无污迹。没有约定质量标准的，按照国家标准、行业标准或能保证储存保管质量不发生变化的要求进行验收，验收内容包括货物的品种、规格、数量、外表状态、包装状态等。

（4）在现场进行记录和及时签署单证。对在理货中查验的事项、发现的问题，理货员应在现场进行记录和编写单证，并要求送货人签字证明，不能事后补编补签。

3）理货单证

（1）计数单。计数单是在理货现场使用的记录簿。理货点数时应采用统一格式的计数单进行记数。对每一单元的点数进行记载，同时记载发现的有残损等不良现象的货号、残损量、存位，以便统计数量和查找残损。

（2）入库单。入库单是配送中心统一设置的入库单证，一般由配送中心管理部门预填入库货物信息后交付仓库，作为向仓库下达的仓库作业命令。查验货物后，将实收货物数、存放仓位填入入库单，把货物不良情况在备注上批注，最后要送货人签字。

（3）送货单、交接清单。送货单或交接清单是送货人随货物交来的单证，仓库根据来单理货验收。验收完毕，理货人员签署该单据，并将验收情况，特别是短少和残损情况记录在单据上，并收留其中一联。

（4）现场记录。现场记录是理货员对作业现场所发生的事故、不当作业或其他影响货物质量、作业安全的事件所进行的记录。现场记录既是为了明确责任，也是仓库严格管理的需要。

2．堆码

1）货物堆码的原则

货物堆码是一项技术性工作，在堆码时应做到科学合理、稳固安全、简易方便和整齐美观，具体来说，可按照以下原则安排货物的堆码。

（1）面向通道进行保管，根据出库频率选定位置。为使货物出入库方便，易于在仓库内移动，货物堆码的基本原则就是将货物面向通道，出货和进货频率高的货物应放在靠近出入口、易于作业的地方；流动性差的货物放在距离出入口稍远的地方；季节性货物则依其季节特性来选定存放位置。

（2）尽可能向高处码放，提高仓储效率；同时，为了防止破损，保证安全，应尽可能利用货架等设备。

（3）重下轻上原则。当货物重叠堆码时，应将重的货物放在下面，轻的放在上面。

（4）便于识别原则。将不同颜色、标记、分类、规格、样式的货物分别存放。

（5）便于点数原则。每垛货物按一定的数量存放，如按5或5的倍数存放，以便清点计数。

（6）同一品种同一地方保管原则。为了提高作业效率和保管效率，同一物品或类似物品应放在同一地方保管，这样能不断加强员工对库内物品放置位置的熟悉程度，减少出入库时间，提高工作效率。

2）货物堆码的方式

货物堆码的方式是指货物入库存放的操作方法和方式，它关系到货物保管的安全、清点的便利性及仓库容量利用率的提高。货物堆码的方式主要有以下几种。

（1）散堆方式，是指将无包装的散货在库场上堆成货堆的存放方式。这种方式特别适合大宗散货，如煤炭、矿石、散粮、散化肥等。这种方式简便，便于采用现代化的大型机械设备，节约包装费用，提高仓容利用率。散堆是目前货物库场堆存的一种趋势。

（2）堆垛方式，是指对包装货物或长、大件货物进行堆垛。堆垛应以增加堆高、提高仓容利用率、有利于保护货物质量为原则。具体方式有重叠式、压缝式、通风式、缩脚式、载柱式、衬垫式、直立式等。如图4.4所示是其中的几种堆垛方式。

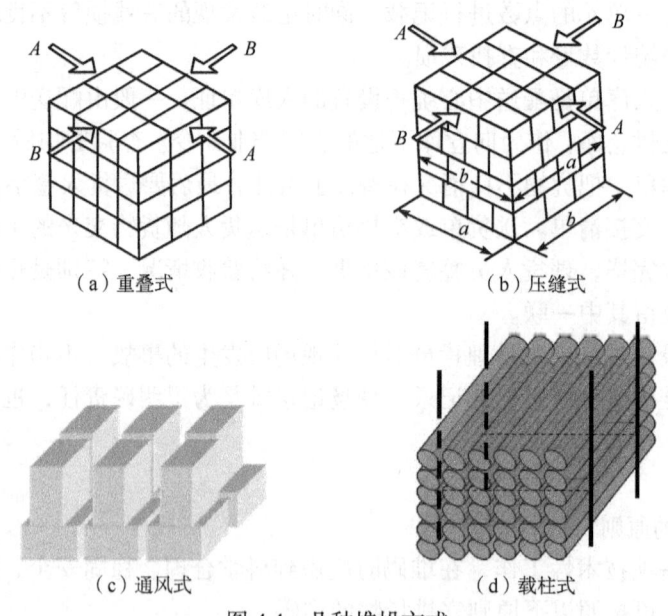

图4.4　几种堆垛方式

（3）货架方式，是指采用通用或专用的货架进行货物堆码的方式。这种方式适合存放小件货物或不宜堆高的货物。

（4）成组堆码方式，是指采用成组工具使货物的堆存单元扩大。常用的成组工具有货板、托盘、网格等。成组堆垛一般每垛3~4层，这种方式可以提高仓库利用率，实现货物

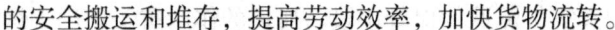

的安全搬运和堆存，提高劳动效率，加快货物流转。

3）货物堆码注意事项

（1）垫垛。垫垛是指在货物堆码前，在预订的仓位地面位置，使用衬垫材料进行铺垫。常见的衬垫物有枕木、废钢轨、货板架、木板、帆布、芦席、钢板等。通过垫垛，可使地面平整，将货物的压力均匀传递到地面，并将堆垛货物与地面隔离，起到防水、防潮和通风的作用。

垫垛的基本要求如下：①所使用的衬垫物与拟存货物不会发生不良影响，具有足够的抗压强度。②地面要平整坚实，衬垫物要摆平放正，并保持同一方向。③衬垫间距适当，直接接触货物的衬垫物面积与货垛底面积相同，衬垫物不伸出货垛外。④要有足够的高度，露天堆场要达到 0.3~0.5 米，库房内 0.2 米即可。

（2）苫盖。苫盖主要针对露天堆垛的物品，采用专用苫盖材料对货垛进行遮盖，以减少自然环境中的阳光、雨雪、刮风、尘土等对货物的侵蚀、损害，并使货物由于自身理化性质所造成的自然损耗尽可能减少，保护货物在储存期间的质量。

常用的苫盖材料有帆布、芦席、竹席、塑料膜、铁皮铁瓦、玻璃钢瓦、塑料瓦等。常见的苫盖方法主要有：就垛苫盖法，即直接将大面积苫盖材料覆盖在货垛上遮盖；鱼鳞式苫盖法，即将苫盖材料从货垛的底部开始，自下而上呈鱼鳞状逐层交叠围盖。近年来活动棚苫盖法得到了普遍采用，该法较为快捷，具有良好的通风条件，但活动棚本身需要占用仓库位置，也需要较高的购置成本。

（3）张挂货垛牌。为了能在保管中及时掌握货物资料，需要在货垛上张挂有关该货垛货物的资料标签。该标签称为货垛牌或货物标签、料卡等。在货物码垛完毕后，仓库管理人员需要根据入库货物资料、接受货物情况制作货垛牌，并将其摆放或拴挂在货垛正面明显的位置或货架上。货垛牌的主要内容有仓位号，货物名称、规格、批号、来源、数量，进货日期、存货人、接货人等。

3．养护保管

入库货物的养护保管是指仓库根据货物的特征，结合仓库的具体条件，采取各种科学手段对货物进行保养，防止或延缓货物质量变化的行为。其目的是保持库存货物的使用价值，最大限度地减少货物的自然耗损，杜绝因保管不善而造成的货物损害，防止货物损失。

1）保管的原则

货物的养护保管要遵循"以防为主、防治结合"的保管原则。要特别重视货物损害的预防，及时发现和消除事故隐患，防止损害事故的发生，特别要预防发生爆炸、火灾、水浸、污染等恶性事故和造成大规模损害事故。在发生、发现损害现象时，要及时采取有效措施，防止损害扩大，减少损失。

2）货物保管养护的主要手段

经常对货物进行检查测试，及时发现异常情况；合理地给货物通风；防止雨、雪、水弄湿货物，及时排水除湿；除虫灭鼠，消除虫鼠害；妥善进行湿度控制、温度控制；防止货垛倒塌；防霉除霉，剔除变质货物；对特殊货物采取针对性的保管措施。

（1）通风。通风是指采取措施，加大空气流通的保管手段。通风的作用有：利用干燥空气的大量流通能降低货物的含水量；利用低温空气可降低货物温度；消除货物散发出的有害气体的作用，如造成货物窒息的二氧化碳，使金属生锈的二氧化硫、酸气等。当然，通风同时也会将空气中的水分、尘埃、海边空气的盐分等带入仓库，影响货物。仓库通风的方式有自然通风、机械自然通风、机械循环通风、制冷通风等。普通仓库只采用前两种方式。

（2）温度控制。针对那些理化性质受温度影响较明显的仓储物品，应该对仓库温度进行有效控制。普通仓库的温度控制主要是避免阳光直接照射货物。对温度较敏感的货物，在气温高时可采用洒水降温的办法，包括直接对货物洒水，怕水货物可以对其苫盖、仓库屋顶洒水降温。在傍晚或夜间，将堆场货物的苫盖适当揭开通风，也是对露天货场货物降温保管的有效方法。

货物自热是货物升温损坏的一个重要原因，对容易自热的货物，应经常检查货物温度，当发现升温时，可采取加大通风、洒水等方式降温，翻动货物散热降温，必要时可以在货垛内存放冰块、释放干冰等来降温。

在严寒季节，气温极低时，可以采用加温设备对货物加温防冻。对突然而至的寒潮可以在寒潮到达前对货物进行苫盖保温，也具有短期保暖效果。

（3）湿度控制。湿度分为货物湿度和空气湿度。货物湿度是指货物的含水量。货物的含水量对货物有直接影响，含水量高，容易发生霉变、锈蚀、溶解、发热甚至化学变化；含水量低，则容易发生干裂、干涸、挥发、易燃烧等危害。控制货物的含水量是货物保管的重要工作。空气湿度是单位空气中含水分的多少，它可分为相对湿度和绝对湿度。绝对湿度是指空气中含水汽量的绝对数，用帕（Pa）或克/立方米（g/m^3）表示。

湿度控制可以采取以下措施：①湿度监测。仓库应经常进行湿度监测，包括空气湿度和仓内湿度监测。一般每天早晚各一次，并做好记录。②空气湿度太低时，应减少仓内空气流通，采取洒水、喷水雾等方式增加仓内空气湿度；或者对货物采取加湿处理，直接在货物表面洒水。③空气湿度太高时，可以封闭仓库或密封货垛，避免空气流入仓库或货垛；或者在有条件的仓库采用干燥式通风、制冷除湿；在仓库或货垛内摆放吸湿材料，如生石灰、氯化钙、木炭、硅胶等；特殊货仓可采取升温措施。

（4）特殊情况下的保管。为了保证保管质量，除了温度、湿度、通风控制外，仓库应根据货物的特性采取相应的其他保管措施，如对货物进行油漆、涂刷保护涂料、除锈、加固、封包、密封等，发现虫害及时杀虫，使用防霉药剂等针对性保护措施；必要时采取转仓处理，将货物转入具有特殊保护条件的仓库，如冷藏。

4．检查与盘点

为了对库存货物数量进行有效控制，掌握货物保管的质量，必须对保管场所进行定期或不定期的检查，对货物进行盘点，及时发现和解决保管中的问题。

1）盘点的作用

由于出入库活动的不断进行，库存物资的实际状态在不断变化，通过物资盘点，可以检查物资资料的真实性，确保各项物资的安全与完整；可以查明各项物资的储备和利用情况，明确哪些物资积压，哪些物资不足，以便采取措施，提高物资使用率；另外，通过盘点还可以了解验收、保管、发放、调拨、报废等各项工作是否按规定办理，这样有利于督促各项制度的贯彻执行，提高管理质量。

2）盘点的主要内容

盘点的主要内容有：①检查物资的账面数量与实存数量是否相符。②检查物资的收发情况，以及有无按"先进先出"的原则发放物资。③检查物资的堆放及维护情况。④检查各种物资有无超储积压、损坏变质等情况。⑤检查对不合格品及呆废物资的处理情况。⑥检查安全设施及安全情况。

3）盘点的范围

盘点范围包括：①存货盘点，是指对原材料、辅助材料、燃料、低值易耗品、包装物、在制品、半成品、产成品的清查核点。②财产盘点，是指对生产性财产和非生产性财产的清查核点。

4）盘点的方法

盘点是一项精细的工作，工作量大，一般仓储活动中，按照盘点的对象不同，可将盘点的方法分为账面盘点法和现货盘点法。账面盘点法是将每一种商品分别设账，将商品的出库和入库详细信息记录在账面上，逐笔汇总出账面库存结余量。现货盘点法又称实地盘点法或实盘法，即实地去清点仓库内商品的库存数，再依商品单价计算出实际库存金额的方法。现货盘点按盘点的范围可分为全面盘点和局部盘点，按盘点发生的时间可分为定期盘点和不定期盘点。全面盘点工作范围广泛，内容庞杂，一般只在年终和年中进行，但当企业物资种类较少时也可以在其他期末时间进行；局部盘点一般是对使用较频繁的材料、产成品等根据实际情况在年内进行轮流盘点或重点抽查。在采用定期订货法控制库存时，一般要对仓库物资进行定期盘点；而不定期盘点主要是根据实际需要对各项物资进行盘点，没有固定时间。

5）盘点程序

（1）盘点前的准备。盘点前的准备工作主要包括确定盘点时间、盘点范围、盘点方式、盘点人员和盘点表单。

（2）初盘。在正式盘点之前，仓管人员应先进行盘点并填写盘点单和盘点表，便于正式盘点工作的顺利进行。

（3）复盘。按预订时间和人员对需盘点的物资进行盘点，主要是根据盘点表核对盘点单和实物，检查物资的堆放情况及其他情况。

（4）盘点报告。盘点报告主要包括 3 个方面：①根据盘点数量和账存数量编制盘点报告。②确定盘盈、盘亏量。③追查盘盈、盘亏的原因。

（5）盘点结果处理。盘点结果处理是指：①查明差异，分析原因。②认真总结，加强管理。③上报批准，调整差异。

案例分析

亚马逊物流运用"随机上架"将库存准确率保持在99.99%以上

亚马逊有一种创新的货物存储方式——"随机上架"，和通常的仓库按照商品品类存放货物的方式不同，亚马逊会按一定的规则和商品尺寸将库存商品随机存放到货位上，不仅提高了货物上架的效率，还最大限度地利用库内空间。"随机上架"可以把不同品类的商品混合放在一起，上架效率和空间利用率显著提升了，但同样的商品因为"随机"摆放，有可能散落在库房各个角落，怎么进行库存差异控制？而亚马逊物流的库存盘点是"不间断的盘点"，库存准确率保持在99.99%以上。这么高的库存准确率背后，是亚马逊库存管理的三大"秘诀"。

秘诀一：系统控制下的作业过程实时纠错

为了便于商品的管理，亚马逊建立了一整套基于条形码的库存管理体系，一个单一品类的商品基于国标条形码都有它在亚马逊运营中心里的独立编码，商品的数量、属性、生产日期等一系列的数据全部被系统记录在案，不仅可以保证商品快速入库，还可以实现对效期和后端发货扫描的有效管控——保质期商品什么时候需要下架？给客户的商品有没有发错货？这些有可能影响客户体验的环节，都可以通过条形码系统进行有效控制。

因为商品在运营中心内要经过各种不同的操作和存储过程才能出库，其中的每个过程都有可能造成库存准确率的改变。系统会通过长期及大量的数据分析的积累，了解到哪些操作会影响客户体验、影响员工操作效率或导致库存差异，从收货、上架、拣货、配货到发货的各个环节，库房的工作人员都会按照系统的指示，按照标准流程进行操作，保证商品质量的同时，也提高操作效率。如果操作过程有误，系统就可以及时地发现库存差异并得到及时纠正。

系统虽然很强大，但亚马逊的质量控制部门依然会通过定时/定点的审核，来确保员工操作的规范性和质量要求得到严格执行，质量工作人员也会通过系统完善的商品检查机制，有效地阻止问题商品的流入流出。

秘诀二：精准的货位动态盘点

亚马逊的库内操作侧重关注商品实物的位置、数据的转移和实物与数据的差异。从商品收货入库开始，在各种容器或货架之间的实物转移，都有对应的数据记录，货物从入库到出库的这段"旅行"中经历的每个操作环节和这个环节导致的每个位置变更，都会和系统中记录的大数据进行匹配，从而可以再次确认实物转移的数量与系统记录数量之间的差异。举个例子，当拣货员要将这个商品从货架移动到拣货框时，这个过程并不是一气呵成的，而是需要加入扫描枪的快速扫描动作，在拣货员扫描的瞬间，系统已经完成了和库中库存的比对，以及数据的转移。对这种差异的跟踪，可以使库存变更被精确记录，也提高了下游环节的操作效率。

亚马逊还对应建立了一套库存差异率的指标体系，用于衡量物理库存的准确性，每个货位中特定商品的物理实物数量与虚拟系统记录数量的差异。从上架端和拣货端，不仅会随时反馈出实物库存的差异来触发货位的盘点，同时会定期对库存进行随机抽查以确定库存的准确水平。同时，库房操作员工对库存的任何调整，系统中均有相关记录，从而实现及时分析并纠正库存准确性。

因此，若有货物掉落在货架之间的地板上，并不能捡起来"随机"放回货架上，而是放在货架附近一个专门存放掉落的货物框，由专门的库存管理人员对附近的库存进行数量核查。

秘诀三：现场库存存储方式的设计与不断优化

"随机存储"从来不是随意存储，它的背后还需有一套严格的货位规则，并辅以对现场库存存储方式的灵活设计和不断优化——就算有了强大而完善的系统，也需要配合有效的管理。对于不同尺寸的货物，其存储方式也有差异。对于存储大批量书籍的20英寸货位，操作员工会按照5本一组正反交替着摆放，不仅合理地利用空间提高效率，也便于后续的库存盘点和管理。而对于较小的10英寸图书货位，图书是直立放置，这是基于商品自身批量和属性的差异，最大限度地发挥随机上架的优势，以便达成空间利用和生产效率间的最佳平衡。并且，现场库存存储方式也会根据存储商品的性质和存储环境的需要进行不断的优化。

亚马逊的质量改善会基于刚才提到的库存控制和质量保证机制，在调查根本原因的基础上采取纠正和预防措施。通过不断地发现问题和去解决问题，防止同类问题的再发生，不断地提升质量。基于客户对质量的反馈，亚马逊将可能导致质量问题的因素区分为不同的大类，并基于职能划分到几个具体的职能部门。任何一个客户反馈，都会触发调查流程，以确认属于何种类型的问题，并划分到直接的职能部门加以解决。

▲ 4.2　配送中心库存控制

4.2.1　库存控制概述

1．库存与库存控制的含义

库存是储存作为今后按预订的目的使用而处于闲置或非生产状态的物品，广义的库存还包括处于制造加工状态或运输状态的物品。由于生产与消费之间的差异，配送中心为了保持配送的顺利进行，就必须预先储存一定数量的商品库存来满足订货需求。一方面，如果配送中心存货不足，会造成供应不及时、供应链断裂、失去客户的损失；另一方面，由于商品库存需要发生一定的费用，同时存货过多还可能导致商品滞销、过期损坏等风险，因此需要对库存物品的数量进行合理控制。因此，所谓库存控制是在保障供应的前提下，为使库存物品的数量合理所进行的有效管理的技术经济措施。

2．库存的分类

库存有不同的分类方式，按照库存的储存目的不同，可以将企业经营过程中的库存分为3类：周转库存、安全库存和季节性库存。

（1）周转库存，是指生产企业或流通企业为进行生产或流通周转而进行的一些临时的、不断流转的储备，包括仓库储备和临时堆放。例如，流通企业的商品仓库和柜台存放的货品，不断地销售出去，又不断地进货补充；生产企业的原材料库、中间品库、成品库，以

及生产工序旁临时堆放的货品，不断地被领用消耗，又不断地采购进货补充。

（2）安全库存，是指用于应对不确定因素（如为应付大量突发性订货、交货期突然延期等）而准备的缓冲库存。

（3）季节性库存，是指为满足特定季节中出现的特定需求而建立的库存，或对季节性出产的原材料在产生季节大量收购所建立的库存。

安全库存和周转库存是在生产或流通作业的各环节上为保证上下各作业环节能顺利开展而进行的临时性库存，是生产和流通的前提条件。合理的安全库存和周转库存设置，可降低库存成本，提高库存周转率，提高经济效益，这也是库存控制的目标。

3. 库存控制过程

对库存进行控制，一般是指通过对订货过程进行控制从而达到库存控制的目的。配送中心的一个完整的库存控制过程，包括以下 4 个过程：订货、进货、保管、配送（销售供应），如图 4.5 所示。从库存控制的角度看，库存过程的以上 4 个过程中，能影响库存量大小的有订货、进货过程和配送过程，订货、进货过程使库存量增加，配送过程使库存量减少。要进行库存控制，既可以控制订货、进货过程，也可以控制配送出库过程。在企业的物流与供应链战略中，配送中心的作用是为了实时高效地配送以满足销售需求，因此若要通过对配送过程的控制来控制库存，就意味着要对客户的需求进行限制性的供应，这样自然会影响客户需求的满足度，一般不会被企业所采用。而通过对订货和进货过程的控制来控制库存，是在保证客户需求的情况下，通过控制订货、进货的批量和频率来达到控制库存的目的。由于它保障了客户的需要，是主动的、可行的，因此，一般所考虑的库存控制主要是对订货和进货过程进行控制。

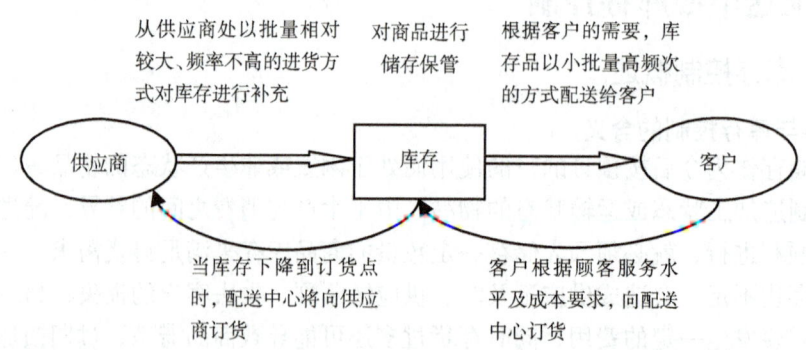

图 4.5　配送中心库存控制过程

4. 库存控制效果的衡量指标

衡量库存控制的效果，一般有两种计算指标：累计库存价值和库存周转率。这两个指标之间具有一定的关系。

累计库存价值是指一个组织机构在给定期间内的仓库中所持有的所有存货的总价值，其价值可按成本或按当前市场价格计算，一般取其中数值较低的一个。该指标反映了组织机构当前的资产中有多大的比例被库存占有。

另一个更为普遍采用的指标就是库存周转率。一个企业，如果是制造商的话，它的利益便是由资金→原材料→制成品→销售→资金这一循环活动而产生的，但是这一连串的活动，需要以原材料及制成品的库存为前提才能够成立。换句话说，企业的利益受库存影响。当这种循环很快，也就是周转很快时，企业在等额资金下的利益率也随之较高，因此周转的速度便代表着企业利益的测定值，称为库存周转率。库存周转率的定义可简单表述为在一定的期间内，制成品或商品的周转次数。

库存周转率可以用如下公式表示：

$$库存周转率 = \frac{出库（销售）数量}{平均库存数量}$$

除此之外，也有以金额表示库存多少来计算库存周转率的方法。这时，库存周转率的计算公式为：

$$库存周转率 = \frac{出库（销售）价值}{平均库存价值} = \frac{该期间的出库（销售）总价值}{（期初库存价值+期末库存价值）/2}$$

通常所说的库存周转率，多指 1 个年度（12 个月）期间的比率，所以上式中"该期间"是 1 年；有时虽以半年为单位来计算，但还是要将它加倍后，再以年度周转率表示出来。

例如，库存数量是 1 000 个单位，月使用数量是 5 000 个单位，依照前述公式可求得库存周转率 $= \frac{5000}{1000} = 5$。在这种情况下，称为 5 周转，因为使用数量多达库存数量的 5 倍，所以库存量在 1 个月之内就周转了 5 次。

相反，假定库存数量为 5 000 个单位，月使用数量为 1 000 个单位，库存周转率 $= \frac{1000}{5000} = 0.2$。在这种情况下，称为 0.2 周转，也叫 1/5 周转。这种情形是库存过多而使用数量太少，也就相当于库存品没有有效地实现周转。

有时也可用周转期来代替周转率。周转率所表示的是一定期间（如年、月、周等）的库存周转比率。周转期则是假定以 1 年为期间单位时，在这一期间单位中每周转所需的时间，其计算公式为：

$$周转期（月数） = \frac{12}{年间周转率}$$

假定商品周转率是 1 年之间 4 周转或 8 周转，其周转期则分别为 3 个月和 1.5 个月。

4.2.2　库存控制技术

通过控制订货、进货过程来控制库存的方法的基本思想，是要制定一个合适的订货策略。这种订货策略，就是要对订货的时间、数量、操作方法等进行规范化控制，从而达到对整个库存水平进行控制的目的。订货点库存控制技术从 20 世纪 20 年代末到 60 年代，一直作为唯一的物资资源配置技术得到广泛、深入的研究和应用，已经形成了一套完整的理论体系和应用方法体系，它的基本理论和方法到现在还仍然有生命力，很多库存控制方法

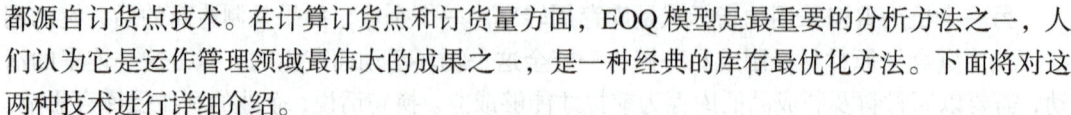

都源自订货点技术。在计算订货点和订货量方面，EOQ 模型是最重要的分析方法之一，人们认为它是运作管理领域最伟大的成果之一，是一种经典的库存最优化方法。下面将对这两种技术进行详细介绍。

1. 经济订货批量模型

1）经济订货批量模型概述

经济订货批量（Economic Order Quantity，EOQ）是建立在理想化库存体系的基础上，对一类库存产品的总库存相关成本进行优化从而求得最优订货数量的一个量化模型。EOQ 模型给出了一个库存控制方面的标准分析方法，通过对库存的各种相关费用进行平衡，求得在库总费用最小时的订货批量，用于解决独立需求物品的库存控制问题。在 EOQ 模型中，主要考虑以下成本。

（1）库存保管费用，是指因保管存储物资而发生的费用，包括存储设施的成本、搬运费、保险费、折旧费、税金及货物变质损坏等支出的费用。显然，这些费用随库存量的增加而增加。

（2）固定订货费用，是指每进行一次订货所发生的费用，主要包括差旅费、通信费、手续费及跟踪订单的成本等。订货费与每次订货量的多少无关，在全年需求一定的情况下，订货次数越多，则每次订货量就越小，全年订货成本越大，分摊每次订货费也越大。

（3）采购费用，即因为产品的采购价格而发生的成本，它与物品的价格和需求量有关，与订货批量无关。

（4）缺货费，是指由于缺货而不能为客户服务所发生的费用，或由于紧急订货而支付的特别费用，或者由于失去了对客户的销售而没有得到预定的利益，以及由于一些难以把握的因素而造成信誉损失所产生的不良后果等。增大库存量可减少缺货，但库存保管费会大大增加。EOQ 模型的控制原理就在于控制订货批量，使单位时间总库存成本最小。

2）EOQ 模型的控制原理

理想的 EOQ 模型是建立在如下假设之上的：物品需求是均匀的，即确定的、稳定的和时间上连续的；订货提前期为零，即订单发出的同时补货也同时到达；固定订货费用与订货数量无关；产品单价与订货批量无关；每次采购的订货数量完全相同；不考虑缺货。

成本与订货批量的关系如图 4.6 所示。从图中可见，固定订货费用随订货批量的增加而减少，而库存保管费用随订货批量的增加而增加。当二者相等时，年度总库存成本曲线处于最低点，此时所对应的订货批量即最佳订货批量，用 Q^* 表示。用 p 表示单位成本，D 表示需求速率，c_1 表示单位再订货成本，c_2 表示单位库存持有成本，T 表示订货周期，则最优订货批量 Q^* 的推导有 3 步：①确定一个存货周期的总成本。②用存货周期的总成本除以存货周期，得出单位时间总成本。③确定单位时间最小化的总成本。

现在，可将一个订货周期内库存的变化表示为如图 4.7 所示。

在图 4.7 中，当库存下降到 0 时，发出订单，订货批量为 Q，该批货立即投入使用并以恒定的速率 D 消耗。两次订货相融的时间就是一个订货周期。在这个周期内，收到的货物为 Q，使用的存货数量为 $D \times T$，因此 $Q = D \times T$。

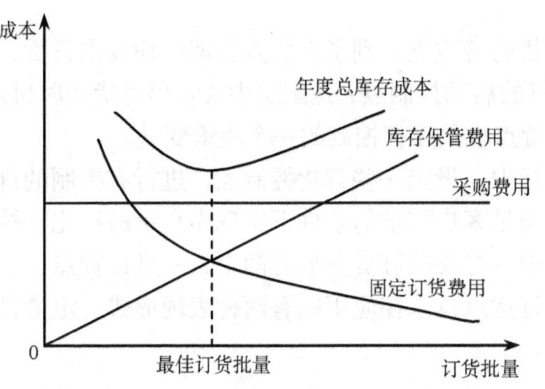

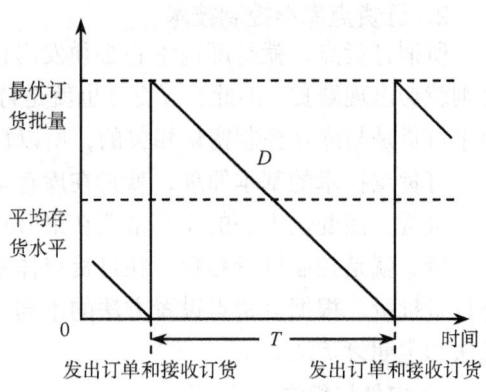

图 4.6　成本与订货批量的变化关系　　　　图 4.7　一个订货周期内库存变化的表示

为计算出最优订货批量，首先，确定一个存货周期的总成本，即：

每存货周期的总成本=原材料总成本+总固定订货成本+总库存持有成本

原材料总成本=产品单价×订货批量= $p \times Q$

总固定订货成本=单位固定订货成本×发出的订单批量= $c_1 \times 1$

总库存持有成本=单位库存持有成本×平均库存水平×库存周期= $c_2 \times (Q/2) \times T$

故　　一个存货周期的总成本= $p \times Q + c_1 + c_2 \times (Q/2) \times T$

那么，单位时间总成本 $\text{TC} = (p \times Q)/T + c_1/T + c_2 \times (Q/2)$，将 $Q = D \times T$ 代入上式，则

$$\text{TC} = p \times D + c_1 D/Q + c_2 \times (Q/2) \tag{4-1}$$

为得到单位时间内最小化的总成本，令单位时间总成本对订货批量的一阶导数为零，则 $\dfrac{\text{dTC}}{\text{d}Q} = -\dfrac{c_1 D}{Q^2} + \dfrac{c_2}{2} = 0$，解这个方程，就得到最优订货批量为

$$Q^* = \sqrt{\frac{2Dc_1}{c_2}} \tag{4-2}$$

并可得最佳订货周期为

$$T^* = Q^*/D = \sqrt{\frac{2c_1}{Dc_2}} \tag{4-3}$$

特别提示

经济订货批量模型是目前应用最广泛的订货模型之一，把经典的经济订货批量模型的假设条件适当放松，就扩展出了"允许缺货的经济批量模型"、"批量折扣的经济批量模型"、"连续补货的经济批量模型"等。

2．订货点库存控制技术

所谓订货点，就是配送中心必须发出订货的警戒点。到了订货点，就必须发出订货，否则就会出现缺货。因此，订货点也就是订货的启动控制点，是配送中心发出订货的时机。由于订货是与库存控制密切相关的，所以订货点也是库存控制的一个决策变量。

订货点技术的基本原理，就是在库存运行中，设定一些订货控制点，进行有控制的订货、进货，使配送中心的库存量能在最好地满足客户需求的条件下实现库存量最小化。控制订货，就是控制订货参数。在订货点体系中，主要的订货参数有两个，一是订货点，二是订货批量。根据订货点设置方法的不同，订货点技术在应用中有两种表现形式：定量订货法和定期订货法。

1）定量订货法

定量订货法是一种固定订货数量的订货方法，它主要依靠控制订货点和订货批量两个参数来控制订货、进货，从而控制库存。定量订货法的原理是，预先确定一个订货点 Q_R，在库存消耗过程中不断检查库存，当库存下降到 Q_R 时，就发出一个订货批量 Q。

（1）定量订货法中订货点的确定。定量订货法是一种基于物资数量的订货法，它主要靠控制订货点和订货批量两个参数来控制订货、进货，达到既最好地满足客户需求、又使经营总费用最低的目的。在定量订货法中，订货点通常设置为一个特定的库存水平。在日常库存运行中，随着出库的进行，库存逐渐下降，当库存下降到订货点时就应该进货，否则就会产生缺货。定量订货法的一个基本思想是，当发出订货时，剩余的库存还应该能维持订货提前期内的出库消耗。因此，把订货点 R 定义为：

$$R = D_L \tag{4-4}$$

设 D 是每天（或月、季、年）仓库物资的出库消耗量，即需求速率；L 是指从发出订货起到货物由供货方运至订货方仓库的这一时间段，即订货提前期；D_L 是指整个提前期内发生的库存物资消耗总量，即订货提前期内的需求量。显然，D_L 由需求速率和订货提前期共同决定。需求速率越大，订货提前期越长，订货提前期需求量就越大。D 是依据消费者数量、消费者需求量的大小求出的，单日需求量并不确定；而 L 也受到人员、车辆、路况、天气等因素的影响，一般也是不确定的。因此，一般情况下认为 D 和 L 都是随机变量，服从一定的概率分布。

在正态分布下，订货点可以由下式求出：

$$R = \bar{D}_L + Q_S = \bar{D}_L + \alpha \sigma_{D_L} = \bar{D} \cdot \bar{L} + \alpha \sqrt{\bar{L} \sigma_D^2 + \bar{D}^2 \sigma_L^2} \tag{4-5}$$

式中，α 为安全系数，Q_S 为安全库存；假设 D 和 L 均分从正态分布，$T \sim N(\bar{T}, \sigma_T)$，$D \sim N(\bar{D}, \sigma_D)$。如表 4.2 所示给出了正态分布下的主要安全系数。安全系数一般可根据库存满足率或缺货率查安全系数表获得。库存满足率 p 表示客户需求被库存物资满足的比率，而缺货率 q 则表示了客户的需求得不到满足的比率，显然 $p + q = 1$。库存满足率和缺货率可由下面的公式得出：

$$p = P\{D_L \leqslant R\}, \quad q = P\{D_L > R\} \tag{4-6}$$

表 4.2　正态分布下的主要安全系数

α	0.0	0.13	0.26	0.39	0.54
p	0.5	0.55	0.6	0.65	0.7
q	0.5	0.45	0.4	0.35	0.3
α	0.68	0.84	1.00	1.04	1.28
p	0.75	0.8	0.84	0.85	0.9
q	0.25	0.2	0.14	0.15	0.1
α	1.65	1.75	1.88	2.00	2.05
p	0.95	0.96	0.97	0.977	0.98
q	0.05	0.04	0.03	0.023	0.02
α	2.33	2.40	3.00	3.08	3.09
p	0.99	0.992	0.998 7	0.999 9	1.0
q	0.01	0.008	0.001 3	0.000 1	0.0

根据 D 和 T 的随机性，式（4-5）包含 3 种特殊情况。

① 当 D 是确定的常数，T 是随机变量时，有：

$$R = \overline{D_L} + Q_s = \overline{D_L} + \alpha\sigma_{D_L} = D(\overline{L} + \alpha\sigma_L) \qquad （4-7）$$

② 当 T 是一个确定的常数值，D 是随机变量时，有：

$$R = \overline{D_L} + Q_s = \overline{D_L} + \alpha\sigma_{D_L} = \overline{D}L + \alpha\sqrt{L}\sigma_D \qquad （4-8）$$

③ 当 D 和 T 都不是随机变量，而是两个确定数值时，有：

$$R = D_L = DL \qquad （4-9）$$

以上是正态分布的情况，对于非正态分布的情况，可以用下面的公式来求订货点：

$$R = D_L\big|_{p=p_0}, \quad R = D_L\big|_{q=q_0} \qquad （4-10）$$

式（4-10）中，R 等于某个 D_L 值，条件是这个值对应的满足率 p 等于给定的满足率 p_0，或缺货 q 等于给定的缺货率 q_0。

以上对订货点的计算过程稍嫌复杂，在实际操作中，可把订货点看成由两部分构成：一部分是平均订货提前期需求量，另一部分是安全库存量。平均订货提前期需求量等于平均的订货提前期的天数乘以日平均需求量；安全库存量等于订货提前期的标准偏差天数乘以日平均需求量，或者近似等于最长的一次订货提前期的天数乘以日平均需求量。其中标准偏差天数近似等于（相对于平均提前期天数的）平均偏差天数。由此可根据以下公式求得订货点：

$$R = \overline{D_L} + Q_S = \overline{D_L} + \alpha\sigma_D = \overline{R(T_K + \Delta T_K)} \qquad （4-11）$$

（2）定量订货法中订货量的确定。在定量订货法中，对一个具体的品种而言，每次的订货批量都是相同的，所以对每个品种都要制定一个确定的订货批量。制定订货批量可以采用以下几种方法。

① 通常取订货批量为一个经济订货批量：

$$Q^* = \sqrt{\frac{2Dc_1}{c_2}} \qquad (4\text{-}12)$$

式中，D, c_1, c_2 分别为需求速率、再订货成本和单位库存持有成本。该公式是根据经济订货批量模型得出的，能够保证库存费用的最优。但这样计算出来的经济订货批量一般不完全符合实际情况，如存在批量折扣、分期交货问题，还需要根据实际情况对公式做出调整。

② 取订货批量为一个时间单元内需求量的大小。例如，取按小时、天、周、月、季度，甚至年计量的需求量为一个订货批量。这样就简化了操作程序。

在具体操作中，这个时间单元如何选取呢？基本思路是：综合考虑保管费用和固定订货费用，选取二者的平衡点所确定的时间单位。这个时间单位 T_0 应当满足这样的条件：在这个时间单位内，总的保管费用应与一次订货费用相等，即：

$$\overline{D}T_0c_2 = c_1, \quad 即 \ T_0 = \frac{c_1}{Dc_2} \qquad (4\text{-}13)$$

从式中可知，一次订货费用越高，订货时间间隔应越长，反之亦然。当订货费用可以忽略时，订货时间间隔可以无限小。如当前流行的 JIT 订货策略、VMI 库存控制策略等就可以实现连续补货。当 T_0 确定后，就可以用下式确定订货批量 Q：

$$Q = \overline{D}T_0 \qquad (4\text{-}14)$$

③ 还可以取与某种包装单元或运输单元的额定容量相等的或整数倍的数量。有些产品是以一定的包装单元包装的；运输部门装运货物运输有运输单元，如火车车皮、集装箱等，因此订货批量应当尽可能与这些单元相匹配。在这些情况下，既要考虑包装单元、运输单元，又要考虑实际的需求量，以需求量为主，兼顾包装单元、运输单元来制定合适的订货批量。

④ 有些产品是轮番批量生产的，有些是季节性生产的，它们都有一个供应周期。这一批生产完了，要过一段时间才能再生产、再供应。在这种情况下，采购订货批量应取整个供应周期的需求量。

2）定期订货法

定期订货法是通过设定订货周期和最高库存量，从而达到库存量控制的目的。库存的盘点周期主要取决于库存产品的重要程度和该产品的库存持有成本，每次盘点后都订购不同数量的产品以使库存量达到最高库存量。只要订货周期和最高库存量控制得当，就能达到既不造成缺货又节省库存费用的目的。

定期订货法的原理是，预先确定一个订货周期 T 和一个最高库存量 Q_{max}，周期性地检查库存，求出当时的实际库存量 I_i、已订货而还没有到达的物资量 W_i 及已经售出但还没有发货的物资数量 B_i，然后发出一个订货批量 Q_i。Q_i 的大小，应能使订货后的"名义库存"

升高到 Q_{max}。

定期订货法要解决以下 4 个问题。

（1）订货周期 T 的确定。定期订货法的订货周期 T 有多种确定方法。①取人们习惯的日历时间单元，如周、旬、月、季、年等。人们通常按这些时间单元安排生产和工作计划。也可以另选一个最合适的时间单元，计算方法同公式（4-13）。②取供应商的生产周期或供应周期。③取经济订货周期 T^*。

（2）Q_{max} 的确定。Q_{max} 的设置，应能保证配送中心在订货提前期和查库周期内的消耗，并保证一定量的安全库存。因此，Q_{max} 可以这样确定，把订货提前期与订货周期相加，然后与库存平均消耗速率相乘，再加上安全库存量，即：

$$Q_{max} = \overline{D}(T+L) + S \tag{4-15}$$

式中，L 为订货提前期；S 为安全库存量。

（3）第 i 次订货量 Q_i 的确定。在定期订货法中，每次的订货量并不固定，与每次订货时仓库中实际的库存量有关。第 i 次订货量 Q_i 可由下式确定：

$$Q_i = Q_{max} - (I_i + W_i - B_i) \tag{4-16}$$

（4）订货点的确定。与定量订货法不同的是，定期订货法是一个基于时间的订货方法，所以在定期订货法中，订货点是一个特定的时间，也用 T 表示。一旦 T 确定，则每次订货的时机也就确定了。因此，可以把 T 看成订货点。T 的确定有以下几种方法：①根据人们的日历习惯来定。例如，一个月订一次，或者一周订一次、一个季度订一次。至于取什么样的时间单位，可以根据具体情况定。②根据企业的生产周期或供应周期来定。有些供应商企业是多品种轮番批量生产型企业，一个品种生产完了就生产另一个品种。从一个品种生产结束到下一次再开始生产这个品种之间的时间间隔，就是生产周期或供应周期。③根据经济订货周期 T^* 来确定。

 特别提示

因定量订货法是在库存下降到一定水平后开始订货的，订货数量固定，因此在实际操作中可以把定量订货法简化，即把整个库存物资（包括周转库存量和安全库存量）分为两箱（形式上或实际上）。首先销售第一箱货物，在第一箱售完、开始售第二箱货物的同时发出第一箱的订货量，故此方法也被称为"两箱法"，又称"双仓法"。定期订货法由于每次都订货到最大库存，因此也被称为"满箱法"。

4.2.3　库存的分类管理方法

当仓储货品单一或品种较少时，不存在重点控制的问题，对各类货品的库存管理可采用相同的方法。但当仓储货品种类繁多时，为有效使用仓储企业有效的资源，应该对仓储货品进行分类，对重点的物资采用较为严格的管理，对一般的物资进行一般的管理。这里就需要用到库存的分类管理方法。

1. ABC 分类法

1879 年，意大利统计学家帕雷托发现了一个普遍的统计结果，即在一个国家，大约 20% 的人口占有该国 80% 的财富，在一个公司，大约有 20% 的雇员是 80% 的问题制造者。而大约 20% 的物品占到了一个公司支出的 80%。这种"关键的少数和次要的多数"理论被引入仓储管理当中，就形成了库存分类管理的 ABC 分类法。ABC 分类法的基本思想是，为有效使用企业的有限资源，应对库存物资进行分类，将管理的重点放在主要的库存物资上，进行分类管理和控制，即依据库存物资重要程度的不同，分别进行不同的管理。

ABC 分类法将库存物资按重要程度分为特别重要的库存（A 类库存），一般重要的库存（B 类库存）和不重要的库存（C 类库存）3 个等级。A 类物资品种占总库存品种的 15%~20%，其价值却占总库存价值的 75%~80%；B 类物资品种约占总库存品种的 30%，其价值占总库存价值的 15%~20%；C 类物资品种占总库存品种的 45%~50%，其价值却只占总库存价值的 5% 左右。

显然，从价值上来看，A 类物资最重要；B 类物资次之；C 类物资再次之。因此，在管理方法上，这 3 类物资也应有所区别：①对于 A 类物资，必须尽量缩短供应间隔时间，选择最优的订货批量，严密控制其库存量。②对于 B 类物资也应予以重视，适当控制，在采购时，其订货数量可适当照顾到供应企业确定合理的生产批量及选择合理的运输方式。③对 C 类物资要进行一般控制。由于 C 类物资品种繁多，资金占用又少，如果订货次数过于频繁，不仅工作量大，而且从经济效果上考虑也没有必要。一般可根据供应条件，规定 C 类物资的最大和最小库存量，当库存量降到最小时，一次订货到最大库存量。

虽然对 C 类物资的保管可适当放宽，但也不可过于忽略，有些物资虽然价值较小，但在生产中却处于关键的地位，如果出现缺货也可能造成重大损失。因此，单靠 ABC 分类法对库存物资进行分类管理，有可能忽略某些价值小却很关键的物资，有必要对库存物资的关键程度进行分类，这就是关键因素分析法的主要思想。

2. 关键因素分析法

关键因素分析法（Critical Value Analysis，CVA）的基本思想是把库存按照重要程度分成 3~5 类：①最高优先级。这是指企业经营的关键性物资，不允许缺货。②较高优先级。这是指企业经营活动中的基础性物资，但允许偶尔缺货。③中等优先级。这多属于比较重要的物资，允许合理范围内的缺货。④较低优先级。经营中需用这些物资，但可替代性高，允许缺货。

CVA 管理法相比 ABC 分类法有着更强的目的性。在使用中要注意，人们往往倾向于制定高优先级，结果高优先级的物资种类很多，最终可能导致任何一种物资都得不到应有的重视。因此，可将 CVA 管理法和 ABC 分类析法结合使用，可以达到分清主次、抓住关键环节的目的。

▲ 4.3　配合产品的寿命周期和季节性的库存管理

配送中心连接着企业的生产与销售环节，通过加强配送中心的库存管理，可以发现产品生产与销售环节的不匹配之处，更好地协调两个环节的生产运作；另外，通过对配送中心进行库存管理，可以针对产品的特性，配合产品的寿命周期和季节性对企业的库存结构进行及时调整，使企业在瞬息万变的商业潮流中，牢牢把握商机，创造商机，在竞争中脱颖而出。

1. 配合商品寿命周期的库存管理

如同自然界的生命一样，商品也有其寿命。拉尔夫·琼斯称新产品自出现在市场上直至因失去销售价值而从市场上消失为止的期间"新产品的基本寿命周期"（the basic cycle of new products），简称为"寿命周期"。产品的寿命周期可分为下列 5 个阶段：幼年期（导入期）、青年期（成长期）、壮年期（成熟期）、老年期（饱和期）和衰退期（枯竭期），如图 4.8 所示。

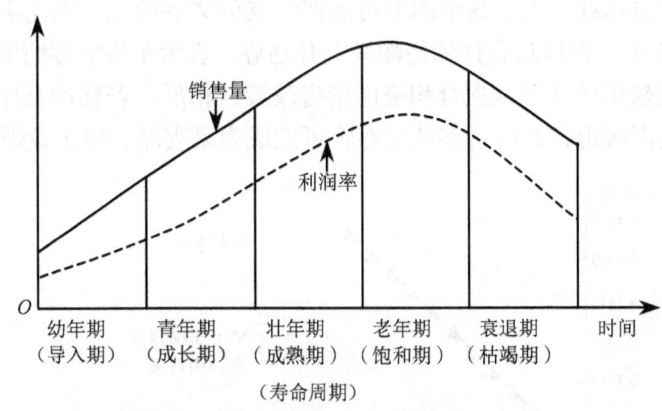

图 4.8　新产品寿命周期曲线

（1）幼年期（导入期），开发并推出新产品的阶段。新产品投入市场，便进入了导入期。此时客户对产品还不了解，除了少数追求新奇的客户外，几乎没有人实际购买该产品。在此阶段产品生产批量小，制造成本高，广告费用大，产品销售价格偏高，销售量极为有限，同业之间的竞争也很少，企业通常不能获利。在这一时期，为了赢得客户，仓储部门应备好库存，预防缺货。

（2）青年期（成长期），是销售量渐渐增长的时间。当产品在导入期销售取得成功之后，便进入了成长期。这是需求增长阶段，产品需求量和销售额迅速上升，生产成本大幅度下降，利润迅速增长。到了这个时期，同业之间的竞争性产品也逐渐增多，但是购买量仍然有限。这时应认识到，为满足此后的产品需求，要订立积极的销售政策去开拓市场需要。

（3）壮年期（成熟期），这一阶段是销售的旺盛期。经过成长期之后，随着购买产品的人数增多，市场需求趋于饱和，产品便进入了成熟期阶段。此时，销售增长速度缓慢直至转而下降，利润下降；同业间竞争激烈，产生供给过剩的现象。如果是属于耐用消费品，新客户可能宁愿花较多的代价添置或换置高品质的产品。这一时期可谓是最重要的巅峰阶段。

（4）老年期（饱和期），这时销售量已达饱和。在此期间，产品的价格竞争更加激烈，销售竞争白热化，需求量逐渐减少。因此，应制定最积极的政策，以促进销售。

（5）衰退期（枯竭期），这是销售量显著减退的时期。随着科技的发展、新产品和替代品的出现及消费习惯的改变等，产品的销售量和利润持续下降，从而进入了衰退期。此时产品成本较高的企业就会由于无利可图而陆续停止生产，该类产品的寿命周期也就陆续结束，直至最后完全撤出市场。在本时期，必须致力于新产品的开发，或采购销路较好的产品。

由此可知，产品的寿命周期直接影响产品的销售策略。那么，如何判断商品所处的寿命阶段呢？

在企业销售额波动强烈或产品具有显著季节性时，仅通过销售数据的时间序列图较难判断产品的销售趋势，此时需要运用移动合计图来表示前一年的销售实绩，以便精确了解企业业绩的变化。绘制移动合计图，就是将产品月份销售额、各月累积销售额及某时期内的移动合计销售额显示在图上，这个图形可近似绘成英文字母 Z，因此学者们称为"Z 统计图"，如图 4.9 所示。若移动合计销售额呈上升趋势，表示销售额逐渐增加，产品处于青壮年期，可以设置较多的库存以配合积极的销售政策；相反，若移动合计销售额呈下降趋势，表示销售额逐渐减退，此时过多的库存将可能成为呆废品，给企业带来损失。

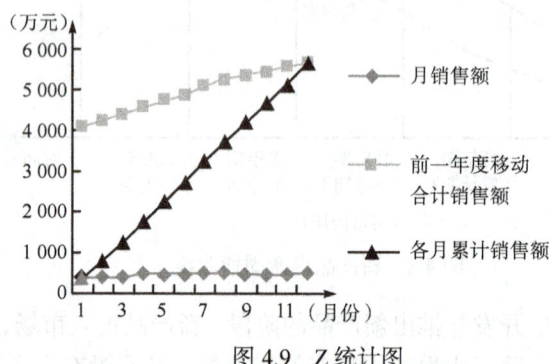

图 4.9　Z 统计图

2. 季节性产品的库存管理

在生活中，我们常见一些产品在不同的季节销售情况差别很大，如在炎热的夏季，空调、啤酒、冰激凌等产品销量大增，到了冬季，各商家都会倾力推销各种取暖设备，尤其服装类产品更具有明显的季节性特点。虽然随着生活水平的提高，一些原本季节性很强的产品如啤酒、冰激凌的冬夏销售差别正在逐渐减少，但仍有不少产品受季节变动的影响。因此，在对产品的库存管理中，还应该了解产品的特性和季节性的销售动向，根据销售的淡旺季来调整库存量的设置，这也是库存管理业务的重要内容。

产品的季节性可通过季节变动指数反映出来，而企业的年度目标销售额，可以在研究季节性变动后按月份摊派。这时利用过去的月份销售实绩资料，求算季节指数，再根据目标销售额的季节指数制订月份销售计划，然后再研讨已有的库存额的调整事宜。

季节指数的计算方法有百分率法、月份平均法、12 个月移动平均法和连环比率法等。这里介绍其中计算最简易的月份平均法。

例如，要求运用某企业 3 年的历史数据计算其各月的季节指数，并依据季节指数将全年的销售计划分解成各月的销售目标，最终研制出的销售计划如表 4.3 所示。

表 4.3　销售计划　　　　　　　　　　　　　单位：万元

月 \ 期	1 年	2 年	3 年	合计	平均	季节指数（%）	季节构成比例（%）	第 4 年销售目标
1	60	70	85	215	71.7	70.8	5.9	88.5
2	70	60	65	195	65.0	64.2	5.3	80.2
3	90	100	130	320	106.7	105.3	8.8	131.7
4	85	95	80	260	86.7	85.6	7.1	107.0
5	80	85	90	255	85.0	84.0	7.0	104.9
6	75	70	80	225	75.0	74.1	6.2	92.6
7	110	105	100	315	105.0	103.7	8.6	129.6
8	80	90	95	265	88.3	87.2	7.3	109.1
9	75	80	70	225	75.0	74.1	6.2	92.6
10	115	130	135	380	126.7	125.1	10.4	156.4
11	120	140	145	405	135.0	133.3	11.1	166.7
12	165	200	220	585	195.0	192.6	16.0	240.7
合计	1 125	1 225	1 295	3 645	101.3	1 200.0	100.0	1 500.0

具体计算步骤如下。

（1）以每年 12 个月为一期，计算过去 3 年的各年销售额合计数，以及这 3 年的销售总额。

（2）计算这 3 年中相同月的销售额合计数的平均值，即过去 3 年来每个月的平均销售额。如 1 月的平均销售额为（60+70+85）÷3=71.7（万元），2 月的平均销售额为（70+60+65）÷3=65.0（万元），以此类推。

（3）求出 3 年（3 期）来的平均销售额的合计数，再除以 12，求出 3 期的总平均销售额。在本例中，总平均值为 101.3 万元。

（4）用各月的平均值除以这个总平均值，得出"季节指数"。如 1 月的季节指数为 71.7÷101.3×100%=70.8%。

（5）上述季节指数不能直接用于各月销售额的分摊，还应求出季节指数各月构成比例。

$$某月构成比例 = \frac{本月季节指数}{各月季节指数之和}$$

（6）假设下一期的年度销售目标为 1 500 万元，以各月的构成比例乘以总销售目标，即该月的销售目标。如 1 月销售目标为：1 500×5.9%=88.5（万元）。

采用月份平均法分配各月销售计划的主要依据是季节指数及各月构成比例。采用这种方法，应先制订一个大致的销售目标概略计划，然后制订采购计划，备齐货品，研讨备货所需的时间，以便做库存调整。

3．季节性库存设置

因为很多企业每年的销售额出现在短期的季节性的销售时段，所以在巅峰的销售时期拥有正确的产品、正确的产品数量，并将产品摆在正确的柜台上，是对企业供应链的计划和执行的一个至关重要的考验。需求的季节性波动与生产的平滑性要求是一对矛盾，因此商品的季节性销售对企业生产的柔性是一个巨大的挑战，当企业的产能柔性不足时，就需要借助库存来弥补。事先为季节性需求准备好库存是现在企业最频繁使用的战略。举例来说，Godiva 巧克力公司 60%的销售额都集中在 10 月和情人节之间。为了满足需求，该公司早在 7 月就开始制造并储存其精制的巧克力。因为该公司通过观察，发现一般在 8—12月其产品的季节性需求会超过其制造能力。

在设置季节性库存时，搞清楚需要的库存量及将这些库存放置在哪里非常重要，因为过多地储存季节性产品将会减少利润。企业在操作时，一方面需要借助准确的预测方法预测季节性需求的数量；另一方面在准备库存时，并不一定要把销售季节的库存准备完毕，而是根据销售状况不断补充和更新库存的设置。另外，保持物流配送系统库存的透明和物流配送的实时性也是非常重要的。

4．利用折线图管理库存

使用折线表示采购金额、销货成本及库存额等动态状况时，就会形成一个库存流动数据曲线图，也可称为折线图，如图 4.10 所示。从图中可知销售成本累计与采购金额累计的差额便是当天的库存额；其间的距离较宽时，表示库存增多。因此，利用折线图很容易获知当前库存状况，然后通过比较计划与实际之间的差距来制定改善措施，提出改进工作的对策。

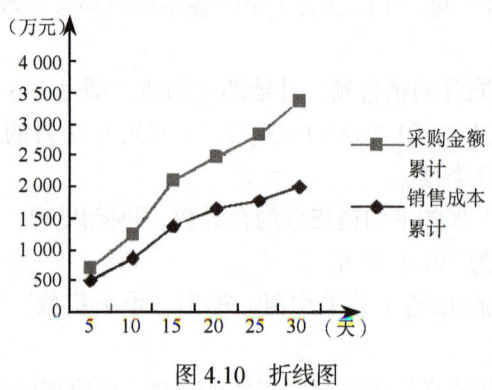

图 4.10　折线图

4.4　储存合理化

储存合理化的含义是用最经济的办法实现储存的功能。储存的不合理往往是因为对储存功能实现的过分强调，以致过分投入储存力量和其他储存劳动。合理储存的实质是，在保证储存功能实现的前提下做尽量少的投入，它是一个投入产出的关系问题。

1．储存合理化的标志

（1）质量标志，保证被储存物品的质量，是完成储存功能的根本要求。

（2）数量标志，在保证功能实现的前提下有一个合理的数量范围。

（3）时间标志，在保证功能实现的前提下，寻求一个合理的储存时间。这是和数量有关的问题，储存量越大，消耗速率越慢，则储存的时间必然长，反之则必然短。在具体衡量时间标志时往往用周转速度指标来反映，如周转天数、周转次数等。

（4）结构标志，是根据被储存物品不同品种、不同规格、不同花色的储存数量的比例关系对储存合理性做出的判断。尤其是相关性很强的各种物资之间的比例关系更能反映储存合理与否。因为这些物资之间相关性很强，只要有一种物资出现耗尽，即使其他物资仍有一定数量，也会无法投入使用。由此可见，不合理的结构的影响面并不仅仅局限在某一种物资身上，而是有扩展性的。结构标志的重要性也可由此确定。

（5）分布标志，指不同地区储存的数量比例关系，可以此判断储存数量与当地需求的比例，以及对需求的保障程度；也可以此判断对整个物流的影响。

（6）费用标志，包括仓租费、维护费、保管费、损失费、资金占用利息支出等，都能从它们的实际费用上判断储存的合理性。

2．储存合理化的措施

（1）进行储存物的 ABC 分析。

（2）在 ABC 分析的基础上实施重点管理。

（3）在形成一定的社会总规模的前提下，追求经济规模，适度集中储存。集中储存是指面对两个制约因素储存费和运输费，在一定范围内取得优势的办法。储存点如果过分分散，每一处的储存所保证的对象有限，互相难以调度调剂，需分别按其保证对象的要求确定库存量。但是，如果过分集中储存，就会使储存点与客户之间的距离拉长，这样虽然储存总量降低，但运费支出加大，货物在途时间长，又迫使周转储备增加。适度集中储存正是在这两者之间寻求一个最优集中方案。它可以利用储存规模优势，以适度集中储存代替分散的小规模储存来实现储存合理化，也是储存合理化的重要措施。

（4）加快周转速度，提高单位产出。储存现代化的重要课题是将静态储存变为动态储存，周转速度一快，会带来一系列的好处：资金周转快、资本效益高、货损小、配送中心吞吐能力增加、成本下降等。具体做法有采用单元集装存储、建立快速分拣系统等，都有利于实现快进快出，大进大出。

（5）采用有效的"先进先出"方式，保证储存物品的储存期不至于过长。"先进先出"是一种有效的方式，也是储存管理的准则之一。有效的先进先出方式主要有以下几种。

① 贯通式货架系统。利用货架的每层，形成贯通的通道，从一端存入物品，从另一端取出物品，物品在通道中自行按先后顺序排队，不会出现越位等现象。贯通式货架系统能非常有效地保证先进先出。

② "双仓法"储存。给每种仓储物品都准备两个仓库或仓位，轮换进行存取，再配以"物品必须在一个仓位中取光才可补充"的规定，则可以保证实现"先进先出"。

③ 计算机存取系统。采用计算机管理，存货时向计算机输入时间记录，编写一个简单的按时间顺序输出的程序，取货时计算机就能按时间给予指示，以保证"先进先出"。计算机存取系统还能将"先进先出"保证不做超长时间的储存和快进快出结合起来，即在保证先进先出的前提下，将周转快的物资随机存放在便于存储之处，以加快周转，减少劳动消耗。

（6）提高储存密度，提高仓容利用率。

① 采取高垛的方法，增加储存的高度。具体方法有采用高层货架仓库、采用集装箱等，都可大大增加储存高度。

② 缩小库内通道宽度，以增加储存有效面积。具体方法有采用窄的巷道式通道，配以轨道式装卸车辆，以减少车辆运行宽度要求；采用侧叉车、推拉式叉车，以减少叉车转弯所需的宽度。

③ 减少库内通道数量，以增加储存有效面积。具体方法有采用密集型货架、采用可进车的可卸式货架、采用各种贯通式货架、采用不依靠通道的桥式吊车装卸技术等。

另外，有效的储存定位系统、有效的监测清点方式、现代储存保养技术（如气幕隔潮和气调储存），以及集装箱、集装袋、托盘等运储装备一体化的方式等，均为储存合理化的有效方式。

 案例分析

存货，留多少最好？

嘉鑫配送公司是一个组建不到 3 年的新兴企业，主要经营日用品、食物、饮料等杂货的网上销售业务。该公司成立以来发展迅速，从十几个人用两台计算机配送小礼品开始，业务范围逐渐扩大到一些对质量及货架管理要求极高的水果、新鲜奶制品等。每天的订单量从几个发展到几百个，配送点覆盖了上海的 10 个区县，配送量每天达到十多辆货车，业务量突飞猛进。

近来，受到经济波动的影响，嘉鑫公司的资金周转出现了问题。总部资金投入不足，一些正处于谈判中的项目被取消，公司若不能在 3 个月内扭转局面，就要面临被变卖的危险。危机面前，公司领导层只能放手一搏。于是，公司董事长赵志伟、总经理杨波、仓库经理黄豪、采购部经理李景、IT 部门经理冯维和财务总监沈亦云决定开会商讨对策。

"到了现在，我们只能放手一搏，希望能有转机。如今外部的资金支持已经没有了，我们只有从公司内部挤出钱来进行下一步的发展，也就是说，我们的目标是同时改善净利和现金流，至于具体怎样达到这个目标，我们现在就讨论一下。"杨波说，"希望大家畅所欲言，讨论一下在 3 个月的时间里，我们从什么方向着手改进最有效。"

会议室里一片安静，杨波首先转向财务总监："沈经理，现在我们的财务报表上能透露什么信息？"沈亦云打开了她的笔记本电脑，公司的费用清单以饼状图形式一目了然地显示出来。"根据费用清单，我认为公司在管理费用和销售费用上还有潜力可挖。""原来我们每个月有那么多的货物坏掉呢？"赵志伟指着管理费用中的一块说，"对了，昨天我去配送中心就看到一大批过期牛奶。是不是我们每次订货订得太多了？""可是如果减少订货量，我们无法得到供货商提供的订货折扣啊。"沈亦云为现行的订货政策辩护，"而且你们看，由于无法满足客户订单而导致的缺货赔偿也不少呢。"

杨波有些迷惑了，他一边看图一边试图理清自己的思路："如果我们减少订货量，就可以减少由于货物过期而导致的损失。但是这样，我们势必要损失订货折扣，货物的单价上升，销售成本也跟着上升，而且由于市场需求的不稳定可能会导致某些货物缺货，这部分缺货造成的损失也是不小的。""没错！反过来呢，尽管大量的订货可以降低销售成本及减少缺货现象，可又会使得那些没有及时销售掉的货物过期，增加管理费用。"赵志伟接着说。其他人似乎也不知道究竟该如何处理。"那么现金方面呢？"杨波问沈经理。"恐怕我们的现金都喂给了一个大胖子。"沈亦云表情痛苦地指着资产负债表上的存货数字。"就是它，存货是个罪魁祸首！"赵志伟惊呼，"哪里都有它！"

对于存货的问题，嘉鑫公司内部也召开过多次会议进行研究。各个部门所持的意见大相径庭。销售部认为货存量不够导致频频缺货，越来越低的订单完成率和糟糕的服务水平限制了销售额的增加。而仓库部门和采购部门则认为现有的库存量已经太高，特别是对那些货架期（保鲜要求）比较短的商品来说，过期损失的负担相当大。而财务经理的分析也显示，存货在公司的资产中占用了大量的现金，已经到了警戒水平，而且与业务量的发展相比，成几何级数的增长趋势。杨波判断是存货管理方面出了问题，但是要证实自己的想法和找到问题的症结所在，他需要更多的数据分析的支持。

杨波转向黄豪。黄豪叹了口气，说："杨总，我知道缺货的损失很大，但是我也没有办法。像牛奶、果汁等商品我们现在是每周进一次货，但有时这些货品的需求量很大，一到每周五就开始陆续缺货。我经常和采购部说要多进些货，但是每次他们都说不能再多进了。"

黄豪又说："仓库中标着蓝色记号的货架存放的都是冷门商品，那些货品的需求量小，所以周转也慢。我们平均两到三个星期进一次货。但是两个星期前订的货，到今天差不多还有 80%剩下。这些货占用了很多地方不说，很多时候由于货品存放时间太长，过了保质期，只好通通扔掉，很让人心疼！"

"元凶果然是存货！可一边是缺货，一边又是囤积过多造成浪费。那么存货到底是多了还是少了？"杨波在心里打了个大大的问号。"那么这些冷门商品每次订那么多也是采购部决定的？"杨波问。黄豪点了点头。"老黄啊，依你的看法，我们该怎样改进呢？""杨总，照我看来，每次订多少货不能一概而论。对待周转速度快的热门商品和周转速度慢的冷门商品应该有不同的方法。那些周转快同时保质期比较短的产品，如牛奶、面包等，如果采购部不同意增加每次的订货量，我们可以增加订货次数，这样的话，既可使平均存货量有所减少，同时又减少了缺货的可能性。"看到杨波有赞许的神情，黄豪接着说，"那些周转慢的商品更简单，应该减少一次性订货量。如果存货过多，除占用空间和流动资金之外，还会因为商品过期而造成浪费。""对，正是这些存货吃掉了我们公司大量的现金，给我们的现金流造成问题。所以，当务之急是改变我们的采购策略。"听了黄豪的话，杨波好像已经有了一点头绪了。

"李经理，我们公司现在的商品采购量是根据什么来定的？"杨波转向李景。"通常我们是根据营销部每周的销售记录来预测下个星期的需求量。当然，某些产品如果订购的数量足够多的话，能够享受到供应商给我们的价格折扣，那么我们就会适当地比预测数目增加一些订货量。""有些货老是短缺，这个情况你知道吗？"杨波又追问道。李景叹了一口气，似乎也有他的难处："一些保质期短的商品，营销部反映客户的要求很高，都希望是最新鲜的产品。好比牛奶，一旦超过 3 天，即使还有 4 天的保质期也得半价出售，那就亏本了。财务部已经和我说了几次了，一定要尽量避免这种不必要的损失。你说我还敢一次订很多货吗？""那么你们为什么不试着多订几次货？每次订的量可以少一些，这样既可以保证货品的新鲜，又可以减少缺货。"李景想了想，把身体往前挪了挪，说道："理论上讲是可以的。可供应商每次给我们送货，都要收取运输费等不少费用。所以，增加订货次数肯定会增加总的订货成本。另外，订货次数一多，采购部的工作量也随之增加，单是加班费这一项的开销就不小了，更不要提目前财务部强调要降低运营成本，已经在抱怨我们采购部每个月的用度。再增加订货成本，恐怕财务部会有意见。""这话说得没错。"杨波在心里忖道。李景顿了顿，又接着说："我们是根据过去的销售量来订货的，可有些商品的销售量很不稳定，时高时低的，难以准确预测。这也是引起缺货的原因之一。另外，营销部经常会做不定期的促销活动，使得某些商品十分畅销。这原本是好事，但他们又没有事先通知我们采购部哪些促销商品应该多进多少，结果反而引起商品的短缺。"

"那么那些堆积在货架上的商品又是怎么回事呢？"杨波又想起黄豪对他讲起的那些周转慢的商品。"有些商品的保质期比较长。而我们的仓库反正也够大，这些商品进来了，早晚都是可以卖掉的，而且一次进货量大的话，不仅可以减少订货次数，从而降低订货成本，而且还可以享受到供应商给我们的价格折扣，降低销售成本。这一点我已经请示过财务部了。"

又和财务部有关！

李景问沈亦云："沈经理，关于批量订货享受现金折扣的方案，是不是财务部批准的？""是的，为了降低销售成本，我们就要尽量享受供应商的折扣。而且如果我们在一个供货商那里订购的货物足够多，通常供货商还会承担货品的运费。"沈亦云从容地答道。"杨总，其实我个人也认为销售折扣对于我们很重要，30万元的订货额，9.5折就能给我们节省15 000元。"李景显然不觉得现行的订货策略有任何问题。"可是，这些堆积如山的货物不但占了我们大部分的仓库空间，而且每月很大一部分人力都花在整理、保管这部分存货上，这也是一块不可忽视的成本。"黄豪插话说。"获得商业折扣直接就能够降低销售成本；反之，如果减少每次订货量，会大大提高我们的进货和销售成本，而所节省的存货管理成本与损失的销售折扣相比，孰多孰少还不知道。这个道理你不会不清楚吧？"沈亦云站在了李景一边。

"可你不觉得正是为了享受这个商业折扣，我们过度订货，从而导致部分货品过期，造成了浪费吗？"黄豪反问道。"即使我们放弃享受订货折扣，完全按照销售预测来订货，就能保证没有存货会坏掉吗？"沈亦云仍是振振有词。"这个……"黄豪沉吟了半天，还是摇了摇头，"我想可能还是会有误差。因为毕竟无论用什么方法，预测总是不准确的。实际需求有时偏多有时偏少。所以没有人能保证每样东西都卖出去，也不知道什么时候会缺货。"

黄豪也有很多烦恼事：一切都是起伏不定的货品需求的错。要是没有这个"无恶不作"的"魔头"，他会把仓库打理得井井有条，及时完成每张订单，也无须劳烦董事长和总经理频频"光顾"。其他人也似乎被他感染，纷纷开始诉苦。李景是对那些要求很高订货量才给予价格折扣的供应商耿耿于怀，数落他们的不是；沈亦云则始终坚持订货量没有问题，而是仓库与销售两个环节没有协调好，导致供销不平衡。办公室乱作一团，杨波的心情也降到了冰点。

思考题

1．嘉鑫公司目前的仓储与库存管理中存在什么问题？
2．有哪些措施可以帮助嘉鑫公司改善库存管理？
3．如何在短期内扭转嘉鑫公司的困难局面？

复习思考题

1．仓储的作用是什么？仓储有什么功能？
2．仓储保管作业的内容有哪些？
3．简述盘点的作用及其作业内容。
4．已知过去 6 个订货提前期的销售量分别为 10 吨、16 吨、14 吨、20 吨、16 吨、14 吨，c_0=75 元/吨，平均提前期单位物资保管费 c_1=10 元/吨，预计今后一段时间将继续以此形势销售，取满足率为 84%，采用定量订货法计算订货数量。

5．某种物资月需求量服从均值为 15 吨、标准差为 $\sqrt{\dfrac{10}{3}}$ 吨的标准分布，固定订购成本 $c_1 = 30$ 元/次，单位库存持有成本 $c_2 = 1$ 元/月，$T = 1$ 月。实行定期订货，首次盘点得到实际库存量 $I_i = 21.32$ 吨，在途库存量 $W_i = 5$ 吨，发货量 $B_i = 5$ 吨。如果要求库存满足率达到 97.7%，求订货周期 T 和最高库存量 $Q_{\max}$。（已知库存满足率为 97.7%，安全系数为 2。）

实训题

实训目的：
1．了解配送中心仓储管理的作业环节。
2．掌握配送中心仓储与库存管理的作业方法。

实训要求：
1．熟悉配送中心仓储管理的作业环节。
2．留心观察和记录配送中心仓储区域划分和编排方法。
3．观察并实际操作理货、盘点等作业。
4．对配送中心库存控制方法加以分析。

实训操作与规范：
1．有组织地进行活动。
2．注意保持现场秩序。

3．听从现场指挥，注意操作安全。

推荐阅读材料

1．所谓"京东物流模式"，既不可学也不必学，"分布式仓储"才是关键。

https://www.huxiu.com/article/129264.html

2．亚马逊的仓储物流经营之道。

http://www.enet.com.cn/article/2015/0827/A20150827004104.html

3．荷兰 Gazelle 全世界最大自动化仓储系统。

http://weibozhi.vipappsina.com/i.php?id=242724&cid=16

4．亚马逊仓库的最忙碌的机器人军团。

http://www.miaopai.com/show/pp4GIKSeFZsoVKlywmZiPh0bsw
r9SoOa.htm

5．瑞士 GMOS 生鲜物流中心。

http://v.youku.com/v_show/id_XOTY1NTMxMTA4.html?from=y
1.2-1-105.3.6-2.1-1-1-5-0

6．全球最大的音乐邮购在线零售商托曼（Musikhaus Thomann）配送中心。

http://www.miaopai.com/show/V~YYzRcFeK3O0a3QV1zLSQ__.
html

第 5 章

配送中心进出货管理

学 习 目 标

- 明确进出货管理的含义和目的，熟悉和理解进出货所需的单证、人员、记录及信息单证和实物的流转过程；
- 理解进出货作业的环节构成，掌握各环节的含义，熟悉各环节有关的内容，能够进行有关计算。

引导案例

把好食品的进货关

食品安全是全社会共同关注的问题。但近来食品安全问题频发，网络上流传着关于食品安全问题的一个个段子，如"早晨买两根地沟油油条，切个苏丹红咸蛋，冲杯三聚氰胺奶，中午吃瘦肉精猪肉炒农药韭菜，再来一份人造鸡蛋卤注胶牛肉……"。

联华生鲜配送中心，从蔬菜、水果种植基地、到食品生产、输送、供应等各个环节严格把关，用恒温物流车运送新鲜蔬果，禁止劣质瓜果入库，熟食加工时严格人物分离，质量检测员对进货有一票否决权。

🔲 思考题

生鲜品配送中心该如何进行进货管理？

▶ 5.1 配送中心进货管理

5.1.1 配送中心进货管理概述

配送中心最明显的比较大的活动是货物的进、销、存，货物总是按照从供应商处进货—配送中心储存—按客户要求出货这一流程移动。配送中心进货作为货物移动的首要环节，起着把关和渠道通畅的双重作用：把关是对采购合同或进货协议规定内容的确认，保证进货质量，将不合格与不合要求的货物拒之门外，有"门槛"作用；同时现代化的配送中心重视货物处理效率，通畅的进货渠道是必需的，以使货物在最短的时间内完成上架入

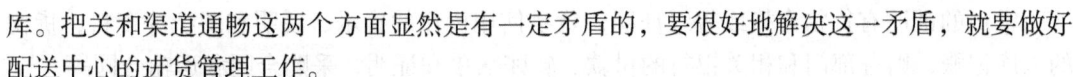

库。把关和渠道通畅这两个方面显然是有一定矛盾的，要很好地解决这一矛盾，就要做好配送中心的进货管理工作。

1．配送中心进货管理的含义

配送中心进货管理是采购管理的一部分。采购管理是从了解和分析商品市场与供应商资质，到选定商品及其供应商，再到进货入库及对采购商品和供应商的事后评价决策的一个经常发生并且反复进行的过程，其中进货活动起因于采购或进货合同，开始于进货单与货物的移动，到入库存放结束。因此，配送中心进货管理就是依据和执行采购或进货合同的内容，对货物及其从供应商到配送中心仓库的移动过程和其他相关信息进行计划、组织和控制，保证货物安全、足量、合格与高效率入库的活动。

按照进货的原因和性质不同，一般可以把配送中心的进货管理分为 3 种：正常进货管理、赠样或赠品管理及退换货管理（也称"二次"进货）。正常进货管理是通过订单购货、进货的管理活动。赠样或赠品管理及退换货管理都属于非订单货物管理，分别来自上游供应商与下游客户，这些货物大都需要进入配送中心存放备用或等待处理。本节内容主要按照正常进货管理展开，也会附带提到赠样或赠品管理及退换货管理活动。

配送中心通过进货时的层层把关、货物检验与手续交接，能够对进货活动中相关人员的行为进行违规预防和事后检查，并且能够对后续的仓库管理活动进行事前约束，防止腐败现象的发生。

2．进货需要的各类人员

一个完整的从供应商处进货到库房存放的进货过程，一般涉及司机、进货员、检验员、仓库管理员、信息员、财务会计员和搬运工人等。如果有进货部，还会涉及进货组织的管理人员。其中司机负责运货，进货员负责订货、进货交接和押运货物，检验员负责货物质量和数量的检验，仓管员负责将验收过的货物入库，信息员将进货、检验、货运、入库等信息进行登记和传递，财务会计员要登记财务进货账并决定进货付款或预付款，搬运工人则是在进货过程中货物停顿时，从事机械不易发挥作用的货物装卸车、上架等短距离移动活动。

3．进货需要的各类单证

进货各环节需要各类单据和证明，以完成货物交接、进货指示、显示信息和确认货物等工作。

常用单据有发票、订货单、进货单、磅码单、托运单、货运单、检验单、入库单、汇款单等，发票证明进货金额，是用于统计进货量和缴纳税款的依据；订货单和进货单不同，每次订货可能要多次进货，即一张订货单可能要分解为多张进货单完成进货；磅码单是显示货物重量或尺寸的单据；当货运外包时需要向运输方提交托运单；当自行运输时要让进货员或司机填写货运单；货物检验和接收时要开具检验单和入库单；进货完毕后财务部门要汇款给供货商，一般通过银行转账的形式实现。

如果进货有异常情况，还要填写退货单、残损单等。如果是进口货物，其涉及多种运输方式和多个交接对象，单证会更多。

常用的证明有货物合格或等级证明，货物使用操作的指示、说明和图纸等资料，货物的入库记账，财务部门和相关银行的付款、转账账单和证明，采购合同和运输合同等。

4．进货涉及的记录

进货记录详细和真实地再现了进货过程中的重要场景，说明了进货过程中发生问题的时间、地点、原因、损伤程度、责任人、请示处理、是否可避免等情况。常需要做的进货记录：货运记录、装卸记录、检验记录、入库记录、付款记录、供应商和各类责任人的记录。货运记录包括货运事故记录和转运倒载拆拼箱记录；装卸记录包括装卸事故记录和设备故障记录；检验记录是对检验异常情况如残损、结构不适、功能不全、量多或少等的如实表述；入库记录是对货物入库时的包装、量值和存放位置的说明；付款记录是进货应付款、已付款、预付款、欠款等的汇总；供应商和各类责任人的记录是对供应商每次供货的时间、质量、数量、事故、方式、价格等的汇总和对各类进货责任人如进货员、验收员、装卸人员等完成本职工作的表现的汇总。

明确进货管理中人员、单证和记录因素，能够使进货管理工作更周密，使相关人员明白其中的责任和易于失误之处，也为解决贸易纠纷、维护企业利益提供了基本资料。

需注意的是，进货时必须将人员、单证和记录以一定的要求或格式安排或显示出来，再和进货所需设备器具相结合，才能较好地展开和实现进货管理过程。

5．信息和单证的流转过程

在进货指示、反馈和交接时，都需要进行信息和单证的填写和传递，在进货前后及其过程中都离不开信息和单证的配合，这二者的流转快慢是影响实物移动效率和效果的首要因素。当企业将货物交接运输业务委外进行时，进货有关信息和单证的流转过程如图 5.1 所示。

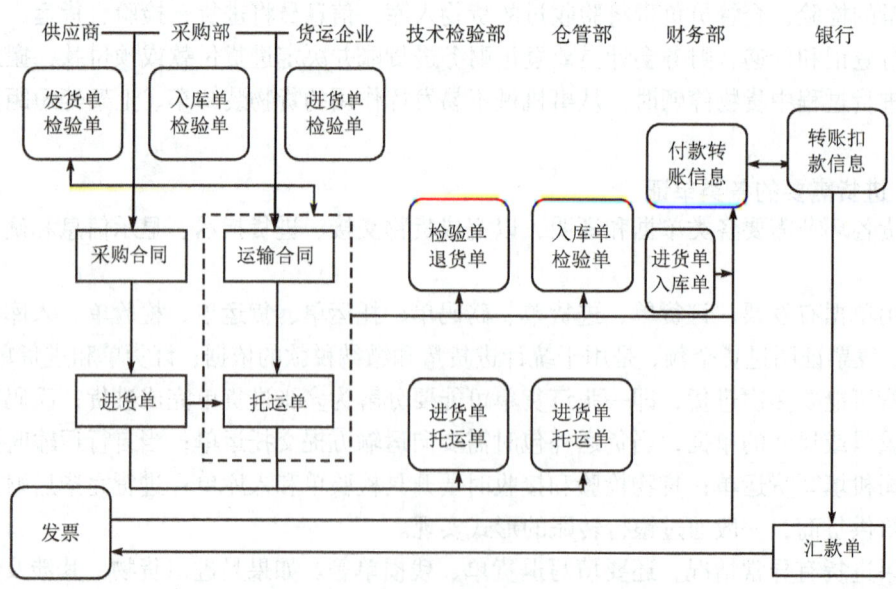

图 5.1　进货有关信息和单证的流转过程

图 5.1 基本概括了进货所涉及的配送中心内外部门、企业的可能的信息和单证的流转情况，显示了配送中心对应部门和企业在进货时所需要的信息和单证，箭头指向代表信息和单证的流向。具体叙述如下。

首先，采购部依据其与供应商签订的采购合同，确定进货量后填制进货单，再向与自己签有运输合同的货运企业发出托运单，同时将进货和托运的信息和单证发送给技术检验部和仓管部，待货运企业和供应商经验收交接并将货物运至配送中心后，技术检验部门据托运单检验，开检验单，不合格品经请示后可能要出具退货单或残损单，检验单一般为一式三联（可根据实际情况变动），除自留一联外，其他联分送采购部与仓管部；退货单也要一式多联，除自留一联外，其他联分送采购部、财务部，供采购部再订货补足原定进货量，财务部明确实际进货付款情况，接着经仓管员验收后入库，并开出一式三联的入库单，除自留一联外，其他联分送采购部与财务部，供备查和记账，接下来财务部要与银行进行转账或汇款，还要接受供应商传来的发票（可能由货运人代送或采购部转交），银行负责将货款移交给供应商。

 特别提示

实践中的进货情况是复杂的，如自派车进货、赠品进货，或者下游客户的退换货、进货等，不同情况下的信息和单证的流转有不同之处，但总体上相近或较简单。例如，自派车进货时，司机或进货员直接持进货单进货（货物的运量大、价值高时还要投保运输险，保留保险单），而不需运输合同和托运单，其他流程与委外进行货物交接运输业务相同；对于供应商送货上门的情形，不需考虑运输环节，验收完毕后在货运单上签字确认收货即可。

6. 进货实物流转过程

在进货信息或单证的指示和配合下，货物依次经由各企业或配送中心各部门，并经各必要活动作用，完成从供应商处进货到入库上架全过程。进货实物流转过程如图 5.2 所示。

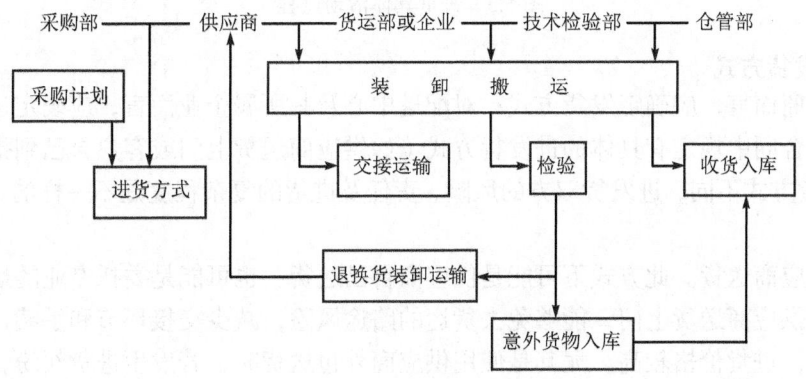

图 5.2　进货实物流转过程

图 5.2 显示了物流经由的部门和企业，箭头指向代表物流方向。进货时先依据采购计划并和供应商协商确定进发货方式（一般在采购合同中做出规定），尔后经验收交接开始货

运过程，货到配送中心后，技术检验部派员检验，再经仓管部验收后对货物分类编码并安排货位和组织上架。这其中的每次交接或活动都涉及装卸搬运活动；有退换货的，要将货物做逆反运动送至供应商；对于验收时发现的意外货物，也要安排入库或暂时入库，送货超出进货单量时，若货物合格，经协商可能入库；对于残损次、误送种类货物等退换货处理品也要安排库场暂时存放；赠品和下游客户的退换货也要求安排保存和处理场所等。

5.1.2　配送中心进货的具体内容

进货涉及信息单证和实物流转两个方面，在具体组织时，信息和单证应与实物相配合，依次经由各种实物和信息作用活动，完成一次进货过程，如图5.3所示。进货时采购员要依据采购合同的有关规定选择进发货方式，做好各项进货准备，经与供应商验收交接后将货物装车运至配送中心做卸货拆装作业，相关部门将货物分类、编码并检验后，移至预先指定的货位存放，同时办理货物入库交接和登记手续，最后结付货款。有时一次合同采购量分多次进货，因此进货过程需几个循环完成。下面对进货涉及的主要活动进行详细说明（考虑到配送的主要内容及其非重复性，货运及与供应商的交接验收活动本节不再叙述）。

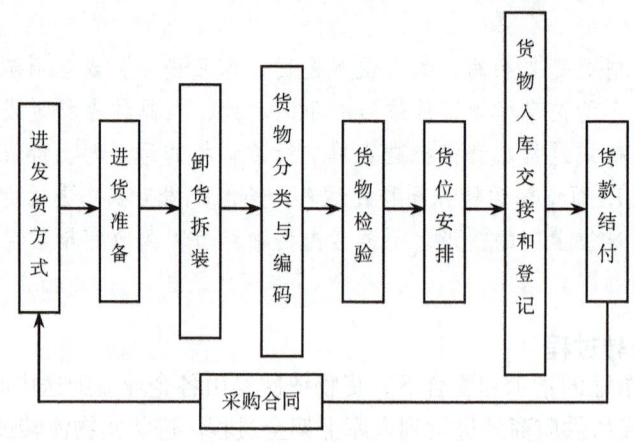

图5.3　进货具体活动过程

1．进发货方式

对供应商而言，应确定发货方式；对配送中心及其所属企业而言，应确定进货方式。一般在采购合同中规定有具体的进发货方式（如供应商送货上门或客户自己到指定地点提货）。进发货方式不同，进发货双方的风险、责任及进货的复杂程度是不一样的，要做好比较选择。

（1）供应商送货。此方式下可能是供应商自己送货，也可能是委托专业的运输或物流公司送货。供应商送货上门，能够免去货运的路途风险，减少交接环节和手续，但进货运费不能控制，进货价格较高。尤其是使用供应商外包送货时，若发生进货纠纷，还需要和供应商或第三方检验机构协议，比较麻烦。

（2）配送中心提货。此方式下有两种情况：配送中心自己提货或外委专业的物流公司提货。配送中心提货涉及的环节和手续较多，不易管理。例如，自己提货需要将货物在供

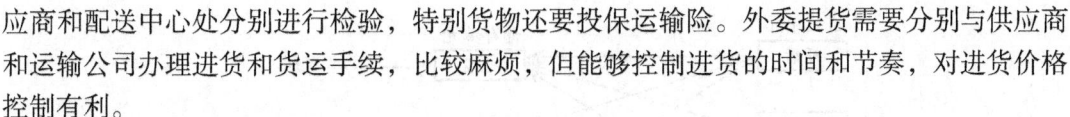

应商和配送中心处分别进行检验，特别货物还要投保运输险。外委提货需要分别与供应商和运输公司办理进货和货运手续，比较麻烦，但能够控制进货的时间和节奏，对进货价格控制有利。

2．进货准备

进货的实物入库移动是简单的和短暂的，但进货准备最为耗时和烦琐。为保证进货畅通，提高进货入库的效率和质量，必须重视并做好进货的充分准备，主要包括以下 9 个方面。

（1）制订进货计划。做好进货计划，可以统筹安排进货各环节及其衔接活动，是组织好进货的前提。进货计划要设计进货流程、预计人员、设备器具类型和数量，甚至要规定进货异常情况的处理等。

（2）熟悉进货货物。要明确进货货物的名称、品种、规格、形状、包装单位、重量、尺寸、体积、进货量及其他物化性质，进而明确进货的搬运和存放要求。例如，易碎品要轻取轻放，生鲜肉类要在满足一定的温度条件下存放等。

（3）掌握储货区情况。明确配送中心的库房、货场和货棚的使用情况，具体包括它们的性质（专用或通用）、数量、现有各货种存货量、已分配使用量、可使用量、存货设施设备、装卸搬运条件等。

（4）人员准备。在安排足够的岗位和职务的同时，要注意工作量和高效率的平衡，不能一味按岗位或职务安排人员。例如，当进货量不大时，一人多岗甚至一人多职可能效率更高。

（5）检验准备。准备检验设备器具和场所，明确检验标准、方法、范围和时效，设计并准备检验单和检验记录单。

（6）货位安排准备。根据进货性质、进货量、存货单位、储货区可用量和出货要求，明确货位类型、货位需要量及其位置。

（7）苫垫材料、作业用具准备。进货时货物移动和存放常需要辅助的苫垫材料和作业用具，存放时货物上下部常需要覆盖物和垫支物，移动时也需要悬挂、顶起等作业用具。

（8）装卸搬运设备和工艺设定。准备叉车、拖车、输送机等装卸搬运设备，并且制定操作程序，确保作业安全和效率。

（9）文件单证准备。文件是配送中心的进货指令和工作制度，是对员工进行要求与约束的书面材料；单证应尽量规范周全，事项、格式和内容应简约而完善，让人明白易懂。

在做进货准备时，还要明确影响进货效率的主要因素，如供应商的地理位置、货车的停放场地安排、装卸货时间、车流量、工作人员的熟练程度与责任心等，避免其不利影响。

3．卸货拆装

货物检验交接后，经运输移至配送中心，卸货后常要进行运输和包装单元的拆分、装入等更改作业，因为进货单元与储存单元的形式有时是不同的，需要做相应的转换处理，处理情况会影响进货效率。一般来说，货物的进货、储存单元都有 3 种：托盘、箱子和小包，其转换处理如图 5.4 所示。

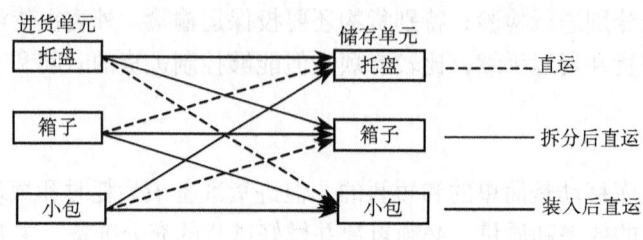

图 5.4　进货与储存单元的转换处理

4．货物分类与编码

货物入库前要进行编码，以便于寻找、识别和管理，编码前要做好货物分类。

1）货物分类

货物分类五花八门，没有定式，不同的国家、行业、经营者根据需要都可以有自己的分类标准和内容，如在《中华人民共和国交通行业标准·运输货物分类和代码》（JT/T 19—2001）中，根据货物的自然属性及公路、水路运输的特点和管理需要，将运输货物分为煤炭及制品、石油和天然气及制品、金属矿石、钢铁、矿物性建筑材料、水泥、木材、非金属矿石、肥料及农药、盐、粮食、机械设备和电器、化工原料及制品、有色金属、轻工和医药产品、农林牧渔业产品、其他（如军用物资、饲料、行李邮包、水、冰、废旧物和垃圾等）17 大类，并进一步细分为 122 中类和 197 小类。

实践中的货物大多是根据供应商、国别、货物属性等将货物做大、中、小和单品 4 个层次的分类，如图 5.5 所示。例如，根据食品的生产来源、生产方式、处理方式、保存方式等特性或要求，将类似的一大群食品集合起来分为粮食及其制品、果蔬植物、饮品类、肉及肉制品、酒类、乳及乳制品、蛋及蛋制品、水产及其制品、调味品、糖及巧克力、油类、保健用品及新资源食品等大分类，其中酒类根据加工工艺和用料又分为白酒、啤酒、果酒等中分类，各类酒根据供应商或度数不同又可做小分类，最后的层次就是瓶装的单品酒了。

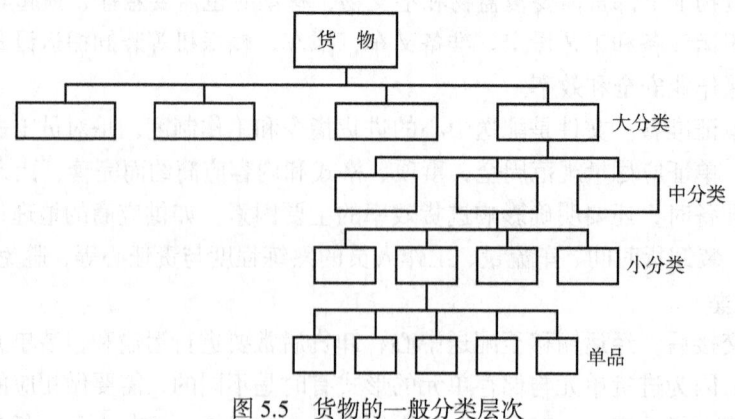

图 5.5　货物的一般分类层次

2）货物编码

货物编码是依据货物的分类给每类和每件货物编制代码，一般使用数字或字母。为便于读取商品信息，现在货物编码常用商品条形码表示或包含在商品条形码和电子标签内，商品条形码下方常配有货物编码。根据通用范围大小，货物编码可以分为出口编码和国际通用编码、国内编码和自用编码几种情况。下面仅介绍国际通用编码和自用编码。

（1）国际通用编码。国际上通用的商品条形码是国际物品编码协会制定的 EAN（European Article Number）码，我国目前在国内推行使用的也是这种商品条形码。EAN 码分为 EAN13（标准版）和 EAN8（缩短版）两种。EAN13 码由 13 位数字组成，第 1~3 位数字为国家代码，如 690~695 代表中国大陆，471 代表中国台湾地区，489 代表中国香港特区。第 4~7 位数字为厂商代码，第 8~12 位数字为产品代码，第 13 位数字为检验码。EAN13 码货物编码示例如图 5.6 所示。

EAN8 码由 8 位数字组成，第 1~3 位数字为国家代码，第 4~7 位数字为厂商代码或产品代码，第 8 位数字为检验码。

（2）自用编码。自用编码形式多样，可专用数字、字母或二者的混合形式表示，一般使用数字的情况较多，字段多少可根据需要如商品种类、性质、数量等选用。不论

图 5.6　EAN13 码货物编码示例

怎样，其表示的含义一般与货物的分类情形是一致的，不同字段分别表示不同的类别，从前到后依次表示大分类、中分类、小分类、单品和检验码，各类别字段的多少可根据需要添加或去除。

5．货物检验

货物检验是进货的重要环节，既要把好关，杜绝残次品通过，又要注意效率，不影响货物入库速度。这就要求检验人员熟悉货物检验标准和方法，明确检验内容，把握检验的程度和时间。

1）货物检验的标准和方法

（1）货物检验的标准。标准是评价检验结果的依据和参照，有多种形式：产品的国际或国家品质标准，如我国出台的纺织品、机电产品、食品等行业质量标准；采购合同中规定的具体要求和条件，如规定进货质量验收以签约前的交付样品为依据；还可根据自己的需要制定检验标准，如发达国家制定的带歧视性的对农产品和纺织品中某些化学成分含量的苛刻标准，均超出常规。

（2）货物检验的方法。货物检验的方法主要有 3 种。

① 感觉检验。感觉检验即通过视觉、听觉、触觉、嗅觉、味觉等感觉检验货物，视觉可发现货物外表是否有损伤，听觉可借助声音发现物品质量是否异常，触觉可通过皮肤或手掌的接触了解物品手感、弹性等情况，嗅觉能辨别货物的气味是否正常，而味觉是通过品尝了解物品的水分、质感、味道等情况。感觉检验不用借助专门的检验器具，简单、快速，检验成本低。

② 测试仪器检验。对于高价值、高科技及特殊类物品，为确保质量，在感觉检验的基础上，要做仪器测试，如对食品及其包装材料成分的化验等。仪器检验属于精密检验，需要经过专门训练的检验人员按规定程序操作，成本较高。

③ 运行检验。运行检验即通过物品的实际运转、移动、作业等表现，观察并评价其功

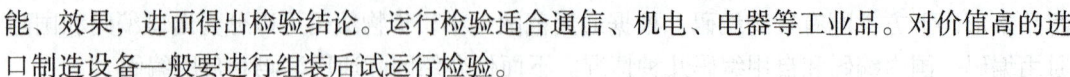

能、效果，进而得出检验结论。运行检验适合通信、机电、电器等工业品。对价值高的进口制造设备一般要进行组装后试运行检验。

2）货物检验的内容

货物检验包括数量检验和质量检验两个方面。数量检验是对进货各种量的确定、计算和对照，如对毛重、净重、皮重等的称量，对长、宽、高等尺寸的丈量，对容体积、面积、件数的计算等。质量检验又分为外观质量检验和内在质量检验。外观质量检验是对货物外表及其包装的完好情况，以及有关标识是否符合要求的检验，包括：材料、结构、完好性等包装检验；货物的外表完好、性质等检验；包装标识中装潢、标签、产品说明、商标、标志等检验；气味、颜色、质感等感觉检验。内在质量检验是对货物内容的检验，包括物理结构、化学成分、使用功能和效果等检验。

一般来说，数量检验和外观质量检验较简单，而内在质量检验要借助专门的检验器具或使用特定的方法才能完成。

3）货物检验的程度和时间

进货时原则上要求尽可能对全部货物进行检验，但由于人员数量、进货数量、货物性质、习惯做法等因素的影响，许多进货采用抽查检验，即只对一定比例的进货实施检验。货物检验的程度即货物检验范围，是指实际接受检验的货物的数量。货物的数量检验和质量检验都要规定相应的检验比例，对珍贵物品、制造设备、进口物品等要同时进行全部的数量和质量检验，对标准型的商品可抽验 5%~10%，对包装件要 100%清点数量。

货物检验一般在进货入库时进行，尤其是数量和外观质量检验。对于特殊货物，可以在合同中约定内部质量检验的时限，习惯上在入库后 10 天内或进口到货后 30 天内完成检验。

6．货位安排

在货物入库前，要备好货位，明确对货位的位置、尺寸、温度、配套设备工具等的要求及储存区的可用货位、已分配货位和有效货位，还要预计有效货位的存货量或进货量所需的货位多少，其中主要应明确货位的形式、存货量计算和货位编号。

1）货位的形式

货位安排有固定、不固定和分类固定 3 种形式。固定货位是在储货区为每类货物指定存放位置并保持不变。不固定货位同固定货位相反，货物随机存放，不指定位置，有空位即可放置。这两种货位各有利弊：固定货位容易辨识货物，不易出现存取差错，进出货效率较高，但货位会发生存货不均的现象，货位利用率不高；不固定货位能较充分利用货位，却不易管理。分类固定货位能较好地结合固定和不固定货位的优点，它是先将储存区分成几个小的区域，每一小区固定存放某一大类货物，而小区内货物的存放则是不固定的。

2）存货量计算

若是立体货架存货，由于货格是固定的，其存货量是设计好的，容易计算。假定货物采用地面堆放，计算货位存货量。很显然，在可以充分利用空间的条件下，地面堆放货位的存货量取决于两个因素：库场单位面积技术定额和货物单位面积堆存定额。库场单位面积技术定额 $p_库$ 是库场地面设计和建造的单位面积承载重量，一般为 2.5~3 吨/平方米。货物

单位面积堆存定额 $p_{货}$ 是货物本身和外包装物的单位面积承载重量,其大小决定了货物垒高存放的层数。

根据库场单位面积技术定额和货物单位面积堆存定额可得到库场货物单位面积堆放重量,即单位仓容定额 $p=\min($ $p_{库}$, $p_{货}$),进而求出货位的存货量 q,其计算公式为:

$$q=ps$$

式中,s 为货物存放货位的有效占用面积（平方米）。

> **例** 某储区货位面积为 25 平方米,存放洗衣机,每台洗衣机重 50 千克,底面积为 0.5×0.5 平方米,堆放限高 3 层,若储区地面单位面积技术定额为 2.5 吨/平方米,求该储区货位的洗衣机的可存货台数。
>
> **解:** 洗衣机单位面积堆存定额 $p_{货}=$（50×3）÷（0.5×0.5×1 000）=0.6（吨/平方米）
> 由于 $p_{库}=2.5$ 吨/平方米 $> p_{货}$,因此单位仓容定额 $p=p_{货}=0.6$ 吨/平方米
> 可存货重量 $q=ps=0.6×25=15$（吨）
> 洗衣机存货台数=（15×1 000）÷50=300（台）

3）货位编号

货位编号就是货物存放位置的数字或字母代号,以方便查找和管理。一般用“四号定位”法编号,即库棚场号、货架或货垛号、层号和顺序号,对于货架或货垛比较多的储区,还可以分区并规定货区号。如编号 P3A5e24 表示货物在第 3 个货棚的 A 储区的第 5 个货架的第 5 层的第 24 个货格。

货位安排时还要明确一些基本的要求,如先进先出、重近轻远、重低轻高、出货频率对应等原则,出货快的、重量大的货物靠近通道或出货口放置,重量轻的货物放在货架上层。

7. 货物入库交接和登记

货物入库时和入库后,仓库管理员要办理货物入库有关交接事项,登录入库货物台账,制作并贴挂表示货位的货卡,建立进货档案,严密货物入库管理工作。

货物入库的有关交接事项首先是入库货物的再检验和确认,明确入库货物的数量和质量是否符合要求,并对照检验单、送货单及进货单,确认其内容的一致性,然后在送货单或交接清单上签字确认收货,并对收货异常情况如货物残损等提供相应单证或记录；其次是接受有关的进货入库资料、记录和单证,如物品使用手册、技术性图纸、货运和检验记录、检验单、磅码单等,以备查或建立进货档案使用。

入库货物台账是对入库货物的有关事项如名称、规格、数量、供应商、批次、货位号、送货人、经办人等及该类货物的累计入库量、结存量等的如实账面反映。

货卡又称货牌,是标记有货位号、物品名称、规格、数量等简明事项的卡片或牌子,一般粘贴或悬挂在货物下方或货架、货垛的显眼位置,方便存货管理和出货寻找。

建立进货档案是长期记录和保存入库的货物、供应商或送货人、货运车辆或司机的基本情况、资料和单证,以备历史性地分析进货所涉及的因素的情况,也可为以后的进货纠纷迅速地提供实在的佐证材料。

8. 货款结付

货物入库后，入库单、发票要交给财务部门据以登录财务账，完成货款和账务的支付和结清。付款的过程和时间有多种，可以于采购合同签订后、进货前付款，可以分批或分期付款，可以进货前预交部分货款、进货后再补齐余款，还可以进货后付款。付款的方式也有多种，可以直接支付现金，也可以从银行汇款或转账。付款的实现方式不同，财务记账方式也不同。若是现金付款，应记入现金日记账；如是预交款进货或进货后付款，则需分别记入预付账款和应付账款；多次进货还要做好账款累计。转账时要通知银行付款，接受、核查、保存银行转账记录，并通知供货商收款。

▷ 5.2 配送中心出货管理

5.2.1 配送中心出货管理概述

配送中心出货管理是销售管理的一部分，是根据客户订单要求，将货物从配送中心储货区拣取出来，经配装后送交客户的活动、过程和组织的管理。销售管理是涵盖客户和市场调查、开发和维系、促销、销售渠道开发和建设、达成交易、售后服务等销售有关活动、过程和组织的管理，其范围比较大。可见，配送中心的出货管理是销售管理中的货物实体移交客户的执行环节，其有效性对企业和商品形象及客户服务水平都有直接的影响。

配送中心出货管理涉及的环节有订单处理、拣货、补货、配货、装卸搬运、送货，以及与进货管理共同存在的理货，涉及的人员有订单处理员、仓管员、理货员或拣货员、各类装卸搬运工人、司机、送货员、信息员、会计员等，涉及的单证有订单或出货单、拣货单、补货单、送货单或货运单、出货检验单、磅码单（甚至装箱单）、汇款单、发票等，还有各类记录、货物技术性能使用等证明材料和文件（如销售合同、事故记录、外包发货方式下的货运合同等）。配送中心出货管理就是按照客户需要，组织各类出货人员，让货物在相应信息、单证、记录、材料等的配合下依照一定的程序实现合理移动。

1. 信息和单证的流转过程

配送中心出货管理涉及的信息和单证的流转过程在货运外包的情况下如图 5.7 所示。图中显示了信息和单证及其发出和接受的企业或部门，箭头表示信息和单证的流向。

具体过程为：销售部分别与客户、货运企业签订销售合同和运输合同，当信息中心收到订单或出货单（配送中心负责订货处理，则收到订单；总部负责订货，则配送中心接受总部传来的出货单）后，首先将订货和托运信息通知各部门，再处理转换成拣货单，并向货运企业提交托运单，拣货集中后经货运企业送货员验收形成检验单、磅码单甚至装箱单和装车单，货物配装后送货单和货运单分别交给送货员和司机，并在送交客户签字后收回，这时客户也要依据订货单对送货进行验收。最后通知财务部门负责接收汇款单、移交发票（当然许多时候是先收款、后送货的）。若拣货区货物量不能满足订货，还涉及从储货区向拣货区补货的补货单。

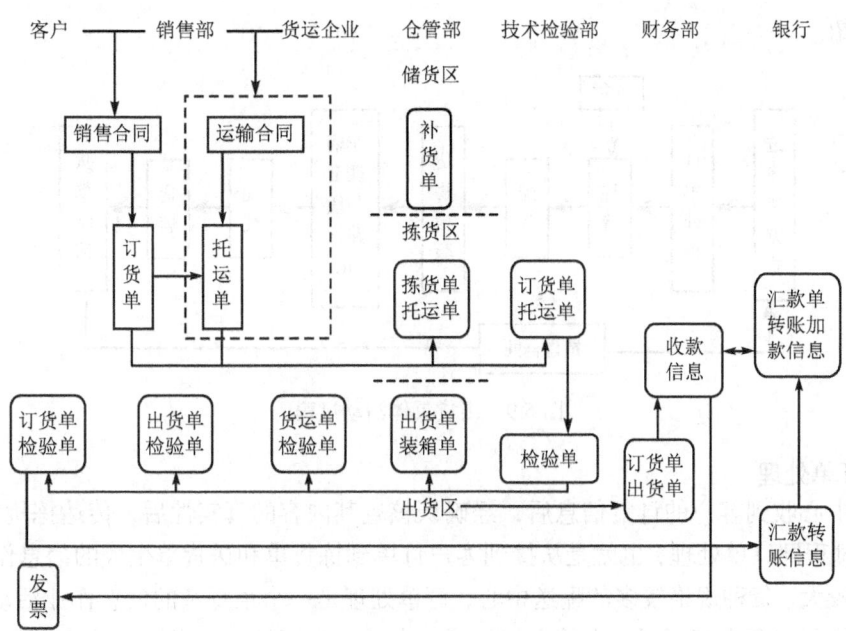

图 5.7 出货有关信息和单证的流转过程

2. 实物流转过程

配送中心出货管理所涉及的实物流转过程如图 5.8 所示。图中显示了与出货有关的企业或部门及其出货活动内容，箭头表示货物流向。具体过程为：拣货人员根据出货计划拣货，经配货、检验再配装后运至客户处，客户退换货根据责任划分分别移交货运企业或配送中心处理，拣货区存货量不足时还要从储货区补货。

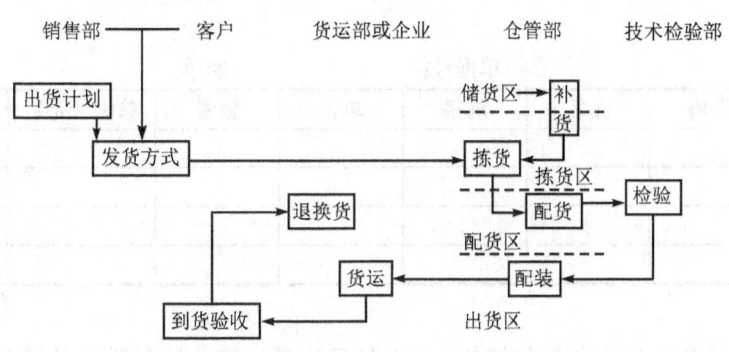

图 5.8 出货实物流转过程

5.2.2 配送中心出货的具体内容

配送中心出货的实体组织活动始于接受订单，终于货交客户，其间经过一系列信息和单证的传递、人员和设备的作用，形成一个多环节的实物移动过程，如图 5.9 所示。出货时应先明确销售合同内容和进发货方式，在接受订单并处理转换为拣货单后，拣货人员凭拣货单拣取对应货物，拣货区货量不足时从储货区补货，拣货集中后配货，然后进行货物检验、车辆调度和线路优化并配载装车，实施货运，最后结清货款。下面对其中几个环节

115

做简单介绍。

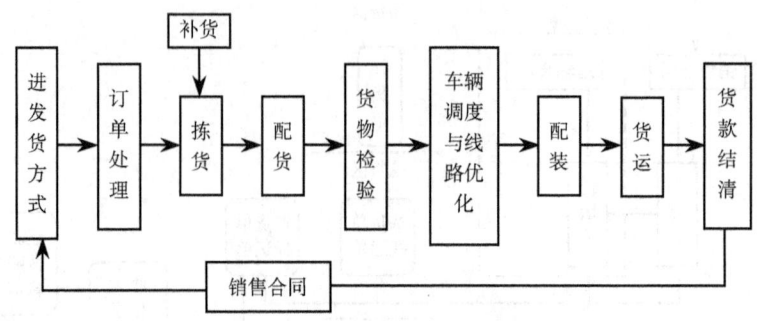

图 5.9　出货具体活动过程

1. 订单处理

配送中心收到客户的订货信息后，经确认核查其内容的真实性后，传达拣货和出货信息，这一过程即订单处理，也就是从接到客户订单到拣货单和送货单生成的信息作业过程。对于规模较大、货种规格较多的配送中心，订单处理是一个很复杂的信息作业活动。首先，客户的订货形式和内容不同，有的上门订货，有的口头订货，订货量、品种规格、送货时间等条件各不一样，订单的形式和内容也差别很大，但一般都包括订货商名称、地址、订货名、规格、数量、价格、交货时间和地点等，有的还包括合同性质的订货限制条款，订单的样式如表 5-1 所示；其次，客户的订单转换为拣货单也常常比较麻烦，需要在一定的时间点上将货种、数量归并后形成；最后，还要制作送货单并通知客户收货。

表 5.1　订货单

客户：　　　　　　　　　　　　　　　　　　　　　　联系电话：

送货地址：　　　　　　　　　　　　　　　　　　　　日期：

收款方式：　　　　　　　　　单据号：　　　　　　　制单：

序号	编码	品名	规格	单位	数量	单价（元）	金额（元）
1							
2							
3							
4							

合计：

订单处理可用手工或计算机完成。手工处理容易出错，效率低，书写内容也会出现模糊难以辨认的情况。对于存货量大、品种多及订货处理频繁的配送中心，现在一般采用计算机处理订单，借助计算机，能够实现订单格式的统一，客户可在格式统一的订单中填写订货信息，实现订货信息快速、准确地传递和转换，并通过辅助软件的开发和应用，实现合理、迅速地进行订单分批和订单分割。

为明确订货处理过程，可将其按发生顺序拆分成细微的活动与环节，如图 5.10 所示。具体程序为：配送中心接到订货信息并经证实和确认后，设立订单品类顺序号，然后查询存货量和品种，若有相应库存则安排拣货，并根据拣货时间安排送货时间和顺序；若库存不够，则和客户商议能否使用替代品交货；替代品交货不行时，看能否调整已经分配好的存货以满足该客户的订货要求；不能调整交货时，争取过期交货，不然只有放弃订单或部分订货量。

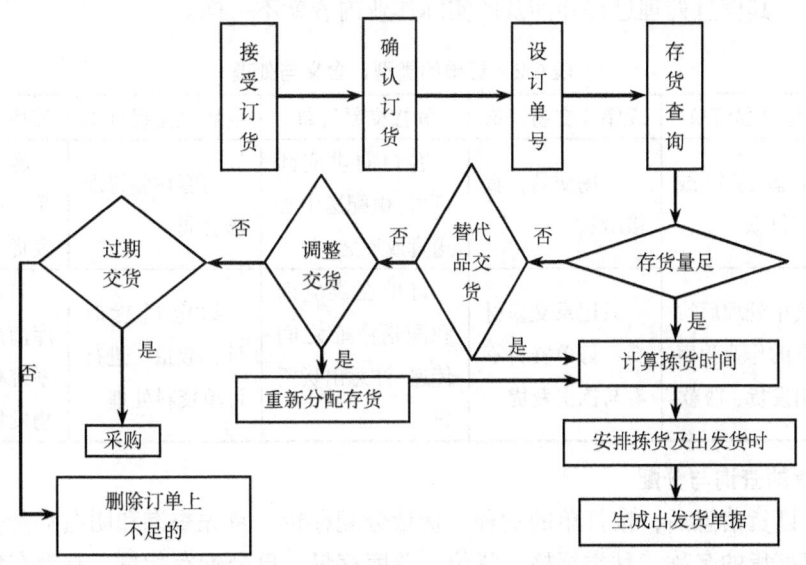

图 5.10　订单处理过程中的活动与环节

1）订货方式

订单处理开始于接受客户的订货信息，而客户订货信息的获得时间、地点和传递手段是多种多样的，有的在配送中心，有的在客户处，有时由人力完成，有的借助通信网络解决等，因此接受客户订货时要明确有哪些订货方式。订货方式根据不同的标准有不同的分类。

（1）根据订货的依据和次数，分为初次订货、长期销售或采购合同下的分次订货、多次订货 3 类。初次订货信息较复杂，而有长期合同或协议的订货信息可能只需按预定时间间隔照前处理就可以了。

（2）根据订货手段不同，可分为传统订货和电子订货。传统订货是指由人力完成的登门订货（指配送中心与客户间的彼此登门）和邮寄订货、电话订货、传真订货等。电子订货是指利用电子手段实现的订货，主要是指网络订货：通过登录供货商的网站，在订货版块完成订货信息的填写、转换、保存等活动。大型零售业的电子自动订货系统（EOS）非常便捷，它将门店销售时点管理系统（POS）提供的缺货信息通过专用网络实时传至配送中心完成订货。

（3）根据配送中心和客户订货的主动性不同可分为配送中心主动、客户主动、双方互动 3 种。订货主动性不一样，订货信息发出的时间、地点就不一样，信息处理的内容和过程也不一样。配送中心巡回送货为配送中心主动订货，客户登门订货为客户主动订货，而签有长期合同的订货常需双方互动收发订货信息。

2）订货的确认

配送中心接收到客户传来的订货信息后，要进一步对订购货物的信息及客户情况进行确认，以保证出发货的准确无误。货物信息的确认包括明确货物名称、规格、数量、价格、交货日期、加工包装形式等送货服务要求和订单类型；客户情况的确认主要是对客户的付款能力、付款时间、付款记录等的信用核查。这里主要说明订单类型，如表 5.2 所示，订单类型不同，其信息处理过程和涉及的实际作业内容就不一样。

表 5.2　订单的类型、含义与处理

类型	一般交易订单	现销式交易订单	间接交易订单	合约式交易订单	寄库式交易订单
含义	汇款订货或货到付款	当场交易，直接给货	客户向供应商订货，由配送中心送货或反之	与客户签订配送合同	客户预订商品，后根据要求发货
处理	接单处理后按正常的作业程序拣出发货、收款	只记录交易材料，订单资料不参与拣出发货	订单在供应商和配送中心之间传递，注意出货资料	约定送货时日、数量，进行订单资料处理	当客户要求寄库商品配送时，系统根据有无货物发货或拒发

3）存货的查询与分配

明确了订货信息后，按订单的货种、货量分配存货，首先查询和明白存货信息，即要知道待分配存货的名称、种类规格、货位、总库存量、已分配存货量、有效存货量、出货时间等情况，然后按订单要求分配对应的货种、货量，具体分配时可以一单一配，即对每一订单的货种、货量单独分配存货，也可以成批分配，即按照时间段、拣货行走或配送路线、流通加工的一致性等将多个订单集合为一批后统一分配存货。

4）计算拣货时间

经过存货查询和分配后，在拣货前，还要计算拣货过程所耗时间，以安排送货时间。拣货过程所耗时间可通过模拟拣货过程推算，首先得出用人力或设备进行每一货种的单元（一件、一箱、一托盘等）拣货标准时间，然后根据每一订单或每一批订单中的货种、货量得出拣货总时间。

5）出发货单证

订单处理过程涉及的单证主要是拣货单和送货单。配送中心在存货分配完毕后生成拣货单凭以拣货，在货物装车后通知客户发货信息的同时，生成送货单凭以交货。在缺货或延迟交货时，还要将缺货商品名称、数量和延迟交货种类、数量、时间等信息反馈给客户，在交货后还要将客户签字确认的送货单留存，并听取、记录和保存客户的订货、送货服务的反馈意见。

2. 拣货

拣货是依据客户订货信息生成的拣货单，将规定的货种、货量从其储位中拣取出来集中，等待配货装运的作业过程。很明显，拣货过程主要包括 3 个相互连接的作业活动：一是拣货指示，即根据拣货单制定拣货策略，安排拣货人员、设备工具、路径和出货储位与顺序；二是行走或搬运，通过人力或机械在货位与拣货后货物集中地之间的往返运动实现货物的位移；三是货物的确认和拣取，即在货位处辨别所取货物并将其从储位中拣取出来。

与拣货作业活动相对应，拣货时间也可以划分为如上的 3 部分。拣货的作业流程如图 5.11
所示。

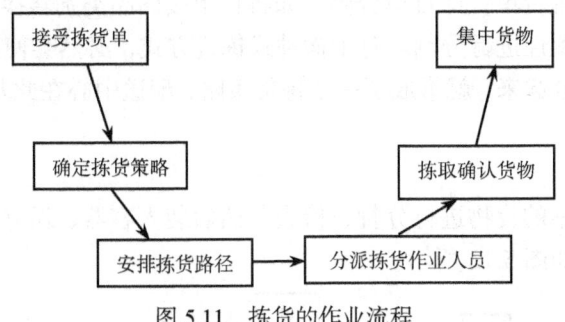

图 5.11　拣货的作业流程

在拣货流程中，重要的环节是确定拣货策略，也就是接到订单后拣货指示的形成、拣
货活动的准备工作。其他的活动环节一般较简单，或者已包含在拣货策略里面，如拣货路
径和人员、设备的安排。一般来说，拣货策略涉及 4 个方面，即拣货方式、拣货区分区、
订单分批和订单分割的选择或确定。

1）拣货方式

拣货有摘果式和播种式两种方式。摘果式拣货是按照单个订单拣取货物，将每张订单
所列示的货种、货量从相应的储区和货位上拣取出来集中，并对应订单分放。播种式拣货
是将多个订单上的货种、货量汇总后统一拣取出来，集中后再按各个订单分配货物。摘果
式拣货一单一拣，信息处理较简单，出货时间短，但人员和设备移动频繁；播种式拣货正
好相反。当拣货效率比较高、客户要求送货时间宽松时，可采用播种式拣货方式。

2）拣货区分区

配送中心的拣货区商品种类一般较多，大型零售业的配送中心多达几万种，商品外包
装形式也不一样，有托盘、箱、包、件等。面对大面积、多货种、包装形式多样的拣货区，
为便于识别商品和提高拣货效率，将拣货区根据不同的要求进行分区管理是非常必要的：
①根据商品大类分区，拣货时将属于同一大类的货物安排统一拣货。②根据拣货时的货物
包装单位分区，将拣货区分为托盘拣货区、箱装拣货区等。③根据货物的拣货次数和数量
分区，将拣货区分为频繁拣货区、一般拣货区等。④根据拣货人员负责的不同区域和货物
种类分区，在拣货时实行各负责人员分工合作，分别完成各自分区内的货物拣取。

为细化分区管理，可将以上的分区类型结合起来，如在商品大类分区内，再按包装单
位和出货频率分区，并分派专人负责。依据配送中心实际，拣货分区可简单或复杂。

3）订单分批

在出货时间允许的情况下，常常是在订单积累到一定的时间和数量后，再汇总转换为
拣货单集中拣货，即订单分批。依据分批的限制不同，订单分批主要有两种类型：①固定
时间分批，即将固定的时间段内收到的订单进行分批、汇总并安排拣货。当订单数量不多、
出货时间不紧急时，可考虑一日一分批，即次日汇总前一日的所有订单；当订单数量多、
出货时间紧急时，则可以缩短分批时间，每小时或几小时分批一次。②固定订单数量分批，
即等订单积累到规定的数量时进行订单分批。

4）订单分割

在订单转换为拣货单时，常根据拣货区分区情况，将一张或多张订单经过拆分和汇集后转换为一张或多张拣货单，即订单分割，如将订单按商品类别转换为各类别拣货单，或者按照拣货路径的一致性进行分割。对于播种式拣货方式，必然会使用订单分割。

以上 4 个方面结合起来，就形成了一个拣货策略，配送中心在此基础上发出拣货指令，指导拣货的整个过程。

3. 配货

配货是对拣取集中的货物进行分货、检查，然后装入容器、做好标示，等待装车的作业过程。其作业流程如图 5.12 所示。

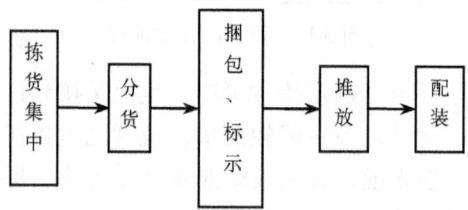

图 5.12　配货的作业流程

分货是把拣货集中的货物按所属客户或配送行走路线进行分配或分类的活动，如图 5.13 所示。经分货后，货物被分类摆放，处于有序状态。分货完毕的货物，常要改变外包装单位，使其符合运输要求，即要经过放置、捆扎、裹包等操作，将货物置入更大的容器如托盘、箱中，或者变形为捆、包等形式，易于货物的装卸搬运。货物的外包装做好后，还要在外包装上印刷运输标志。运输标志包括文字和图形两部分，文字说明商品名称、产地、规格、收货人、发货人等送货基本情况；图形有注意性标志和警告性标志两种，分别提示货物装卸移动时的注意事项（如易碎、防潮等）和货物的危险性（如爆炸品、腐蚀品等）。

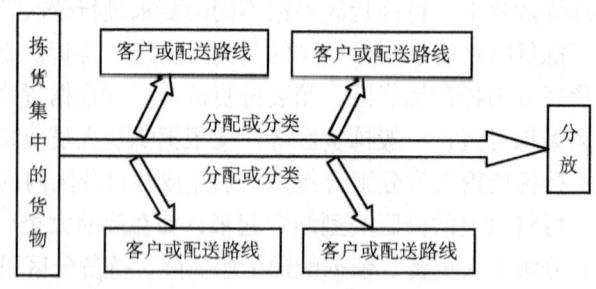

图 5.13　分货的作业流程

4. 补货

补货发生在储货区与拣货区之间，是将货物从存货区移至拣货区的作业过程。当拣货区某一货种的存量降至一定水平的时候，就要从储货区补货。补货时关键要注意补货单位和补货时间的选择。

（1）补货单位一般采用托盘、桶或箱等容器或大包装的形式，这样就存在一个问题：

拣货区拣货后出现的空置容器如空托盘、空桶等如何收回和循环。解决方法一般是在补货的同时，将拣货区的空容器载回储货区周转使用。

（2）补货时间可以根据拣货区货物储量和出货量的多少及出货的频繁程度与时间安排，可以在拣货区存货量降到一定程度时补货，也可以在固定时间（如一天或几小时）补货一次，还可以随机补货，即一旦发现拣货区缺货就马上补货。

5. 配装

货物经配货并按客户或配送行走路线分放后，接下来要配装。简单地说，配装就是配载装车。配载是对装车货物的种类、数量、体积、重量等的概念性设计和搭配，以使货车的载重量和容积都得到充分利用，不亏载。对配载后的货物实施装车活动就是配装过程。装车后的货物位置关系与状态称为积载。

可见，货物的配装主要是注意两个方面的基本要求：一是货物必须合理配载，充分利用货车的载重量和容积；二是货物的合理积载，安排好货物的车内堆放位置。这要求在装车时考虑许多影响因素，主要是货物性质、车辆类型和客户情况。货物性质包括货物的形状、数量、体积、硬度等物理性质和湿度、温度、危险性等化学性质。货物性质影响配装，如易串味物品不可搭配装车，易碎品不可积载。车辆类型包括车型（如是专用车还是普通车）、载重量、容积等，如当送货量大、仅有中小型车时，只能多次配装。客户情况包括客户的地理位置和要货时间，距离近、交通条件好、要货紧急的客户，一般先交货，为便于卸货和避免不必要的货物挪移，应将此类客户的要货放在货车的上层；如果情形相反，则放在下层。

具体安排配装时，对于在积载上没有特别要求的一般货物，如果不考虑货物的卸载顺序和累放限制等，常常可以根据经验判断，或者用较精密的数学计算方法来安排。

一种货物的配装比较简单，只需选择容积和载重均可承受的车辆，并且将其容积和载重量尽量利用完。两种货物的配装，可用简单的计算实现。假设车辆的车厢容积为 V，载重量为 W，要装载容重分别为 R_a 和 R_b 的两种货物，要使车辆的载重量和车厢容积均被充分利用，可通过以下计算得以实现。

设两种货物的配装重量分别为 W_a 和 W_b，单件重量分别为 $W_{a单}$ 和 $W_{b单}$，则：

$$\begin{cases} W_a + W_b = W \\ W_a / R_a + W_b / R_b = V \end{cases}$$

求解得

$$\begin{cases} W_a = \dfrac{VR_aR_b - WR_a}{R_b - R_a} \\ W_b = \dfrac{VR_aR_b - WR_b}{R_a - R_b} \end{cases}$$

并且

$$货物数量\, X_a = W_a / W_{a单}$$

$$货物数量\ X_b = W_b / W_{b\text{单}}$$

两种以上货物的配装，根据经验，一般是先从中选出容重最大和最小的两种货物配装，再在其余种类货物中选择容重次大和次小的两种货物配装剩余的车辆载重和空间，以此类推得到配装结果。也可以用运筹学或其他的数学方法实现，如动态规划法，但此方法一般较复杂，在此不做介绍，读者可参阅有关书籍。

需注意的是，以上介绍的两种及两种以上货物的配装方法在使用时是有许多前提条件的，其应用有一定的局限性，如果配装考虑货物的性质、卸货先后顺序等，则不适用。

6. 货运

货物配装完毕，车辆就开始了运输过程，并完成货物移交。货运过程管理主要包括两个方面：运行中的车辆和货物管理、送货服务管理。通过货运过程管理，能够保证客户要求的信息和其他的送货服务得到实现，加强对运输活动的控制。

送货运行中车辆行驶到什么地方、车辆状态是否正常、装载率如何等信息，要求司乘人员和车辆调度中心能够实时联系沟通，这样既能解决货运中司乘人员遇到的困难和问题，又能使配送中心随时掌握车辆运行状态，发出货运指示，如送货客户改变的路途中通知、车辆空载时回程载货等。有的大规模配送中心将全球定位系统（GPS）和地理信息系统（GIS）结合起来，进行车辆运行管理。

货运中货物的状态、所在地点、送货时间等信息情况，是配送中心和客户都必须了解的。客户可以通过互联网登录货物跟踪管理信息系统查询获得货物在途信息，提前做好接收货物的准备工作。

货运的客户服务包括货物在途信息的提供、到货后货物和单证等手续的交接两方面。到货后首先要卸货，为方便起见，应在装车时就设计好如何卸车，然后耐心配合客户验收，一一指明货物构件和配件种类和数量。如果货物需要安装测试，还要进行讲解和指导。在此过程中，要将货物使用手册、技术资料等移交客户，将货运单或送货单交客户签字后收回。

7. 货款结清

交货后货款可由司乘人员收回，现在多用银行转账方式实现货款的快速、安全交付。接到货款后，配送中心和总部财务部门要进行相应的账面处理，登记已收账款，销去对应的应收账款，还要将客户付款情况记录存档，包括付款时间、方式、条件、金额及拖欠情况等，备做以后订货的信用情况考查。

8. 理货

除以上环节，配送中心还有一个环节，即理货。不同的行业和企业对理货含义的理解差别很大。零售业卖场里的理货员的职责是陈列商品和货架补货，小的货运公司的理货业务是拆装箱、清点货物数量，而大型的专门的理货公司的经营范围要宽泛得多，如我国的中联理货有限公司是经交通运输部批准成立的全国性理货公司，在全国主要的港口、河道设立了许多理货分公司，主要提供水上货物运输的丈量、计量、监装监卸、货损检定等理货服务，具体业务包括杂货船舶的理货业务、集装箱船舶的理箱业务、集装箱装拆箱理货业务、货物尺码丈量业务、散装货物计量业务、监装监卸业务和货损箱损鉴定业务等。可见，理货可以是一些简单的货物处理活动，还可以是一个有丰厚利润的大产业。

作为配送中心作业的一个环节或功能，理货也存在狭义和广义两种含义。狭义的理货仅指储货区的货物上下架或堆拆垛及相应的数量和品质检查。广义的理货应该贯穿于货物出入配送中心始终，分散在其他的配送中心作业环节中，是在出入库和储存的过程中，根据订单、运单、送货单和仓储规章制度，对货物清点数量、质量检查、排分货位、分类分拣和出入库手续交接的作业活动。为了充分发挥理货的作用，应该从广义的角度安排理货，使这些活动有固定的组织或人员负责开展，以提高效率、减少差错和便于追责。

按照广义的理解，配送中心的理货过程中主要的作业活动有：清点数量；查验重量、尺度；检验外观状态；剔出残损；货物分拣；安排货位；指挥货物上下架、堆拆垛作业，处理事故；在库货物验查；办理交接。这些理货活动总体来看又可以分为货物处理和单证记录的反映与交接两大类。理货的货物处理活动，不增加商品的任何价值，徒增成本，还易造成货物损伤，却是对进货或储货货物状态把关及货物移动时所必需的。认真开具单证，详细地做好各种记录，也是解决纠纷、划分责任、建立档案和理货工作总结所需要的。

 案例分析

上海现代物流公司配送中心的出入货

上海现代物流投资发展有限公司（以下简称上海现代物流公司）隶属上海百联集团，其配送中心出入库作业借助于 RFID 技术实现了快速的出入货。

（1）入库操作。利用 RFID 技术进行货物的自动识别，上架路线的计算和引导，上架货位的校验与跟踪，搬运设备的定位、跟踪、导航，周转器具的自动入库登记，并可与周边系统结合进行单证自动打印和相关信息的自动发布等。

（2）出库操作。利用 RFID 技术进行拣货货物、货位、数量的自动识别与校验，执行情况监控与任务再分配，装车指示及跟踪校验，周转器具的自动出库登记，并可通过周边系统进行单证自动打印和相关信息的自动发布等。

（3）库内移动。利用 RFID 技术进行货物、周转器具的自动识别，移出、移入库位的跟踪校验等。

（4）盘点。利用 RFID 技术进行盘点库位的指引与到位检查（特别是立体库位的高位），货物、货位自动识别，数量自动校验（箱级和单品级应用时）等。

此外，还将 RFID 与三维图像技术相结合，实时监控仓库内的作业情况，方便管理人员调度及合理分配工作，提高配送中心整体的运作效率，同时对于操作人员的违规行为也可及时报警，避免误操作造成的业务混乱或事故发生。

？ 思考题

1. 结合案例，基于 RFID 技术的上海现代物流公司配送中心有哪些基本作业？这些作业有什么特点？

2. 试画出上海现代物流公司配送中心作业的基本流程图。

复习思考题

1．简述进货管理、出货管理的含义，分析做好进出货管理对配送中心经营的意义。

2．陈述进货管理或出货管理中所涉及的单证和人员类型，并针对一个小型的配送中心（人员不多，要一人承担多种角色），设置进货管理或出货管理的人员组成及其承担的角色和处理的单证。

3．你对理货是怎么理解的？试到附近的理货公司或货运公司调查，明确理货的意义。

4．某仓库某次需运输水泥和玻璃两种货物，水泥和玻璃的容重分别为 1.1 吨/立方米和0.625 吨/立方米，计划使用的车辆为 11 吨，车厢容积为 15 立方米，试问如何装载才能使车辆的载重能力和车厢容积都被充分利用？

 实训题

实训目的：

1．明确配送中心进出货所需的单证、记录和人员的一般类型、内容、格式与职责。

2．熟悉配送中心进出货信息单证的一般发生与流转过程。

3．熟悉配送中心进出货实物流转的一般环节和过程。

实训要求：

1．选择配送中心的类型和规模。

2．预知配送中心的组织结构和进出货涉及的一般责任部门。

3．设定适当的单证、记录的格式与内容，安排适当的进出货责任人角色，配备现场实物（可模拟）如货物、单证、设施、设备、用具等。

实训操作与规范：

1．设计某类型配送中心进出货作业和信息流程（最好经实地调查后设计）。

2．分析该配送中心进出货所需的信息单证类型和各环节责任人。

3．拟订信息和单证的格式和内容，安排各环节活动。

4．选定信息和单证的处理和各作业环节活动的责任人员。

5．根据信息和实物流程模拟展开进出货的信息和实物流转过程。

6．最后分析和感受影响配送中心进出货效率和效果的主要因素。

7．实训时可以将一个班分成几个小组，各小组按照兴趣选择适当的配送中心类型。

实训硬件设备准备：

1．各种单证如订货单、进货单、托运单、货运单、检验单、入库单、退换货单等。

2．各种证明如货物合格或等级证明，货物使用操作的指示、说明和图纸等资料，货物的入库记账，财务部门和相关银行的付款、转账账单和证明，购销合同和运输合同等。

3．各种记录如货运记录、装卸记录、检验记录、入库记录、付款记录、供应商和各类责任人的记录、事故记录等。

4．进出货场所和部门如采购部、货运部、仓管部、检验科、信息中心、客户和供应商等的设定。

5．各种设备器具如计算机（装有进存出管理软件）、扫描仪、拖车、输送带、拣货机、货架、计量测试器具等。

实训资料：

1．本章关于配送中心进出货的信息、单证和实物流转的内容。

2．实地调查的配送中心的组织结构、部门设置、信息单证和实物流转环节等知识。

3．网络、报刊等媒体的配送中心进出货组织过程相关报道。

 推荐阅读材料

1．王海燕，孙涛. 食品冷链物流配送中心作业流程仿真与优化[J]. 物流技术，2016(10)：92-97.

2．尹文专. 东风汽车零部件十堰仓库作业优化项目分析[J]. 物流技术，2015(4)：196-198.

3．Kiva 自动化系统在医药配送中心的应用分析。

http://qikan.cqvip.com/article/read.aspx?id=668151839&from=article

4．京东智慧物流中心。

http://tv.sohu.com/20160919/n468697853.shtml

5．电商配送中心拣货作业优化研究。

http://qikan.cqvip.com/article/read.aspx?id=670210359&from=article

6．配送中心分拣系统优化研究。

http://qikan.cqvip.com/article/read.aspx?id=669963634&from=article

7．基于物联网的超市配送中心业务流程再造（BPR）设计。

http://qikan.cqvip.com/article/read.aspx?id=669278937&from=article

第6章

配送中心配送管理

学 习 目 标

- 熟悉配送中心的主要配送模式；
- 了解配送中心配送作业计划的种类，理解配送作业的一般流程，理解配送计划的制订及其决策因素；
- 熟悉配送路线选择的目标和常见的约束条件，掌握节约里程法的核心思想及其算法；
- 了解配送作业合理化的标志，熟悉不合理配送的常见表现形式及配送合理化的常见方法。

引导案例

两种不同配送模式的管理要点

1. A、B公司两种不同的配送管理模式

A公司具有一定规模，市区网络健全，业务辐射多家酒店、超市、便利店，公司管理体制也比较成熟，有一整套关于配送人员、车辆管理的规章制度。公司把市区划分为多个业务区域，每个业务员配备一辆送货车，全权负责一个区域的配送业务，包括前期的客户开发、后期的市场服务，都由此业务员完成。公司每月给业务员下达定额任务，工资待遇为底薪加提成，全额报销燃油费、车辆保养费。通过这种方式，A公司的业绩明显提升，业务员间的关系也很融洽。但这期间也不断出现问题：买车、养车费用太高，业务员借机多报油费；更有甚者积累了一定的客户资源后另起炉灶，令A公司大伤脑筋。

B公司规模中等，有20多名员工，3辆送货车，流通和餐饮终端都处于启动阶段，大部分员工被派去跑业务，只留3个司机负责开车送货，全部管理工作由老板一人负责。B公司老板说："我这儿的司机只管开好车，别让警察开罚单就行！"送货的司机是省心了，可B公司老板自己却不省心，遇到销售旺季，安排货源、派车送货、与客户沟通，忙得不亦乐乎，一顿饭的工夫接3个电话。客户也是满腹牢骚，纷纷投诉司机态度不好或送货不及时。

以上两种配送方式在现实生活中都具有代表性，各有其优缺点。

❓ **思考题**

1．针对 A、B 两公司两种配送模式的现状，请你提出改进建议。

2．能否提出一种与 A、B 两公司不同的配送管理模式？

配送中心配送运作的目标是根据客户所需，以最低的费用和最快的速度，将货物按时送达指定的地点。为了实现这个目标，就需要编制科学的配送作业计划，选择优化的配送车辆路线，将货物以合理的方式交付给客户，从而实现配送系统的最终优化配置。

6.1 配送中心的配送模式

配送模式是指构成配送运动的诸要素的组合形态及其运动的标准样式。配送模式是适应经济发展需要并根据配送对象的性质、特点及工艺流程，经过反复实践而确定下来的。不同种类的货物的配送模式不同；同一种类的货物，在不同的市场环境下的配送模式也不一样。尽管如此，作为一项特殊的物流活动，配送所包括的基本要素及其运动规律却是完全相同的，并由此构成了配送的基本模式。正确地选择配送模式和服务方式，对配送中心改善配送效果、提高配送系统的效率和效益有着重要意义。

根据不同的分类标准，配送中心的配送模式可分为以下几种。

1．按配送的途径和功能分类

（1）储存配送。储存配送模式是指在配送中心储存货物，然后根据客户需要对储存货物进行配送。这是一种最典型的配送模式，该模式的重点是确定系统中的合理库存、优化配送路线和通过配货配载来提高运输工具的利用率。一般来说，储存配送模式库存集中，有利于组织共同配送，规模效益好；有利于物品的综合调度，降低系统库存。该模式缩短了客户到供货点的距离，缩短了客户的提前期，可以使客户的库存显著降低。

（2）转运配送。在该配送模式中，配送中心不具有专门的存储功能，类似于一个转运站。货物从供应商到达配送中心后，迅速分拣、转移到客户或零售点上，货物在配送中心停留的时间一般不超过 12 小时。这种模式下，库存物品主要分散在客户和零售店，配送中心的仓库保管费用少。但由于库存分散，无法利用风险分担效应来降低系统库存量，系统的总库存量可能变大。采用这种配送模式，必须有先进的信息系统和快速反应的运输系统，保证能有效地预测需求，并能及时地采用转运策略进行终端销售点上的货物转运。沃尔玛就是运用这种配送模式的典范。

（3）流通加工配送。流通加工配送是指为了促进销售、方便客户，或是为了提高物流效率，在配送中心对物品进行生产辅助性的加工后再进行配送。该模式要求配送中心必须有较强的流通加工能力。流通加工的内容包括分割、包装、计量、检验、贴标等。由于加工的对象和加工目的不同，流通加工的具体内容是多种多样的，如金属套裁、玻璃剪切、木材下料、水泥搅拌、食品冷冻保鲜、蔬菜清洗加工等。

从提高物流效率的角度看，流通加工是进行合理化配送的重要条件，因此流通加工一般在配送环节之前进行，二者的关系十分密切。流通加工有利于实现小批量、多批次的配送，有利于降低客户库存或实现零库存配送，有利于提高运输工具的配载和装卸效率。

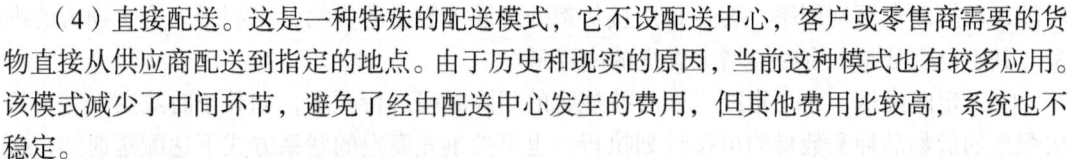

（4）直接配送。这是一种特殊的配送模式，它不设配送中心，客户或零售商需要的货物直接从供应商配送到指定的地点。由于历史和现实的原因，当前这种模式也有较多应用。该模式减少了中间环节，避免了经由配送中心发生的费用，但其他费用比较高，系统也不稳定。

2．按配送货物的种类和数量分类

（1）少品种或单品种、大批量配送。当客户所需的货物品种单一或较少，需要量较大、较稳定时，可实行此种配送模式。这种配送模式多被生产企业或专业性很强的配送中心采用，把货物直送客户。由于配送量大、品种单一或较少，不必与其他货物配装，可使用整车运输，提高车辆利用率，而且配送中心内部的组织工作也较简单，故这种配送成本一般较低。

（2）多品种、少批量、多批次配送。该配送模式是指配送中心按客户要求，将所需的各种货物配备齐全，凑整装车后送达客户。这种配送模式使用的设备较复杂，计划难度大，需要有高水平的组织工作保证和配合。这是一种高水平、高技术的配送方式，符合现代"消费多样化"、"需求多样化"的新观念。

（3）设备成套、配套配送。该模式是指配送中心为满足企业的生产需要，按其生产进度，将装配的各种零配件、部件、成套设备定时送达生产线进行组装的一种配送形式，这种配送方式可使生产企业专门致力于生产，常用于工业型配送中心。

3．按配送专业化程度分类

（1）综合配送。该模式是指配送中心需要配送的货物种类较多，不同专业领域的货物通过一个配送中心组织配送。综合配送可以减少客户为组织所需全部货物进货的负担，对客户的服务性和支撑性较强。由于货物性能、形状差别很大，在组织配送时技术难度较大，因此，一般只是在性能、形状相同或相近的不同类货物方面实行综合配送，差别过大的货物难以综合化。

（2）专业配送。该配送模式是指根据货物性质和状态的不同来划分专业领域的配送方式。专业配送有其自身的特点：配送中心可以按专业的共同要求优化配送设施，合理配备作业机械和配送车辆，制定适用性强的工艺流程，从而提高配送效率。这种配送模式有生产制造零部件配送、农副产品配送、钢材加工配送、电器配送、烟草配送等。

（3）共同配送。配送中心的共同配送，主要有 3 种形式：①由一个配送中心对多家客户分别进行配送服务。②一个配送中心在送货环节上将多家客户的待送货物混载于同一辆车上，然后分别送达客户指定的目的地。③由几个中小型配送中心联合起来，分工合作，对某一地区客户进行配送，该形式主要是针对某一地区的客户所需货物数量较少且使用车辆不满载、配送车辆利用率不高等情况。

4．按配送时间和数量分类

（1）定量配送。它是指配送中心每次按固定的数量（包括货物的品种）在指定的时间范围内进行配送。定量配送的计划性强，每次配送的货物品种、数量固定，备货工作简单；可以按托盘、集装箱及车辆的装载能力规定配送的定量，能有效利用托盘、集装箱等集装方式，配送效率较高，成本较低；由于时间不严格限定，可以将不同客户所需货物凑整车后配送，提高车辆利用率，客户每次接货都处理同等数量的货物，有利于人力、物力的准备。其不足之处是，有时会增大客户的库存量。

（2）定时配送。它是指配送中心按规定的间隔时间进行配送，如数小时或数天等，每次配送的货物品种和数量均可按计划执行，也可按事先商定的联系方式下达配送通知，按客户要求的品种、数量和时间进行配送。这种模式由于时间固定，易于安排工作计划，客户也易于安排接货。但是，由于备货的要求下达较晚，配货、配装难度较大，在配送数量变化较大时，会使配送计划安排出现困难。

日配模式是定时配送的典型模式，尤其在城市内的配送，日配模式占了绝大部分比例。日配模式的时间要求大体上是上午订货下午可送达，下午订货第二天早上送达，送达时间在订货后 24 小时之内。新鲜食品的销售、小型商店的随进随售、储存设施不足的企业等，常采用日配模式，它们一般只保留一天的库存量。

（3）准时（JIT）配送。它是指配送中心根据约定，使配送供货与企业生产保持同步的一种方式。这种模式比日配模式更为精细准确，配送每天至少一次，甚至几次，以保证企业生产的不间断。这种模式追求的是供货时间恰好是客户生产之时，货物不需在客户仓库中停留，而直接运往生产场地，利于实现生产企业的"零库存"。它适合装配型重复大量生产的客户。准时配送方式要求配送中心要有很高的运作管理水平和较好的配送系统来做保障。

（4）定时定量配送。它是指配送中心按规定时间和规定的货物品种及数量进行配送。它结合了定时配送和定量配送的特点，服务质量较高，但组织工作难度增加，因此，通常针对产量大且稳定的固定客户进行这项服务。

（5）定时定量定点配送。它是指配送中心按照确定的周期、确定的货物品种和数量、确定的客户进行配送。这种配送模式一般事先由配送中心与客户签订协议，双方严格按协议执行。它有利于保证重点需要和降低企业库存，主要适用于重点企业和重点项目。

（6）定时定线配送。它是指配送中心在规定的运行路线上制定到达时间表，按运行时间表进行配送，客户可按规定路线及规定时间接货。采用这种配送方式有利于安排车辆和驾驶人员，在配送客户较多的地区，配送工作组织相对容易；客户既可在一定路线、一定时间进行选择，又可有计划地安排接货力量。一般连锁企业的货物配送活动可以采用这种方式。

（7）即时（随时）配送。即时配送即随要随送，指配送中心按照客户提出的时间和货物品种、数量的要求，随即进行配送。这种配送模式是对其他配送模式的完善和补充，主要是为了满足客户由于事故、灾害、生产计划突然改变等所导致的突发性需要及普通消费者的临时性需求而采用的高度灵活的应急配送方式。大型配送中心要想保持自己的经营地位，通过满足客户急需来形成自己的优势，从而赢得客户的信赖，就应当具备这种应急能力。当然，这种配送模式成本较高，不宜经常采用。

6.2 配送作业计划

配送作业对配送中心来说是非常重要的。一方面，由于在物流运作中配送的费用比例

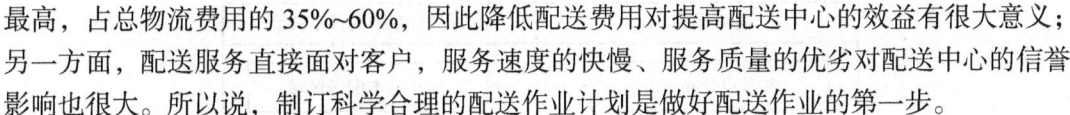

最高，占总物流费用的 35%~60%，因此降低配送费用对提高配送中心的效益有很大意义；另一方面，配送服务直接面对客户，服务速度的快慢、服务质量的优劣对配送中心的信誉影响也很大。所以说，制订科学合理的配送作业计划是做好配送作业的第一步。

6.2.1　配送计划的种类

配送中心的配送计划一般包括配送主计划、日配送计划和特殊配送计划。

配送主计划，是指针对未来一定时期内，对已知的客户需求进行前期的配送规划，便于对车辆、人员、支出等做统筹安排，以满足客户的需要。例如，为迎接家电行业每年 3~7 月空调销售旺季的到来，配送中心可以提前根据各个客户上一年的销售情况及本年的预测情况，预测本年空调销售旺季的配送需求量，并据此制订空调销售旺季的配送主计划，提前安排车辆、人员等，以保证销售任务完成。

日配送计划，是指配送中心逐日进行实际配送作业的调度计划，如订单增减、取消、配送任务细分、时间安排、车辆调度等。制订日配送计划的目的是使配送作业有章可循，成为例行事务，做到忙中有序。与配送主计划相比，配送中心的日配送计划更具体、更频繁。

特殊配送计划，是指配送中心针对突发事件或不在主计划规划范围内的配送业务，或者不影响正常性每日配送业务所做的计划。它是配送主计划和日配送计划的必要补充。例如，空调在特定商场进行促销活动，可能会导致短期内配送需求量突然增加，这都需要制订特殊的配送计划，增强配送业务的柔性，提高服务水平。

6.2.2　作业计划的制订

在配送中心配送作业计划的制订过程中，要考虑许多静态和动态的决策影响因素。静态因素如配送客户的分布区域、道路交通网路、车辆通行限制（单行道、禁止转弯、禁止货车进入等）、送达时间的要求等；动态因素如车流量变化、道路施工、配送客户的变动、可供调度车辆的变动等。这些影响因素是配送作业计划的制订及决策过程中最需要去分析与整合的部分。

虽然对于不同的配送中心，不同的计划种类，不同的客户和货物性质，这些影响因素可能有所不同，但配送计划的制订及决策的影响因素，大体上是一致的，如图 6.1 所示。

（1）划分基本配送区域。这是整个配送作业需要遵循的基础，配送中心通常要先根据客户所在地点的远近、关联情况做区域上的基本划分，如按城市产业聚集区域或行政区域等划分。

（2）确定配送批次。当配送中心配送的货物性质差异很大，有必要分开配送时，需按每订单的货物特性进行划分。例如，生鲜品与一般食品的运送工具不同，应分批配送；化学物品与日常用品的配送条件有差异，也需将其分开配送，等等。

（3）暂定配送先后顺序。在客户要求的时间准时送货非常必要，因此在考虑其他因素做出确定的配送顺序前，应先根据各个客户要求的交货时间将配送作业的先后次序做出大致安排。

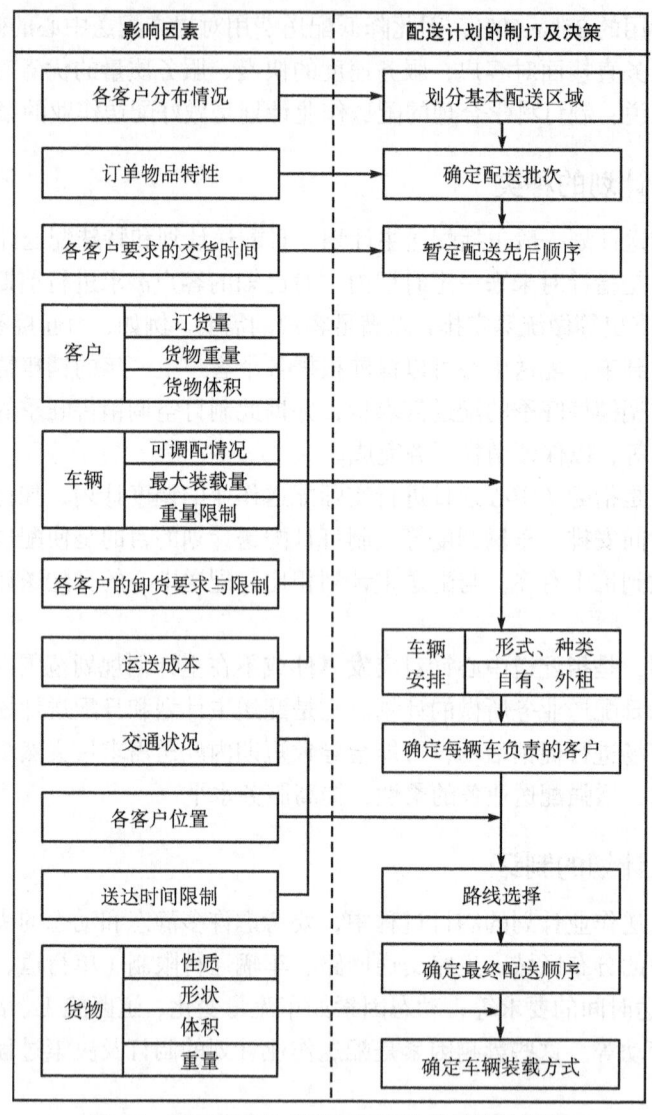

图 6.1　配送作业计划的制订及决策的影响因素

（4）车辆安排。究竟要安排什么类型的配送车辆，如是使用自有车辆还是外租车辆，需根据客户、车辆及成本等因素综合考虑。在客户方面，要知道各客户的订货量、订货体积和重量及客户点的卸货情况；在车辆方面，要知道到底有哪些车辆可供调派，以及这些车辆的装载量与重量限制；在成本方面，必须根据自有车辆的成本结构及外租车辆的计价方式来考虑选择哪种较划算。只有结合这 3 个方面的信息，才能做出最合适的车辆安排。

（5）确定每辆车负责的客户。配送车辆安排好了，每辆车所负责的客户自然也就随之确定了。

（6）路线选择。知道每辆车负责的客户点后，要想以最快的速度完成这些客户点的配送，就需根据各客户点的位置关联性及交通状况来做路线的选择。除此之外，对于有些客户或客户所处环境有送达时间的限制等因素也需考虑，如有些客户不愿中午收货，或者有些道路在高峰时期不准卡车进入等。

（7）确定最终配送顺序。做好车辆的调配安排及配送路径的选择后，依据各车辆的配送路径先后，即可确定各客户的最终配送顺序。

（8）确定车辆装载方式。确定了客户的配送顺序后，接下来就是如何将货物装车，以什么次序装车的问题。原则上，知道了客户的配送顺序先后，只要将货物按照"后送达先上车"的顺序装车即可，但有时为妥善利用车辆空间，可能还需考虑货物的性质（怕震、怕撞、怕湿）、形状、容积及重量等灵活摆放。此外，对于这些货物的装卸方式也有必要按照货物的性质、形状等来决定。

在配送作业计划的制订及决策过程中，必须注意的要点在于：订单内容的检查；订单紧急程度的确认；送货地点的确认；配送路线的选择与优化；货物送至客户手中所需时间的估计；考虑装卸货时间以做调整；出发时刻调整；配送手段的选定；不同路径的货物重量、个数、体积确认；配送费用。

 6.3　配送路线选择

6.3.1　配送路线选择的目标和约束条件

配送路线是指配送中心的送货车辆向各个客户送货时所经过的路线。配送路线合理与否对配送速度、配送成本等都有直接的影响。在配送管理过程中，我们的任务就是要设计一条（或多条）合理的配送路线，既能够保证将客户所需货物及时准确、按质按量送达，又能节约车辆，节省费用，缓解交通压力，减少环境污染。

1．配送路线选择的目标

根据客户的具体要求、配送中心的实力及所处环境的客观条件，配送中心配送路线规划的目标可以有多种选择：①以效益最大化为目标，即利润最大化目标。②以成本最小化为目标。③以路程最短为目标，当配送成本与路程的相关性较强，而与其他因素的相关性较弱时，可以简化处理，以路程最短目标。④以货运周转量（吨公里）最小为目标。⑤其他目标，如准确性最好、劳动消耗最低、运力利用最合理等目标。

2．配送路线选择的约束条件

在配送运作过程中，存在着各种各样的约束条件。从客户角度考虑，有对货物品种、规格、数量的要求，对货物送达时间范围的要求等；从配送中心自身考虑，有车辆载重和车辆容积的约束，有最大行驶距离和最长行驶时间的约束等；从外部周边环境角度考虑，有道路时间限制和道路区间禁行的约束，有道路施工和交通堵塞等影响。这些约束条件在确定配送路线时都必须充分考虑。

6.3.2　配送路线选择的方法

由于配送作业中存在着多个目标和多种约束，因此配送路线的确定有一定的复杂性，一般要综合多种方法，采用多种数学工具，对于大型配送作业，常常要借助计算机才能够得到满意的配送路线方案。常见的配送路线问题有旅行商问题(Traveling Salesman Problem,

TSP）、中国邮递员问题（Chinese Postman Problem，CPP）、"一笔画"问题（drawing by one line）等；求解方法一般有枚举法、最近邻点法（nearest neighbor）、最近插入法（nearest insertion）、节约里程法（saving algorithm）、扫描算法（sweep algorithm）、改进-交换法等。

本节重点介绍配送中心最常见的一种配送路线选择问题，即由一个配送中心向多个客户（或网点）配送货物。在日常生活和生产实践中，类似的问题有很多。例如，一个中心货场需向几个客户运送货物，每个客户对货物有一定的需求，运送货物的车辆在货场装满货后发出，把货送到各客户处，完成任务后返回货场，如何确定满足客户需求的费用最小的车辆行驶线路？又如，若干厂家生产的一些产品，需要运到中心仓库，车辆从中心仓库出发，到各厂家去装货，装满后返回，在满足厂家发货要求的情况下，按什么线路行驶，可使总费用最少？

对于这些问题，一般可以描述为：有一个配送中心，拥有载重量分别为 W_i 的多辆车，有 M 项配送任务需要完成，第 m（$m \in M$）项任务的货运量为 G_m（$G_m \leqslant W_i$），希望求出一个合理的配送路线方案，既能满足客户的配送需求，又能满足配送中心的配送目标。

结合前述不同的约束条件（如时间约束、路段约束等），得到不同的具体问题，可以选择上述不同的求解方法。本节仅介绍常用的节约里程法，其他方法请查阅相关资料。

节约里程法，又叫 C-W 节约算法，是在旅行商问题的基础上提出的一种简单易行的启发式算法，其目标是使配送作业的总的货运周转量（吨公里）最小。使用该算法一般来说要满足以下条件：①配送的是同一种或类似的货物。②各客户的位置和需求量已知。③配送中心有足够的运力，能满足所有客户的供货需求。④不使任何一辆汽车超载。⑤每辆车每天的总行驶时间和里程满足规定的要求。⑥方案能满足所有客户对到货时间的要求，即不考虑时间限制。

节约里程法的核心思想非常朴素，如图 6.2 所示。假设由配送中心 P_0 负责向两个客户 P_i、P_j 送货，P_0 到 P_i、P_j 的距离分别为 P_0P_i、P_0P_j，两个客户 P_i、P_j 之间的距离为 P_iP_j。有两种送货方案，方案一如图 6.2（a）所示，配送中心 P_0 向客户 P_i、P_j 分别送货；方案二如图 6.2（b）所示，配送中心 P_0 在一个配送巡回过程中向客户 P_i、P_j 同时送货。

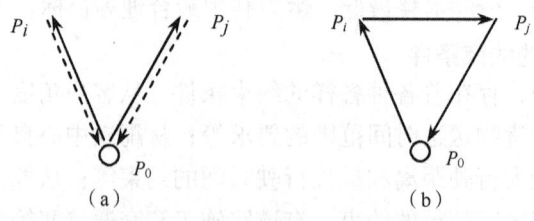

（a） （b）

图 6.2 节约里程法的核心思想

显然，方案一的配送路线为 $P_0 \rightarrow P_i \rightarrow P_0 \rightarrow P_j \rightarrow P_0$，配送距离为（$2P_0P_i + 2P_0P_j$）；方案二的配送路线为 $P_0 \rightarrow P_i \rightarrow P_j \rightarrow P_0$，配送距离为（$P_0P_i + P_iP_j + P_0P_j$）。若用 S_{ij} 表示方案二比方案一节约的里程，则 $S_{ij} = P_0P_i + P_0P_j - P_iP_j$。

由于三角形的两边之和大于第三边，故 $S_{ij} \geqslant 0$，也就是方案二比方案一节约了 S_{ij} 的里程，这就是节约里程法的灵魂所在。基于此，节约里程法依次将配送问题中的两个回路合并为一个回路，每次使合并后的总配送距离减小的幅度最大，直到达到一辆车的装载限制时，再进行下一个配送车辆的路线设计。

例　XYZ 公司运营过程中，由配送中心 P_0 负责向周边的客户（或连锁网点）P_1、P_2、P_3、P_4、P_5、P_6 配送货物，如图 6.3（a）所示，6 个客户之间的距离如表 6.1 所示。表 6.2 中给出了配送中心到 6 个客户的配送距离（公里）和某日配送中心到 6 个客户的配送货运量（吨）。已知该配送中心有载重 3 吨和 4 吨两种车型的车若干辆，试用节约里程法确定这一日的配送路线。

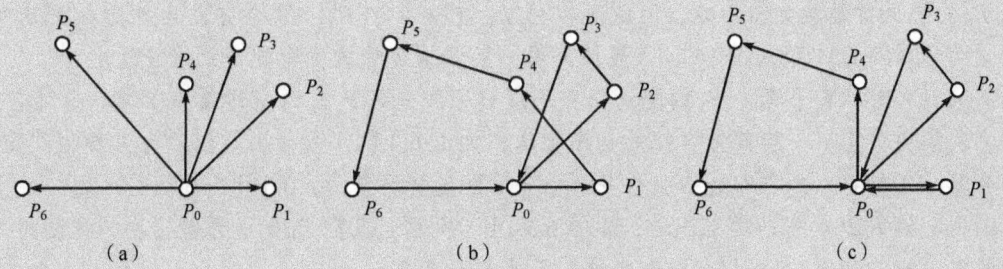

图 6.3　基于节约里程法的配送路线

表 6.1　6 个客户之间的距离　　　　　　　　　　　单位：公里

	P_1	P_2	P_3	P_4	P_5	P_6
P_1	0	9	16	14	26	24
P_2		0	7	9	21	28
P_3			0	8	15	30
P_4				0	10	22
P_5					0	18
P_6						0

表 6.2　配送中心到 6 个客户的配送距离和某日的配送货运量

	P_1	P_2	P_3	P_4	P_5	P_6
配送距离（公里）	8	12	15	10	18	16
某日的配送货运量（吨）	1.0	1.8	2.0	0.6	1.5	0.8

解：（1）根据节约里程法原理，首先计算各配送点组合后的节约里程数，并进行排序。如 $S_{12}=P_0P_1+P_0P_2-P_1P_2=8+12-9=11$（公里），同理，其他节约里程数也可求得，如表 6.3 所示。

表 6.3　节约里程数及其排序　　　　　　　　　　　单位：公里

序号	1	2	3	4	5	6	7	8	9	10	11	12	13	14	15
组合	S_{23}	S_{35}	S_{45}	S_{34}	S_{56}	S_{24}	S_{12}	S_{25}	S_{13}	S_{14}	S_{46}	S_{36}	S_{15}	S_{16}	S_{26}
节约里程	20	18	18	17	16	13	11	9	7	4	4	1	0	0	0

（2）由表 6.3 可知，P_2、P_3 合并配送后节约里程数 S_{23} 最大，因此首先将 P_2、P_3 合并配送，它们合并后的配送货运量为：1.8+2.0=3.8（吨），可以用一辆载重 4 吨的货车进行配送，如图 6.3（b）所示。

（3）表 6.3 中 $S_{35}=S_{45}=18$，它们的节约里程次之，但鉴于 P_2、P_3 已经合并配送，因此对 S_{35} 不予考虑，仅考虑 S_{45}。显然，根据节约里程法原理，P_4、P_5 可以合并配送，它们合并后的配送货运量为：0.6+1.5=2.1（吨）。此时虽然可以用一辆载重 3 吨的货车配送，但考虑到运力有较大浪费，有必要考虑是否还有进一步合并的可能。表 6.3 中 $S_{56}=16$，而 P_6 的配送货运量为 0.8 吨，因此可以将 P_6 进一步与 P_4、P_5 合并，合并后的配送货运量为：0.6+1.5+0.8=2.9（吨），显然，用一辆载重 3 吨的货车配送正好合适。

（4）这时只剩下客户 P_1 的配送任务还没有完成，而 P_1 配送货运量为 1 吨。此时有 3 种办法解决：①用一辆载重 3 吨的货车配送，如图 6.3（c）所示，显然运力浪费很严重，不合算。②与 P_4、P_5、P_6 进一步合并，合并后配送货运量为：0.6+1.5+0.8+1.0=3.9（吨），可以用一辆载重 4 吨的货车配送，如图 6.3（b）所示。③把 P_1 配送外包出去，或租用一辆载重 1 吨的货车，临时解决 P_1 在这一天的配送问题。

（5）在 6 个客户配送任务全部由配送中心解决的情况下，基于节约里程法，最后得到两个配送回路：$P_0 \rightarrow P_2 \rightarrow P_3 \rightarrow P_0$，$P_0 \rightarrow P_1 \rightarrow P_4 \rightarrow P_5 \rightarrow P_6 \rightarrow P_0$。

 特别提示　　　　节约里程法的进一步分析

节约里程法容易理解，也简单易行。采用该方法确定的配送路线，与一般方法相比，配送里程明显缩短，它的应用也体现了配送中心集中化、网络化运作的优势。但节约里程法也有不足之处。

（1）节约里程法计算的配送路线并不一定是总路程最短的，原因在于节约里程法一方面要缩短总路程；另一方面又要充分利用车辆的运力（载重/容积），减少配送车次，而且只要在前一条预设路线上运行的配送车辆的运输空间允许，就必须按着节约路程的大小顺序进行选择而不考虑其他的预设路线。不过，这也从一个侧面说明了节约里程法追求的是配送总货运周转量最小，与其他算法追求的配送总路程最短不同。

（2）基本的节约里程算法没有考虑行程中的时间因素，而时间恰恰也是决定配送成本与服务质量的重要因素之一，如城市间配送对高速公路的选择，城市内部上下班时间的道路拥挤，一个巡回配送过程中时间的长短等直接影响配送人员的精神状态，而他们的精神状态又与交通事故和配送错误等紧密相连。要考虑时间因素，就要采用带有时间约束的节约里程法，不过这时的算法和求解都比较复杂。

6.3.3　配送路线选择的经验

在配送中心的实际运作过程中，常常不可能（有时也不必要）每次都运用各种算法或计算机求出配送路线的最佳值，这时我们有一些经验可以借鉴。

（1）将相互接近的停留点的货物装在一辆车上运送，以使停留点之间的运行距离最小化。

（2）将相互接近的停留点的货物安排在同一天送货，避免不是同一天送货的停留点在运行路线上重叠。

（3）运行路线从离配送中心仓库最远的停留点开始，送货车辆依次装载邻近这个关键停留点的其他停留点的部分货物；当这辆运货车满载后，再安排另一辆运货车装载另一个较远的停留点的货物。

（4）一辆运货车顺次经过各停留点的路线不应交叉，要成水滴状。

（5）在多种规格车型的车队中，应优先使用载重量最大的送货车。

（6）提货（装货）作业应安排在送货过程中同时进行，而不要在送货全部结束后再安排提货。

（7）对偏离集聚停留点、路线较远的、单独的停留点，可专门安排车辆送货，或送货外包。

（8）应尽可能避免停留点工作时间太短的约束。

6.4　配送合理化

6.4.1　配送合理化的判断标志

关于配送中心的配送作业合理与否，目前国内外尚无统一的技术经济指标体系和判断方法。按一般的认识，可以考虑以下标志。

1. 库存标志

库存是判断配送合理与否的重要标志，具体指标有两个方面。

（1）库存总量。在配送系统中，库存从分散于各个客户转移给配送中心，配送中心的库存量加上各客户在实行配送后的库存量之和，应低于实行配送前各客户的库存量之和。从客户的角度判断，各客户在实行配送前后的库存量比较，也是判断配送合理与否的标准。

库存总量是一个动态的量，上述比较应当在一定经营量的前提下进行。因为如果客户生产有了发展，则库存总量的上升反映的是经营的发展，所以必须扣除这一因素，才能对库存总量的升降做出正确判断。

（2）库存周转。由于配送中心的调剂作用，以低库存保持高的供应能力，因此库存周转一般总是快于原来各客户企业的库存周转。此外，从各客户角度进行判断，各客户在实行配送前后的库存周转比较，也是判断配送合理与否的标志。为取得共同比较基准，以上库存标志都以库存储备资金计算，而不以实际物资数量计算。

2. 资金标志

通过配送中心集中配送，应有利于资金占用降低和资金运用科学化，具体判断标志如下。

（1）资金总量。用于筹措资源的流动资金总量，随着储备总量的下降及供应方式的改变必然有一个较大的降低。

（2）资金周转。从资金周转上来讲，由于整个节奏加快，资金充分发挥作用，同样数

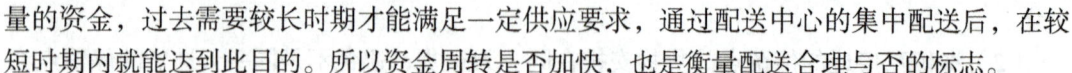

量的资金，过去需要较长时期才能满足一定供应要求，通过配送中心的集中配送后，在较短时期内就能达到此目的。所以资金周转是否加快，也是衡量配送合理与否的标志。

（3）资金投向的改变。资金是分散投入还是集中投入，是资金调控能力的重要反映。通过配送中心集中配送后，资金必然应当从分散投入转向集中投入，以增加调控作用。

3．成本和效益

总效益、宏观效益、微观效益、资源筹措成本都是判断配送合理化的重要标志。由于总效益和宏观效益难以计量，因此，在实际判断时，常以正常经营时完成的国家税收、配送中心和客户的微观效益来判断。对于配送中心而言，在投入一定的情况下，配送中心的利润反映了配送的合理化程度；对于客户企业而言，在保证供应水平（或产出一定）的情况下，供应成本的降低程度，反映了配送的合理化程度。

4．供应保证标志

通过配送中心集中配送，各客户的最大担心是供应保证程度降低，因此配送作业的目标之一就是必须保证提高而不是降低对客户的供应保证能力。供应保证能力可以从以下几个方面判断。

（1）缺货次数。通过配送中心集中配送后，对客户来讲，该到货而未到货以致影响生产及经营的次数，必须有显著下降才算合理。

（2）配送中心集中库存量。对每个客户来说，配送中心集中库存量所形成的保证供应能力应高于配送前对每个客户的保证程度才比较合理。

（3）即时配送的能力及速度。在客户出现特殊情况时，配送中心对客户的配送能力及反应速度能力必须高于未实行集中配送前时客户的紧急送货能力及速度才算合理。

5．社会运力节约标志

社会运力节约是一种宏观效益。末端运输是目前社会车辆运能、运力使用不合理，浪费较大的一个领域，通过配送中心的社会化服务，能够有效地解决这个问题。具体可以从以下几个方面简单判断配送合理与否：①若社会车辆总数减少，而承运量增加，则合理。②若社会车辆空驶减少，满载率提高，则合理。③若一家一户自提自运减少，社会化运输增加，则合理。

6．客户企业的节约标志

通过配送中心配送后，各客户企业的库存量、仓库面积、仓库管理人员和供应人员等都较以前明显减少，则说明配送中心真正解决了客户企业的物流配送的后顾之忧，这才是合理的。

7．物流系统合理化标志

物流系统合理化，也是衡量配送本身合理与否的重要标志。配送中心的配送作业必须要有利于物流系统合理化，具体可以从以下几个方面来判断：①是否降低了物流费用。②是否减少了物流损失。③是否加快了物流速度。④是否发挥了各种物流方式的最优效果。⑤是否有效衔接了干线运输和末端运输。⑥是否不增加实际的物流中转次数。⑦是否采用了先进的技术手段。

6.4.2　不合理配送的主要表现

配送中心存在着很多不合理配送，主要表现在以下方面。

1．资源筹措不合理

配送中心是通过筹措资源的规模效益来降低配送资源筹措成本，使其低于客户自己筹措的资源成本，从而取得优势。如果不是集中多个客户的需要进行批量筹措资源，而仅仅是为某一两个客户代购代筹，对客户来讲，不仅不能降低资源筹措费用，相反还要多支付一笔配送企业的代筹代办费，因而是不合理的。资源筹措的不合理还表现为配送量计划不准、资源筹措过多或过少、未考虑建立与资源供应者之间长期稳定的供需关系等。

2．库存决策不合理

配送中心应实现集中库存总量低于各客户分散库存的总量，从而降低客户实际平均分摊的库存负担，否则就会出现仅仅是库存转移，而未解决库存降低的不合理现象。配送中心库存决策不合理还表现在储存量不足、不能响应随机需求而失去了应有的市场等。

3．价格不合理

一般来说，配送中心的配送价格应低于客户自己提货、运输、进货、入库之成本总和。如果价格过高，则损伤了客户利益；价格过低，则使配送企业处于无利或亏损状态，都是不合理的。

4．配送与直达的决策不合理

与直达送货相比，一般的配送总是增加了某些环节，但也正是由于增加了这些环节，客户的平均库存水平才得以降低，由此不但抵消了增加环节的支出，而且还能取得剩余效益。但是如果客户使用批量大，可直接通过社会物流系统均衡批量送货，较之通过配送中转送货，可能更节约费用。在这种情况下，不选择直接送货而仍选择配送中转送货，就属于不合理。

5．送货运输不合理

配送中心集中配送，可以将多个客户的货物拼装装入一辆车，这与客户一家一户自提自运相比，可大大节省运力和运费。如果配送中心不能有效利用这一优势，仍然是一户一送，车辆达不到满载，就属于不合理。

6.4.3　配送作业合理化的做法

通过上面的分析可知，配送中心配送作业合理化的影响因素很多，包括配送前、配送中、配送后等多方面因素，因此配送作业的合理化措施也是多方面的，没有统一的模式，要具体问题具体分析。国内外在配送合理化方面，有很多有益的做法值得借鉴。

1．推行客户差异化配送服务

根据客户对配送中心的生存发展、利润贡献、战略层次等方面的重要程度，可将客户划分为 A、B、C 三类。对于 A 类客户的配送服务，人力、物力应重点投入，优先保证；对于 B 类客户，可以按常规进行配送；对于 C 类客户，配送中心可以在满足客户要求的前提下，采取最低的成本消耗进行配送。差异化配送服务对配送中心的绩效、信誉等都有重要帮助。如表 6.4 所示给出了某配送中心对客户实行差异化配送服务的示例，该配送中心就是依照 ABC 分类的思想，根据客户所需产品将客户划分为 1～20 个优先级别，提供不同水平的配送服务。

表6.4　某配送中心对客户的差异化配送服务

单位：小时

客户产品优先级	订单传递时间	订单处理时间	运输配送时间	交货时间	送货可靠性
1~5	3	6	12	21	接单至交货在 21 小时内完成，前后误差不超过 6 小时
6~10	6	12	24	42	接单至交货在 42 小时内完成，前后误差不超过 12 小时
11~15	12	24	48	84	接单至交货在 84 小时内完成，前后误差不超过 24 小时
16~20	18	48	72	138	接单至交货在 138 小时内完成，前后误差不超过 36 小时

2．推行专业化、标准化配送

通过采用一定综合程度的专用车辆、专用器具、专用设施及标准化的操作程序，往往能够有效降低配送过分综合化的复杂程度，取得高效、快捷的配送效果，从而实现配送合理化。

3．推行流通加工配送

流通加工不仅使物品增值，而且方便了配送，大大提高了配送的速度和效率。因此，通过流通加工与配送的有机结合，投入不需要增加太多却可获得两方面的优势和效益，是配送合理化的重要经验。

4．推行共同配送

对配送量较小的、零散的、孤立的客户，可以与其他配送中心合作，实施共同配送。共同配送可以使配送中心既不失信于客户，又能够以较低的成本完成配送任务，从而获得配送合理化。

5．推行双向配送

配送中心与客户建立稳定、密切的协作关系，可使配送中心不仅成为客户的供应代理人，而且成为客户的产品代销人。配送中心配送过程中，在将客户所需的物资送到后，再将该客户生产的产品返程运回，这样客户的供、销物资都成了配送中心的配送产品。双向配送使配送中心的运力充分利用，从而实现了配送合理化。

6．推行 JIT 配送系统

有了 JIT 配送的成功实施，客户企业才可以放心地实施低库存或零库存，才可以有效地安排其供应物流系统的人力、物力。JIT 配送，要求配送中心和客户企业高度协调一致，并达成战略上的协同。

7．推行即时配送

即时配送能力反映了配送中心的应急应变能力。即时配送可以大幅度提高配送中心对

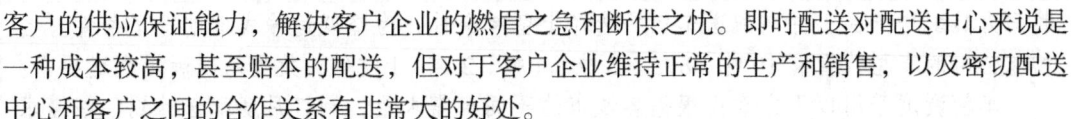

客户的供应保证能力，解决客户企业的燃眉之急和断供之忧。即时配送对配送中心来说是一种成本较高，甚至赔本的配送，但对于客户企业维持正常的生产和销售，以及密切配送中心和客户之间的合作关系有非常大的好处。

8. 推行配送任务适度外包

配送中心将所有客户的所有配送服务都由自己完成，常常是不现实的，也往往是不经济的。例如当出现 6.3.2 节例中所述的情况时，就可以把客户 P_1 的配送任务外包出去，或租用一辆载重 1 吨的货车，临时解决当天的配送问题，也是一种比较好的配送合理化方法。在配送中心的实际运营过程中，应注意推行自己配送与配送外包有机结合的策略。

 案例分析

张裕集团葡萄酒配送路线优化研究
——以山东省 14 个地级市客户配送为例

1. 张裕集团配送模式分析

近年来张裕集团的葡萄酒市场需求量逐年上升。这一方面给张裕集团带来了良好的发展机遇；另一方面也使张裕集团的物流和销售部门面临严峻的挑战。如何改善集团的物流配送模式，及时将葡萄酒送达客户，成为集团亟待解决的问题。

张裕集团生产的葡萄酒采用的是定时定量配送模式，即按固定的时间和客户订单的数量进行送货，对于一些需求量较小的客户也要单独组织车辆进行送货。以山东省的客户需求为例，张裕集团仅在烟台市设有仓库，客户分散在全省的各个县、区、市，并且需求量差别很大，按此配送模式，经常造成过高的运输成本。分析其原因可归纳为几个方面：配送模式不适应集团发展要求，特别是对于即时性需求，不能及时响应；配送路线的选择不合理，没有得到优化；车辆调度不合理，没有充分利用车辆配载容积。

2. 利用节约里程法优化葡萄酒配送路线

以山东省 14 个地级市客户的葡萄酒配送为例，应用节约里程法来优化配送路线，制订配送计划。各地级市的葡萄酒需求量和配送距离如表 6.5 所示。其中，年需求量最多的是淄博、青岛，距离最远的是济宁、聊城。

表 6.5　山东省 14 个地级市的葡萄酒需求量和配送距离

客　户	青岛	东营	泰安	济宁	潍坊	日照	枣庄
需求量（吨/年）	1 146	388	396	478	924	294	390
配送距离（公里）	245	430	544	670	300	395	615
客　户	聊城	济南	淄博	德州	临沂	滨州	菏泽
需求量（吨/年）	386	2 436	1 282	226	480	220	286
配送距离（公里）	640	513	398	621	475	431	753

张裕集团主要以招标形式选择第三方物流公司来为其运送产品，这样一方面集团可以不设自己的运输车队，节约大量资金和人员，以集中精力于核心业务；另一方面充分发挥了第三方物流公司的运输规模优势，按时、按量准时送货，实现双赢。为了保证配送车辆的数量、装载量满足配送需求，张裕集团在招标过程中，往往选择几家物流公司

共同为其配送产品，并在配送车辆的选择上留有余地，为降低运输成本创造了条件。各物流公司的车型载重有 10 吨、8 吨、6 吨、4 吨、2 吨、1 吨等，数量足以满足配送要求。

车辆调度采用以下方案：根据各城市的不同年需求量，制订月度配送计划，按需求量的多少选配车辆。例如，青岛市年需求量为 1 146 吨，月平均 95.5 吨，则先选用最大车型进行直送，其中 90 吨利用 9 辆载重 10 吨的汽车运送，剩余 5.5 吨采用节约里程法进行配送。其他城市的需求量均按此方式进行整理，则表 6.5 中的数据可整理如表 6.6 所示。

表 6.6　山东省 14 个地级市葡萄酒剩余需求量月度配送任务表

客户	青岛	东营	泰安	济宁	潍坊	日照	枣庄
剩余需求量（吨）	5.5	4.3	3	0	7	4.5	2.5
客户	聊城	济南	淄博	德州	临沂	滨州	菏泽
剩余需求量（吨）	2.2	3	6.8	8.8	0	8.3	3.8

表 6.6 中，济宁、临沂的剩余需求量为 0，仅对表中有剩余需求量的 12 个城市采用节约里程法进行配送线路的优化。已知各地级市之间的相互距离如表 6.7 所示。

表 6.7　山东省 12 个地级市之间的相互距离　　　　　　　单位：公里

	烟台	青岛	东营	泰安	潍坊	日照	枣庄	聊城	济南	淄博	德州	滨州	菏泽
	P_0	P_1	P_2	P_3	P_4	P_5	P_6	P_7	P_8	P_9	P_{10}	P_{11}	P_{12}
烟台 P_0	0	245	430	544	300	395	615	640	513	398	621	431	753
青岛 P_1		0	350	352	181	147	355	473	372	278	456	315	537
东营 P_2			0	248	140	302	370	329	220	101	261	65	453
泰安 P_3				0	240	295	204	157	62	154	211	218	243
潍坊 P_4					0	201	312	349	243	70	325	168	446
日照 P_5						0	245	419	335	265	446	325	456
枣庄 P_6							0	298	265	278	382	349	262
聊城 P_7								0	144	231	164	268	191
济南 P_8									0	140	154	167	272
淄博 P_9										0	228	104	359
德州 P_{10}											0	218	322
滨州 P_{11}												0	402
菏泽 P_{12}													0

根据节约里程法，最终得到 12 个地级市剩余需求量的配送路线为：$P_0 \rightarrow P_6 \rightarrow P_7 \rightarrow P_{12} \rightarrow P_0$；$P_0 \rightarrow P_3 \rightarrow P_8 \rightarrow P_0$；$P_0 \rightarrow P_2 \rightarrow P_5 \rightarrow P_0$；$P_0 \rightarrow P_1 \rightarrow P_0$；$P_0 \rightarrow P_4 \rightarrow P_0$；$P_0 \rightarrow P_9 \rightarrow P_0$；$P_0 \rightarrow P_{10} \rightarrow P_0$；$P_0 \rightarrow P_{11} \rightarrow P_0$，共 8 条配送路线，共使用 4 辆载重 10 吨车，2 辆载重 8 吨车，2 辆载重 6 吨车，总运输距离为 7 954 公里；优化前共需 12 辆车，总运输距离为 11 770 公里。配送路线优化后，可减少 4 辆车，缩短运输距离 3 816 公里，效果非常显著。

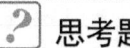 思考题

1．根据节约里程法原理，自己尝试给出本案例中的详细计算过程。

2．一个生产企业利用多个第三方物流企业来完成其物流配送，试分析其优缺点。

 复习思考题

1．配送中心主要的配送模式有哪些？

2．配送中心配送作业的一般流程是什么？配送计划制订及决策的影响因素有哪些？

3．配送路线选择的目标和常见的约束条件有哪些？

4．节约里程法确定配送路线的核心思想是什么？

5．在本章图 6.3 中，图 6.3（b）为基于节约里程法的配送路线，请计算此时的配送总里程。假设图 6.3（a）是由配送中心 P_0 分别向 6 个客户单独配送时的情况，请计算单独配送的总里程。图 6.3（b）路线与图 6.3（a）路线相比，共节约了多少里程？

6．配送中心配送作业过程中，常见的不合理配送表现有哪些？配送合理化的方法有哪些？

 实训题

实训目的：

通过实训，使学生能够掌握配送中心配送作业计划的制订方法和具体配送过程的作业流程。

实训要求：

1．根据所学知识，自己先提出一种配送作业计划制订的方法和一般的配送作业流程。

2．到配送中心以后，先认真听取配送中心技术人员的讲解，再深入作业现场，了解配送中心的作业计划和作业流程。对比实践，查找自己的差距。

3．返回学校后，分小组讨论，并相互交流经验和感受，以小组为单位，每组制订一种类型配送中心的作业计划，并编制其相应的作业流程。

4．提出你所看到的不合理配送的表现，并提出改进方法和建议。

实训操作与规范：

1．一定要注意自己的人身安全和设备的操作安全。

2．服从老师或企业负责人的安排。

3．仔细听讲，认真观察，虚心求教。

 推荐阅读材料

1．韩雨洁. 京东物流的配送模式分析及发展对策。

http://www.cqvip.com/read/read.aspx?id=71769074504849544854
504951

2．陈华. 基于节约里程法的物流配送路线选择。

http://www.cqvip.com/read/read.aspx?id=670644872

3．如何结合实际优化配送线路（来自东方烟草网）。

http://www.eastobacco.com/sypd/xdwl/200704/t20070425_152041
.html

4．顺丰快递配送范围及价格。

http://shop.d-edu.com/help/Transport3.htm

第 7 章

配送中心流通加工与包装作业管理

学 习 目 标

- 明确流通加工和包装作业的意义，理解配送中心的流通加工和包装作业的作用；
- 熟悉流通加工技术的含义、分类和方式，理解各类流通加工技术的内容和各类配送中心的流通加工方式；
- 熟悉主要包装材料的种类，理解对应的材料来源、形式和成品类型，熟悉包装技术的种类和含义，理解对应的技术作用。

引导案例

绿色包装是未来发展趋势

在北京举行的"快递最后一公里峰会"上，天元印刷副总裁罗耀东就有关绿色包装趋势演讲摘录如下：

第一个是快递耗材端包括快递袋、封套袋、纸箱要绿色包装，特别是海外购跨境电商对包装耗材要求更轻，可以降低产品成本，因为很多跨境电商的快递实际上都是通过航空的，航空的话都是按重量计费的。第二个是重复利用，有些快递公司的袋子都可以使用 20 多次，比一次的便利袋使用材耗会高但是使用成本会低。第三个是可回收利用。第四个是可自然降解，可自然降解袋 6 个月之内就可以分解成二氧化碳和水。第五个是产品的一个标准化，包括生产方面的标准化，最后把这个快递耗材建起来。第六个是新技术的研发应用。通过外包装和内包装的改变，我们看到外包装从运单有三层，到现在的三层电子面单，到两层热敏标签到现在又减少了一层。这种方式使我们综合成本大幅降低。

？ **思考题**

本案例对一般配送中心的流通加工和包装作业有何借鉴意义？

7.1 配送中心流通加工与包装作业概述

配送中心的出现，一方面是企业为追求末端物流效益最大化、系统和集中末端物流作业和作业量的结果；另一方面也与企业为增强自身竞争力而增设服务项目及保证和提高服务质量有关。配送中心的流通加工和包装作业的设置和开展，正是这两方面的综合要求，也体现了企业和配送中心的经营管理水平。

7.1.1 流通加工

1. 流通加工的概念

流通加工（distribution processing）是流通领域的加工活动。按照《物流术语》的阐释，流通加工是指"物品在从生产地到使用地的过程中，根据需要施加包装、分割、计量、分拣、刷标记、贴标签、组装等简单作业的总称"。此种阐释较全面地揭示了流通加工作业的要求、内容、性质、发生位置等内涵，将流通加工作业与生产加工和物流其他作业区分开来。

流通加工是对应客户需求发生的，而不是漫无目的的、厂商按照自己的意愿随意设立选取的物流作业活动，其执行必须注意服务对象的要求和商品性质。一般来说，流通加工的进行，应有助于商品价值的提高、服务水平的提升和商品销售额的增加。

按照流通加工的目的是提高商品价值或是提高商品销售服务质量，可将流通加工作业分解为两部分：一是生产性质的作业，如分割、组装、改装、剪裁、研磨、打孔、折弯、拉拔等；二是销售服务作业，如贴标签、商品检验、冷冻冷藏、加热、刷标记等。生产性质的作业兼有提高商品价值和服务水平的作用，应在物流过程中大力推行。销售服务作业能改善服务质量，却是纯成本的付出，其设计应根据商品价值适度安排。

从流通加工作业的内容可见，流通加工是在流通过程中对商品附加进行的一些简单的物理性作业，不改变商品的固有属性，也不改变商品的原有使用价值，只是对商品形状、状态、大小等的改变。流通加工作业发生在流通过程的各个节点上，如在加工中心的冷冻冷藏厂、剪切处等，在销售中心的各种销售点等，在输送中心的各类站场，以及在物流中心及其仓库和向客户交货地点，甚至在客户家中。

流通加工不同于创造新物质的生产过程，也不是国际贸易中的来料加工、来样加工、来件装配，它位于生产和销售之间，可看作生产过程在流通领域的延伸或深化，也可看作流通功能向消费服务领域的扩大，其在经济活动中的位置如图 7.1 所示。

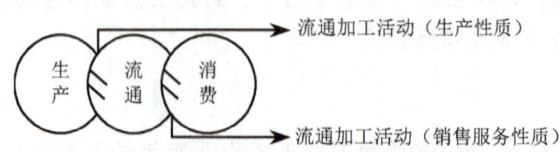

图 7.1　流通加工在经济活动中的位置

2．配送中心流通加工的意义

在配送中心处设立流通加工功能对企业的生产经营活动是非常必要的。企业设立配送中心的目的概括地说有 3 个：一是通过配送中心各种货物处理量的集中与最大化，换取作业设施、设备、人员等各种资源的节约，获得规模效益；二是通过配送中心贴近客户，及时收集和反映客户需求的信息，提高客户服务水平；三是在获得规模效益和提高客户满意度的基础上，促进市场占有率的增加，最终增强企业的竞争力。适当的流通加工能够体现和满足客户的多样需求，极大地提高商品的附加值，使企业的客户服务水平及商品销售额增加，直接或间接地推动配送中心这 3 个目的的实现。

配送中心的流通加工是在分销渠道的末端配送中心处，根据企业的实际需要和客户的需求情况对商品所施加的一些简单的物理性作业的总称。消费者的需求是各不相同、时时在变的，需求商品的性质也是多种多样，并且一直在发展更新的，如清洁用的扫帚，质料上有许多分类，有布质、草质、棉质、塑料质等，不同质料的操作方法也不一样，有手动的、电动的等，价格更不一样。依照配送中心的经营目的，如果配送中心能够提供适度的、适应消费者多样化和企业产品多样化的流通加工活动，将会获得较好的经济和社会效益。

7.1.2　包装作业

1．包装的概念

商品性质的要求与消费者的偏好使商品的包装及包装活动普遍存在，即便那些裸装的粮食、沙子、铁矿石等物品，其在输送时也要存放在车厢、船体等大型存放容器内。按照《物流术语》的解释，包装是指"为在流通过程中保护产品、方便储运、促进销售，按一定技术方法而采用的容器、材料及辅助物等的总体名称。也指为了达到上述目的而采用容器、材料和辅助物的过程中施加一定技术方法等的操作活动"。

可见，包装既指商品的外在包装物，又指对商品进行包装的作业活动。包装是一个系统，涉及包装物（材料）、包装操作、包装标识、包装技术方法和包装机械 5 个方面。包装材料和包装技术在以后章节有专门描述，在此先对包装操作、包装机械和包装标识做简单介绍。

对一定形状和性质的物品包装时，要按照一定要求和步骤进行系列包装操作，具体涉及以下几种作业。

（1）充填。充填是将物品装入包装容器的作业，分为装放、填充和灌装 3 种，如将液体类物质牛奶、饮料灌装到盒、桶、瓶里。

（2）封口和捆扎。有一定形状的包装物如袋、瓶常需要封口，松软的包装或有弹性的物品及容易散裂的物品如成卷钢丝一般需要捆扎。

（3）裹包。易散落或大包装需要裹包，如散装的糖需裹包出售。

（4）加标和检重。加标是将标签粘贴或拴挂在商品或包装上；检重是检查包装物或包装内容物的重量。

商品的高效包装操作依赖高性能的包装机械实现。与各种包装操作作业对应，包装机械主要有充填机械、灌装机械、封口机械、裹包机械、贴标机械和捆扎装置。

经过包装操作、借助包装机械完成商品包装后，要制作商品包装标识。包装标识是指在商品包封上用数字、文字、字母、图形和图案所做的记号或说明，以便于销售或运输。包装标识可分为包装标记和包装标志两部分。

包装标记主要是指商品销售包装上的字图标识，主要包括：包装的装潢画面，说明商品实体基本情况如名称、产地、数量等的一般描述性标记，说明商品品牌的牌号标记、商标标记、品质等级标记、条形码等。

包装标志主要是指商品运输包装上的字图标识，便于保护和物流作业，主要包括：说明目的地和收发货人的运输标志（又称唛头）、表明物流过程中注意事项的注意标志和表示危险货物的警告型标志。

2．配送中心包装作业的意义

包装作业发生在产品生产后和流通过程中的各个节点上，可以是工业包装或销售包装。在配送中心开展包装作业，是配送中心经营目的的体现，具有必要性。

（1）配送中心作为商品流通节点，主要有进、存、出货活动。在进、存、出货时商品的包装是不一样的，在进货时多是集装箱、非平托盘等大包装，储存时常用平托盘和箱、包等较大包装，而出货时一般采取箱、包甚至件的包装形式，这些改变需要包装作业。

（2）配送中心作为规模化经营场所，需要并可以实现包装的规模效益。通过配送中心，可以把本来分散在各个销售点的包装作业集中进行，也可以将本属于生产点的包装作业后移至配送中心集中处理。

（3）配送中心作为企业消费者服务前沿的需求信息调查、获取、分析和商品满足的机构，策划和实施一定目的和要求的包装作业（主要是销售包装，还有辅助性的运输包装），能够确保商品安全，促进商品销售。

（4）配送中心作为多功能结合体，诸多其他功能的实现需要借助包装活动。例如，流通加工常需要对物品进行实体处理，处理后再包装；进行装卸搬运、输送及信息处理时，也需要设计便于进行对应作业的包装形式。

其他一些要求也促使配送中心开展包装作业，如零售企业的自有品牌策略，常要进行厂家送货的换装；有时企业需要在配送中心进行某些生产加工活动，当然也要包装。

7.2 配送中心流通加工技术与管理

7.2.1 流通加工的基本技术

配送中心的流通加工是在人的管理、组织与协调下，借助流通加工的设备工具，应用各类流通加工技术，实现商品简单物理性改变的过程。其实现需要一系列条件，而流通加工技术是其中的一项关键条件。配送中心的流通加工技术是指为达到配送中心某一经营目的进而对商品施加某些简单作业，所应用的某种流通加工工艺或提供的某种流通加工服务的系统知识，其内容包括从流通加工的构思到具体实施乃至商品销售等各阶段的知识、经验和技艺。流通加工技术有通用与专有之分，通用技术一般简单，广为大众所知，如冷冻冷藏品的保存温度限制；专有技术则形成不易，具有强大的竞争力，常是商业机密。通过

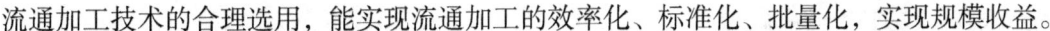

流通加工技术的合理选用，能实现流通加工的效率化、标准化、批量化，实现规模收益。

要注意配送中心的流通加工不同于生产加工，它一般指较简单的不改变商品本质的加工作业；而生产加工是指有一定规模的对物品的改制活动。例如，将肉块制成肉松、肉肠等，要经过碎肉、添加辅料、熟肉、包装等一个完整的制作过程，当属生产加工活动。当然配送中心也可以从事项目众多的生产经营活动，以增收创利，如零售企业的非贴牌性质的自有品牌是由其配送中心经过生产加工而非流通加工而来的；配送中心也可以从事批发、代理等流通渠道的分销活动，而非单纯的物流、信息流活动。

1．一般的流通加工技术

配送中心的类型很多，经营目的也不一样，处理的商品种类繁多，因此对应的流通加工技术类型多，难度各异。但与前述一致，我们可根据流通加工能否带来商品附加值的提高，即其属性是生产还是经营，把配送中心的流通加工技术分为两大类：生产性质的流通加工技术和销售服务性质的流通加工技术。

1）生产性质的流通加工技术

生产性质的流通加工技术要求配送中心根据自身的设置功能，通过消费市场分析，考虑应用和开发何种流通加工技术能加速企业商品流通，增加配送中心的商品进、出、存活动的便利性，提高商品附加值，增加商品销售量，提高客户满意度。这些生产性质的流通加工技术虽然较简单，但涉及物品本身的多少、长短、形状等的改变，是一个小型的生产加工系统，要执行或熟练操作，需将相关的流通加工知识或经验、设备工具、人员和物品等组合起来，按照一定的顺序或步骤实现。

但要注意流通加工的限度，即流通加工后商品附加值的增加值不应超过商品原值，否则就失去了流通加工的意义；还要注意流通加工技术的层次性，进行简单与复杂、高科技含量多少的选择，还要随时代的发展不断提升技术水平。

配送中心生产性质的流通加工技术种类很多，并且随着商品种类的增多有增加的趋势，目前主要有分割、组改装、剪裁、研磨、打孔、折弯、拉拔等技术，下面做简单介绍。

（1）分割。分割是指物品的分离、切断、割开等作业。这些作业有的可人工执行，如肉骨分离、两种或多种密度不同的固体和液体的分离，但许多分割作业是人无能为力或做起来效率低下的。例如，各类钢材的切断与割开，就要根据物品的结构和性质，选用或开发适合的机械或电动设备加工，如肉类分割机、钢材、木材、石材、面团等的分割机及各类筛选设备。如图 7.2 所示为一种电路板切割机的外形。

（2）组改装。组改装是指不同物品配件的组合、装配，以及同质物品包装形式的改变，如零配件组装为汽车，洗衣粉、洗发水等的大改小包装，米等粮食的整装改散装等。组改装一般要预先做好步骤、内容或图纸设计，有目的地依照执行，还要借助适用的工器具，有的可以进行工艺流程化操作。如图 7.3 所示为货架组装。

（3）剪裁。剪裁一般是指借助刀具对板类或布类物品进行的剪切裁制，使之符合一定的尺寸、形状和面积，如对衣服布料、塑料布、帐篷布及玻璃板、木板、钢板等的剪裁。通过剪裁加工，能实现商品的化整为零，适合各种类型客户的消费需求或加工要求。如图 7.4 所示为软垫的剪裁。

图 7.2　一种电路板切割机的外形

图 7.3　货架组装

（4）研磨。这里所说的研磨不同于专业的工业研磨，工业研磨范围宽；而此处的研磨仅包括研碎、磨光、磨削等作业，如中草药捣碎成粉末或粒状、物品研磨后去除粗糙等。如图 7.5 所示为燃油研磨机的外形。

图 7.4　软垫的剪裁

图 7.5　燃油研磨机的外形

（5）打孔。打孔是物品加工常见作业。许多物品（包括各类材质的物品，如钢材、木材、石器、玉器、首饰、塑料、纸张、衣服、鞋类等）为了连接、装饰、悬挂放置、透气等需要，都要在其表面打孔，如为便于物品包装袋的打开而在包装袋的一边打半圆孔。打孔主要包括冲孔、钻孔和烫孔作业，冲孔是用钉子或钢针借助外力直接击穿物品表面，得到各种形状、大小不等的洞空；钻孔一般是利用螺旋状的工具进行较深的打孔；烫孔是用烧红高温的铁丝、铁钉等烫出孔眼。进行完美高效的打孔，常需借助各种类型和规格的打孔器或打孔机。如图 7.6 所示为皮革打孔机的外形。

（6）折弯。折弯是为了得到符合一定形状的物品或满足客户的不同需要而进行的弯曲和打卷作业。细长物品常要打卷，大面积的整型板类常要弯曲，如近视眼镜的销售要等到与客户达成售卖意向后，再针对客户的实际情况选配和加工镜片、镜框，进行镜片和镜框的折弯加工。折弯对象很多，如金属、木材、塑料、布料等，在受热、液压、数控等折弯设备的控制作用下，能达到折弯的要求。如图 7.7 所示为数控折弯机的外形。

图 7.6　皮革打孔机的外形

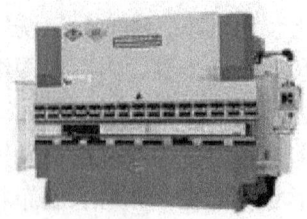

图 7.7　数控折弯机的外形

（7）拉拔。拉拔是生产过程中的一道重要工序，是对线棒形、板状物品和附属零部件的拉伸、嵌直和拔除作业，通常作业对象为各种金属丝、金属板、玻璃和塑料制品。由于拉拔对象一般硬度较大，因此要借助专门的拉拔设备达到预期目的。如图 7.8 所示为一种金属拉拔机的外形。

2）销售服务性质的流通加工技术

销售服务性质的流通加工技术一般仅能提高服务水平，方便客户购买，进一步带动商品的销售，但会使商品成本提高。其开发与应用过程与生产性质的流通加工技术不同，因为它主要是面向客户开发的，体现消费者的要求，便于客户认识与使用，一般不需要使用大规模的机械设备。在无线射频识别（Radio Frequency Identification，RFID）技术尚不为供应商和其他零售企业广为使用时，沃尔玛就自己组织技术人员进行研制并投入使用电子标签，以加快商品的流通，大大减少了客户购物交钱等待的时间。销售服务性质的流通加工技术主要包括贴标签、商品检验、冷却、冷冻、冷藏和加热、刷标记等技术。

（1）贴标签。标签的种类很多，有价格标签、产品说明标签、货架标签、条形码标签、防伪标签等。标签制作所用材质也多种多样，有铜版纸、PET 聚酯薄膜、合成纸、PE 白色聚乙烯薄膜、PVC 聚氯乙烯、各种塑料膜材料等，还要利用各种热敏型、压敏型的胶水或胶带进行粘贴。每种标签的制作内容、方法和技术有很大差别。如图 7.9 所示为一种 RFID 标签。

图 7.8　金属拉拔机的外形

图 7.9　RFID 标签

（2）商品检验。商品检验是对商品包装、重量、数量、质量等进行的查验和检测。商品在入库前，为确保商品的完好性和达到采购合同约定标准；在储存过程中，为防止商品变性和变质；在出库和售卖后，为让客户确认购买了符合说明或其要求的功能的商品，都需要进行商品检验。商品检验要由专门的检验部门或具有专业知识或取得相关检验资格的人员管理和执行。

（3）冷却、冷冻、冷藏和加热。许多商品需要在常温以下环境中才能够保持原有品质或长期保存，这就需要对加工和存放的商品进行冷却、冷冻、冷藏。冷却是物品体温的下降过程，使其降到冷冻、冷藏温度。按照商务部颁发的《超市食品操作规范》规定，冷冻一般是物品在零下 18℃以下环境中的存放状态，冷藏一般是物品在 0℃~4℃环境中的存放状态。冷却、冷冻、冷藏的实现需要专门的制冷保温设施设备，如冷藏冷冻车、柜、库、机器等。

加热是物体本身或周围环境温度升高的过程。当外部温度低于物品维持其物化性质所需温度时，一般要对物品储存和移动过程中的环境进行加热并维持一定的温度；有时为改变物体形状也需要加热，如易冻结品的存放、金属物品的热处理等。

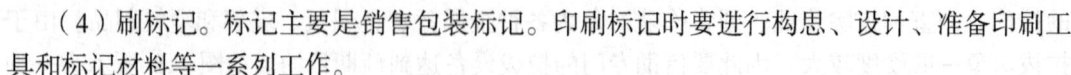

（4）刷标记。标记主要是销售包装标记。印刷标记时要进行构思、设计、准备印刷工具和标记材料等一系列工作。

2. 钢材配送中心的流通加工技术

钢材根据断面形状的不同，一般分为型材、板材、管材和金属制品四大类；为了便于组织生产、订货供应和搞好经营管理工作，又分为重轨、轻轨、大型型钢、中型型钢、小型型钢、冷弯型钢、优质型钢、线材、中厚钢板、薄钢板、电工用硅钢片、带钢、无缝钢管、焊接钢管、金属制品等品种。钢材的主要化学成分除铁外，还含有少量的碳、硅、锰、磷、硫、氧、氮、钛、钒等元素，这些元素含量虽少，但对钢材的性能（硬度、强度、柔韧性等）有很大影响。

大部分钢材加工都是通过压力加工，使被加工的钢（坯、锭等）产生塑性变形。根据加工温度不同，钢材加工分为冷加工和热加工两种，主要加工方法有以下几种。

（1）轧制。它是将金属坯料通过一对旋转轧辊的间隙（各种形状），因受轧辊的压缩使材料截面减小、长度增加的压力加工方法，是钢材加工最常用的方式，主要用来生产型材、板材、管材，加工方法也分为冷轧和热轧两种。

（2）锻造。它是利用锻锤的往复冲击力或压力机的压力使坯料改变成所需形状和尺寸的一种压力加工方法，一般分为自由锻和模锻，常用来做大型材、开坯等截面尺寸较大的材料。

（3）拉拔。它是将已经轧制的金属坯料（型、管、制品等）通过模孔拉拔成截面减小、长度增加物样的加工方法，加工方法大多为冷加工。

（4）挤压。它是将金属放在密闭的挤压筒内，一端施加压力，使金属从规定的模孔中挤出而得到相同形状和尺寸的成品的加工方法。

（5）剪板和切割。钢材配送中心的各种钢材（钢板、型钢、钢管、钢丝等）的长度、规格有时不完全适用于客户，如热轧厚钢板等板材最大交货长度可达12米，有的是成卷交货，设置剪板机或切割设备将大规格钢板裁小，或切裁成毛坯，可降低销售起点，便利于客户。

7.2.2 典型的流通加工方式

配送中心的流通加工方式是指配送中心在流通加工方面采用何种方法，通过什么途径，以实现企业和配送中心某一经营目的，其合适与否决定了流通加工的意义和成效。配送中心的流通加工可通过与配送过程的需要、生产环节的配套加工、运输和商品交易的需要、流通过程的最大节约的实现联系起来，实现配送中心流通加工的合理化。

1. 一般的流通加工方式

（1）为弥补生产领域加工不足的流通加工活动。配送中心上游与生产供应商连接，可以承接生产商不便加工或不能加工到位的活动，如自行车出厂时一般采用零部件包装形式，配送中心执行组装功能，分送各零售点或客户，这样物流作业更方便。

（2）为适应客户多样化需要的流通加工活动。配送中心所面对的客户的收入、需求、个人习惯等有很大的差异，并且大众消费越来越易于接受新鲜事物，要正确应对这种现象，

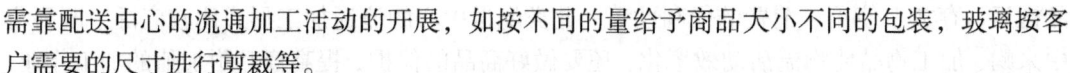

需靠配送中心的流通加工活动的开展，如按不同的量给予商品大小不同的包装，玻璃按客户需要的尺寸进行剪裁等。

（3）为保护商品进行的流通加工活动。商品的性质往往对储存时间、环境等条件有特殊要求，如保质期、存放环境的温度、真空度限制。做好配送中心商品的保护，需要诸多的流通加工活动，如肉类的冷冻冷藏、蔬果类的保鲜、易氧化类物品表面的涂油和喷漆等。

（4）为提高物流效率进行的流通加工活动。配送中心通过流通加工设备、器具、货物的集中，能够提高流通加工活动效率，同时提高末端物流的整体运作效率，如配送中心经过鲜鱼冷冻处理、货物内外包装形状的改变等加工活动，可使商品的配送效率极大提高。

（5）为促进销售进行的流通加工活动。通过对消费者消费心理、消费习惯和消费过程的研究，在配送中心处进行符合消费者需要的流通加工活动，能够激发消费者的购买欲望，促进商品的销售，如通过涂刷商品包装标识，得到漂亮实用的商品颜色、字图外观，刺激客户需求。

（6）为提高物资利用率的流通加工活动。配送中心通过进行合适项目的流通加工，能够使物品得以优化利用，减少不必要的物料损失和费用付出，如对退换货和回收品进行检测、拆装、组配等加工活动，能够变废为宝，降低物品的报废率，减少不必要的物流及生产费用。

（7）为增加商品价值进行的流通加工活动。在参照商品价值的基础上，配送中心进行商品的适度加工，能够得到一定比例的商品原价值的附加价值，提高销售额，获得更多利润，如一般的大米经筛选、除杂、清洁等加工活动变成客户可直接下锅的免淘米，就可卖出更高的价格。

2. 各种类型配送中心的流通加工方式

（1）生产商的配送中心。此种配送中心分为供应型和销售型两种，分别进行企业生产的原材料、零部件的供应和产成品的终端销售配送。前者处于供应商和生产企业之间，一般是为了通过集中进货、分散送货实现较低的总库存和及时供货，也可以将生产过程的某些环节前移进行预加工，由于大规模生产所需的原材料和零部件常常是大量、多品种规格的，因此其流通加工主要应注意整体物流效率和加工服务能力。后者位于生产企业与客户之间，除有集中处理货物、降低存货风险之利外，还能进行某些生产作业的后推延迟加工和反映客户需要的加工，因此其流通加工要注意物流效率、客户服务性及商品附加值的提高等方面。

（2）批发商的配送中心。批发是商品分销的一个重要环节，处于生产和零售之间。批发商的配送中心的服务对象是零售商和大型客户，追求商品的快进快出，经营商品一般较单一，进出货的形式多是包、箱、捆等大包装，如服装、鞋类、钢材、蔬菜、水产等批发配送中心。此类配送中心应在加强物流效率的同时，通过商品的不同质分类和包装标识的完善与醒目化，进行商品档次划分和提高商品品牌形象，还要提供需求者不愿或难以开展的物品加工活动。

（3）零售商的配送中心。零售是分销的末端环节，零售商经营的商品一般种类较多，一次卖出商品额有限，需满足消费者的多种要求，如商品的质量、形状、颜色、尺寸及商品搬运、存放、使用、消费的便利性等。此类配送中心的流通加工形式比较广泛，既要集中采购、加工物品使物流活动效率化，还要做好商品的保护、提高商品附加值的加工作业，并把握销售服务项目的设置和水平。

（4）社会化的配送中心。该类配送中心承接生产或销售企业的配送业务，一般都有自己的特色项目，如邮政配送以网络和速度取胜，有的实行专门化配送，如冷冻中心的肉类存放与配送，当然还可以按照客户的要求新加或开展流通加工。该类配送中心的流通加工要在比较开展成本与收益、确定有好的经济效益的基础上推行。

7.3 配送中心包装技术与管理

7.3.1 包装材料

包装材料是一个总体的概念，指商品的包装物及其附属品，即用于制作包装件、包装容器、包装装潢、包装印刷、包装运输等满足产品要求的包装所使用的材料。

包装材料既包括用于制作包装物的金属、塑料、玻璃、陶瓷、纸、木、天然纤维、化学纤维、复合材料等主要包装材料，也包括用作包装附属品的黏合剂、捆扎带、涂料、装潢、印刷材料等辅助材料。

1. 纸和纸板

东汉时，蔡伦发明造纸术。纸在历史上一度是很珍贵的材料。20 世纪后，随着造纸技术的进步，纸才作为一种重要的包装材料开始被广泛使用，占发达国家整个包装材料的 50%以上。

纸包装材料通常有纸和纸板两大类，一般以植物纤维制作，原材料可以是木材、芦苇、竹子、蔗渣、麦秆、棉麻、树皮等。随着科学技术的不断发展，造纸所采用的原材料会不断更新。

纸包装的种类很多，有的以纸张的形式制作成纸包装容器或进行包装装潢，有的以纸板的形式制作成包装箱、包装盒、包装杯等，还有的纸材料用于产品的说明和广告印刷，这些包装用纸有功能性防护包装纸、包装装潢用纸、瓦楞纸板等类型。

（1）功能性防护包装纸。此类包装纸主要有牛皮纸、纸袋纸（又称水泥袋纸）、鸡皮纸、玻璃纸、羊皮纸（又称硫酸纸）等，主要用于工业包装，有的也可以印刷商标和图案。

（2）包装装潢用纸。此类包装纸主要有铜版纸、胶版纸、不干胶纸等，主要用于销售包装，用来印刷各种商品商标、图案、标签、条形码等。

（3）瓦楞纸板。瓦楞纸板是由面纸和压成波纹状的瓦楞纸以胶黏剂粘贴而成的复杂结构的纸板，主要用来制作瓦楞纸箱和纸盒，还可以用作包装衬垫缓冲材料。瓦楞纸的形状一般分为 U 形、V 形和 UV 形。瓦楞纸板的瓦楞按楞高和一定长度内瓦楞个数的不同分为 A 型楞、B 型楞、C 型楞和 E 型楞 4 种，前 3 种主要适用于瓦楞纸箱，后一种主要适用于瓦楞纸盒。瓦楞纸板按结构可分为单面瓦楞纸板（单面板）、三层瓦楞纸板（单楞双面瓦楞纸板）、五层瓦楞纸板（双楞双面瓦楞纸板）和七层瓦楞纸板（双面三楞瓦楞纸板）4 类。

2．塑料

塑料发明于 100 多年前，但它真正影响包装工业是在第二次世界大战以后。目前，塑料包装的应用日益广泛，塑料袋、桶、箱、筐、编织物等十分常见，酒、油、饮料等液体物质也多采用塑料包装，全世界每年生产的塑料有 1/3 被用作包装材料。

常用的塑料材料及其制作原料和产品有以下几种。

（1）聚乙烯（Polyethlene，PE），是使用最广泛的塑料。聚乙烯的主要原料是乙烯。可利用戊烷的热裂制造乙烯：戊烷经加压热裂，可得到乙烷与丙烯，乙烷再经脱氢反应可得到乙烯。用聚乙烯制作的主要产品有药瓶的盖子、餐具、厨房用品、玩具及照明零件等。

（2）聚丙烯（Polypropylene，PP），较聚乙烯硬，制法与聚乙烯相似，需辅以三氯化钛与三乙铝、三丁铝或氯化二乙基铝为催化剂反应，将反应生成的浆状聚丙烯溶于乙醇中，经过处理后得到。聚丙烯可制造丝纤维、交通器材、实验室玻璃、滴管及射出成形品。

（3）聚氯乙烯（PVC），不同配方的聚氯乙烯有不同的特性，一般具有比重高、具耐燃性、高透明性、绝缘性佳、印刷性佳、价廉等特性，但加工温度超过 190℃时易产生裂解，影响环保和人体健康。相关产品为电线电缆的外皮、雨衣、窗帘，加入添加剂后可制作唱片。

（4）聚对苯二甲酸乙二醇酯，简称聚酯（PET），其特性是比重低、不吸湿、绝缘性佳、透明度高、价廉、刚性低。其成品很多，如洗化用品包装瓶、透明胶带、伞盖等。

（5）丙烯腈-丁二烯-苯乙烯三元共聚物（ABS）。各聚合物组成比例不同，可得到不同特性的 ABS，ABS 一般表面强度及耐热性均非常优秀、表面光泽度佳、表面喷涂及电镀性佳、具不吸湿性、一般成品可借染色达到所需颜色。相关印刷产品为手提箱面板、ABS 管、家电外壳等。

（6）聚碳酸酯（PC），其特性是透明性佳、常温时耐冲击性高、耐高温、高刚性、耐摩擦性差。相关印刷产品有安全玻璃及医疗器材透明容器。

3．木材

木材是人类早期使用的一类天然材料。现在，因为全球森林资源减少、木材价格上涨和木材成型困难，木材已被纸、塑料等其他材料取代。但按价值计算，发达国家的木包装约占包装总额的 10%，我国约占 20%，某些发展中国家占 50%以上。

木制包装材料包括天然木材（俗称木材）和人造板材两类。天然木材主要有各种松木、杉木、杨木、桦木、榆木等；人造板材主要包括胶合板、木丝板、刨花板、纤维板等。木制包装材料主要用于制造各类包装容器，如木箱、木桶、木盒、纤维板箱、胶合板箱等，也可制造托盘及较重设备底座等。

4．金属

人们对金属的了解、研究和应用已有几千年的历史。现代金属包装技术是以 1814 年英国人发明马口铁罐为标志，至今不到 200 年。金属材料广泛地应用于产品运输和销售包装，已成为包装容器的最主要的包装材料之一。

金属包装材料主要有钢材和铝材两大类。

1）钢材

钢包装所用钢材及成品主要有下面几类情况。

（1）冷（热）轧低碳薄钢板。此类钢材是指含碳量低于 0.25%的镀锌用原板和酸洗薄钢板，主要用于制造大中型运输包装容器，如集装箱、钢桶、钢箱等，也用于捆扎材料。

（2）镀锌薄钢板。镀锌薄钢板又称白铁皮，是在酸洗薄钢板后，经过热浸镀锌处理，使钢板表面镀上厚度为 0.02 毫米以上的锌保护层，主要用于制造工业产品包装容器。

（3）镀锡薄钢板。镀锡薄钢板又称马口铁，是两面镀有纯锡的低碳薄钢板，是制造桶（罐）的主要材料，大量用于罐头工业，也可以用来制造其他食品和非食品的桶（罐）容器。

（4）镀铬薄钢板。镀铬薄钢板又称无锡钢板，是表面镀有铬和铬等氧化物的低碳薄钢板，是制造桶（罐）的主要材料之一，可部分代替马口铁，主要用于制造食品包装容器如饮料罐等。

2）铝材

包装用铝材有以下几种形式。

（1）铝板。铝板是纯铝或铝合金薄板，是制罐材料之一，可代替部分马口铁，主要用于制作饮料罐。

（2）铝箔。铝箔采用纯度在 99.5%以上的电解铝板，经过压延制成，厚度在 0.2 毫米以下，一般包装使用的铝箔都是与其他材料复合使用，作为阻隔层，提高阻隔性能。

（3）镀铝薄膜。采用特殊工艺在包装塑料薄膜或纸张表面（单面或双面）镀上一层极薄的金属铝，即成为镀铝薄膜。其阻隔性能比铝箔略差，但耐刺扎性优良，在实用性能方面超过了铝箔。这种镀铝薄膜材料常用于制作衬袋材料。

5．玻璃

据考古发现，在 4 000 多年前，埃及人就已使用玻璃瓶。但直到成功研制出吹瓶机并发明了压—吹、吹—吹等制瓶技术以后，玻璃瓶才从用于香水一类贵重商品的包装发展到用于食品、药类、化工产品等普通产品的包装。

玻璃是一种无机物，它的基本原料是石英、烧碱和石灰石，是其在高温下熔融后迅速冷却形成的透明固体。玻璃容器按形状分有圆瓶、方瓶、高瓶、长颈瓶、矮瓶、曲线形玻璃瓶及有机钢化玻璃制成的箱等。其主要市场有 3 个：饮料用容器、食品用容器，以及化妆品、医药品用小型容器等。玻璃容器一般盛装片状产品、半固体产品、黏性液态产品、自由流动的液态产品、易挥发的液态产品、含气体的液态产品、颗粒状产品、粉末状产品等。

玻璃材料从形态上可分为两类。第一类是玻璃板材，主要用于装饰中需要采光的部分，有平板玻璃、压花玻璃、磨砂玻璃、镀膜玻璃、刻花玻璃、钢化玻璃等品种；第二类是玻璃砖块，主要用于玻璃隔断、玻璃墙体等工程，主要为中空玻璃砖，可分为单腔和双腔两种，又有方砖和长方砖等多种规格，可以根据不同物品、不同包装效果的要求选用。

6．复合材料

复合材料是随社会、环境的需求而生的新型包装材料，它是指由两种或两种以上的具有不同性能的材料结合在一起组成的新材料。一般而言，复合包装材料集中了组成材料的

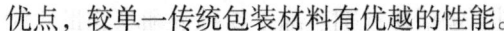

优点，较单一传统包装材料有优越的性能。

常用的复合包装材料主要是各种复合薄膜。复合薄膜是指以纸、玻璃纸、塑料薄膜、金属箔等柔性包装材料为基础材料，经过各种复合加工方法所得到的具有综合性能的柔软性复合包装材料，具体包括：玻璃纸/塑料、纸/塑料、纸/金属箔、塑料/金属箔、玻璃纸/塑料/金属箔等。此外，还有干法纸（无尘纸）/塑料、干法纸/塑料/其他材料等。

复合包装材料的加工方法主要有 4 种。

（1）干法复合。这是最简单的复合方法，是指在第一层基材或薄膜上，涂布一层黏合剂，经过干燥后，再加上第二层基材或薄膜，以热压辊处理使之复合。如需进行第三层基材或薄膜时，通过再涂布一层黏合剂，重复进行即可。

（2）湿法复合。这也是常用的复合方法，是指先将水溶性的黏合剂在基材的表面涂刷一层，当其被润湿之后，把另一基材或薄膜贴合上去，通过压辊压紧，再加热干燥完成。

（3）热熔法复合。这主要是利用热熔涂料的配方和温度控制其黏度来进行复合。

（4）挤压法复合。此法不用黏合剂，但加工材料中必须有一个是塑料（树脂）材质。

复合包装材料广泛应用在食品包装如铝箔/蜡/薄纸（用于口香糖、巧克力包装）、铝箔/防油胶黏剂/羊皮纸（用于牛油、奶酪包装）和药品包装如铝箔/塑料（用于药板、封口）等方面。

7. 辅助材料

要保证包装的安全，除包装容器外，还需要占包装材料比例不大的辅助材料。辅助材料种类很多，有天然或人工合成的黏合剂、涂料、油墨、捆扎材及封缄材等，给包装物以黏结、紧固、密闭、装潢美观、信息提示等作用，这些辅助包装材料是包装材料中不可缺少的一部分。

1）一般辅助包装材料

（1）黏合剂。黏合剂主要用于包装袋和包装箱的封口、黏边等。黏合剂分类如下：水型，如淀粉、聚乙烯丙醇等水溶物和聚醋酸乙烯酯、丁腈、丁苯橡胶等乳液；溶液型，如聚醋酸乙烯酯、氯化乙烯树脂、聚氨酯等；热融型，如聚烯烃塑料、聚酰胺等；压敏型，如橡胶、树脂系列等。

（2）黏合带。按结合方式不同，黏合带分为橡胶带、热敏带、黏结带 3 种。橡胶带遇水可直接溶解，结合力强，黏结后完全固化，封口很结实；热敏带一经加热活化便产生黏结力，一旦结合，不好揭开且不易老化；黏结带是在带的一面涂上压敏性结合剂，如纸带、布带、玻璃纸带、乙烯树脂带等，也有两面涂胶的双面胶带，用手压便可结合。

（3）捆扎材料。捆扎的作用是打捆、压缩、缠绕、保持形状、提高强度、封口防盗、便于处置和防止破损等。传统捆扎材料主要为天然材料，如草绳、麻绳、纸绳等，现在已很少用，而多用聚乙烯绳、聚丙烯绳、纸带、聚丙烯带、钢带、尼龙布等。

2）医药配送中心的包装材料

药品种类的多元化，给医药包装的形式带来多样化。医药包装是特殊商品的包装，自药品加工成形后，起着保护药品的安全和有效，方便运输、储存、销售和使用等方面的重要作用。

（1）药用玻璃包装。玻璃容器常用于注射剂（包括粉针剂、冻干粉针剂和小容量注射剂）、大容量输液等剂型的包装。其中，模制注射剂瓶的使用量占抗生素粉针剂包装总量的70%；管制注射剂瓶以其质轻、透明度高和可小容量制造而成为生物制剂的首选。

（2）药用橡胶包装材料。橡胶主要以容器的塞、垫圈等形式用于药品包装，主要有天然胶塞和丁基胶塞两种。天然胶塞由于其密封性能差，常常需要封蜡予以补充，又因其硫化体含双键较多，化学性能不稳定，故已被列入淘汰品行列；丁基胶塞由于其优良的密封性能，被越来越多地用于抗生素粉针剂包装。

（3）药用金属包装材料。药用金属包装材料主要指用于粉针剂包装的铝盖、膏剂和气雾剂的瓶身及铝塑泡罩包装的药用铝箔等。粉针剂铝盖有以下几种：E 形不开花铝盖（常与天然胶塞配用伴随封蜡工艺）、C 形三接桥开花铝盖和铝塑组合盖。

（4）药用复合包装材料。此类包装材料主要包括口服固体药用塑料瓶、液体药用塑料瓶和滴眼剂用塑料瓶等。这些塑料瓶多由高密度聚乙烯材料（滴眼剂用塑料瓶用低密度聚乙烯）或聚丙烯、聚酯材料制成。还有药用复合膜、袋，其材质结构有纸/塑料、纸/铝箔/塑料和塑料/铝箔/塑料等多种形式，其阻隔性能依次递增。

（5）药用纸包装材料。此类包装材料主要是合成纸、无纺布合成纸、无纺布（包括纺黏布）等，能够透气。此类包装材料通常还制成细菌无法穿越的网孔，使其具有阻挡细菌的功能，用来制造手术器具包装袋、贴膏类药品包装、胶黏带、绷带等。

7.3.2　包装技术

要使包装材料和物品结合起来，达到一定的包装目的，就离不开包装技术。包装技术是指给物品施加包装材料时所用到的操作知识、经验、方法和诀窍。根据物品包装使用的一般性质，可以把包装技术分为通用包装技术和专用包装技术两大类。

通用包装技术是实现包装操作普遍用到的技术方法。其应用和过程一般较简单，都经过放置、充填、压缩、封口、黏边、紧固、捆扎等一系列操作，物品在包装物内要合理置放和固定，对有弹性的物品如松软品要进行压缩，在外包装上还要捆扎防散。

对于具有特殊理化性质的物品，如易腐、易碎品，要进行长期存放、长途运输等物流活动，除施以通用包装技术外，还要应用专用包装技术，才能达到保护物品的目的。

本节主要讲述专用包装技术和食品配送中心所使用的包装技术。

1. 专用包装技术

专用包装技术主要有以下几类。

1）防震包装技术

物品运输、装卸和储存等过程中会受到震动作用，可能使产品丧失合格品的某些质量指标，即产品物理的或功能的损伤。为减缓内装物受到冲击和震动，保护其免受损坏，要实施防震包装，又称缓冲包装。防震包装技术有以下 3 种。

（1）全面防震包装技术。全面防震包装技术是指内装物和外包装之间全部用防震材料填满进行防震的包装技术。

（2）部分防震包装技术。这是指对于整体性好的产品和有内装容器的产品，仅在产品

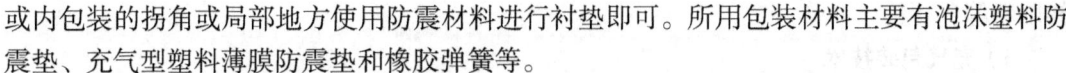

或内包装的拐角或局部地方使用防震材料进行衬垫即可。所用包装材料主要有泡沫塑料防震垫、充气型塑料薄膜防震垫和橡胶弹簧等。

（3）悬浮式防震包装技术。这是指对于某些贵重易损的物品，为了有效地保证其在流通过程中不被损坏，要求外包装容器比较坚固，然后用绳、带、弹簧等将被装物悬吊在包装容器内，以使内装物在物流活动中都被稳定悬吊而不与包装容器发生碰撞，避免损坏。

2）防霉腐包装技术

霉腐是指被包装物的霉变和腐败。防霉腐包装技术就是指在了解霉腐微生物的营养特性和生活习性的情况下，采取相应的措施使被包装物品处在能抑制和消除霉腐微生物滋长的特定条件下，延长被包装物品的质量保持期限。防霉腐包装技术主要有以下几类。

（1）化学药剂防霉腐包装技术。这是指使用防霉防腐化学药剂将待包装物品、包装材料进行适当处理的包装技术。防霉防腐剂一般通过：使菌体蛋白质凝固、沉淀、变性；用防霉防腐剂与菌体酶系统结合，影响菌体代谢；用防霉防腐剂降低菌体表面张力，增加细胞膜的通透性而发生细胞破裂或溶解等方法达到杀菌目的。

（2）气相防霉腐包装技术。这是指使用具有挥发性的防霉防腐剂，通过其挥发产生的气体直接与霉腐微生物接触，达到杀死或抑制其生长、防止商品霉腐的目的。气相防霉腐剂有多聚甲醛防霉腐剂和用于日用工业品的环氧乙烷防霉腐剂。

（3）气调防霉腐包装技术。这是指在密封包装的条件下，通过改变包装内空气组成成分，以降低氧的浓度，创造低氧环境来抑制霉腐微生物的生命活动与生物性商品的呼吸强度，从而达到对被包装物品防霉腐的目的。气调防霉腐包装所充的气体主要是二氧化碳和氮气。

（4）干燥防霉腐包装技术。在干燥的条件下，霉菌不能繁殖，物品也不会腐烂。干燥防霉腐包装技术就是通过降低密封包装内的水分与物品本身的含水量，使霉腐微生物得不到生长繁殖所需的水分来达到防霉腐的目的。可通过在密封的包装内置放一定量的干燥剂来吸收包装内的水分，使内装物品的含水量降到其允许含水量以下。

3）防锈包装技术

大气中含有氧、水蒸气等气体，能作用于金属表面产生大气锈蚀，破坏和影响物品的性能。其防止原理是尽量阻断金属与大气中影响金属锈蚀的成分的接触，主要有以下两种防锈技术。

（1）防锈油防锈包装技术。这是指用防锈油封装金属制品，要求油层有一定厚度，油层的连续性好，涂层完整。

（2）气相防锈包装技术。这是指用气相缓蚀剂（挥发性缓蚀剂），在密封包装容器中对金属制品进行防锈处理的技术。在密封包装容器中，气相缓蚀剂在很短的时间内挥发或升华出的缓蚀气体能充满整个包装容器内的每个角落和缝隙，同时吸附在金属制品的表面上，从而起到抑制大气对金属锈蚀的作用。

4）防虫包装技术

防虫包装技术是指在包装中放入有一定毒性和臭味的药物，利用药物在包装中的挥发气体杀灭和驱除各种害虫。该技术的表现形式为驱虫剂，常用驱虫剂有萘、对位二氯化苯、樟脑精等。

5）充气包装技术

充气包装技术也称气体置换包装技术，是采用二氧化碳气体或氮气等不活泼气体置换包装容器中空气的一种包装技术。这种包装技术是根据好氧性微生物需氧代谢的特性，在密封的包装容器中改变气体的组成成分，降低氧气的浓度，抑制微生物的生理活动、酶的活性和鲜活物品的呼吸强度，达到防霉、防腐和保鲜的目的。

6）真空包装技术

真空包装技术是将物品装入气密性容器后，在容器封口之前抽真空，使密封后的容器内基本没有空气的一种包装技术。一般的肉类产品、谷物加工产品及某些容易氧化变质的产品都可以采用真空包装。真空包装不但可以避免或减少脂肪氧化，而且可以抑制某些霉菌和细菌的生长。

7）收缩包装技术

收缩包装技术是用收缩薄膜裹包物品（或内包装件），然后对薄膜进行适当的加热处理，使薄膜收缩而紧贴物品（或内包装件）的包装技术。收缩薄膜是一种经过特殊拉伸和冷却处理的聚乙烯薄膜，收缩率通常为 30%~70%，并能长期保持。

8）拉伸包装技术

拉伸包装技术是从收缩包装技术发展来的，是依靠机械装置在常温下将弹性薄膜围绕被包装件进行拉伸、紧裹，并在其末端进行封合的一种包装技术。拉伸包装可以捆包单件物品，也可用于托盘包装之类的集合包装。

9）脱氧包装技术

脱氧包装技术是继真空包装技术和充气包装技术之后出现的一种新型除氧包装技术。脱氧包装是指在密封的包装容器中，使用能与氧气起化学作用的脱氧剂与之反应，从而除去包装容器中的氧气，以达到保护内装物的目的。脱氧包装技术适用于某些对氧气特别敏感的物品。

2．食品配送中心的包装技术

为确保包装食品的安全，食品包装要有高阻隔性：油脂食品要求具有高阻氧性和阻油性；干燥食品要求具有高阻湿性；芳香食品要求具有高保香性；果品蔬菜类生鲜食品要求包装具有高的氧气、二氧化碳和水蒸气的透气性。另外，食品包装还要有高的抗拉伸强度，耐撕裂、耐冲击强度，优良的化学稳定性，不与内装食品发生任何化学反应，确保食品安全，还要有一定的耐温性，满足食品的高温消毒和低温储藏等要求。食品包装主要有以下几种。

（1）高阻隔包装。常用的高阻隔包装材料有铝箔、尼龙、聚酯、聚偏二氯乙烯等。对于要求高阻隔性保护的加工食品及真空包装、充气包装等，一般都要用优质复合包装材料，如纳米改性的新型高阻隔包装材料纳米复合聚酰胺、乙烯-乙烯醇共聚物、聚乙烯醇等。

（2）活性包装。活性包装是指使用活性包装材料，使之与包装内部的多余气体相互作用，以防止包装内的氧气加速食品的氧化。活性包装能够有效保持食品的营养和风味。20世纪 70 年代，活性包装体系产生，不久之后脱氧剂开始用于食品包装，先后出现了亚硝酸

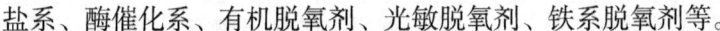

盐系、酶催化系、有机脱氧剂、光敏脱氧剂、铁系脱氧剂等。

（3）食品安全包装。用于食品安全包装的材料主要有显示材料、杀菌材料、测菌材料等。日本一家食品公司推出一种抗菌塑料包装容器，是用纤维塑料和聚丙烯等合成，再与一种用于食品薄膜的抗菌剂混合制成，能防止微生物和细菌的繁殖。

（4）防紫外线破坏食品的包装。美国汽巴精化公司成功研制出一种紫外线阻隔剂，能够保护包装内的食品免受紫外线的破坏，提高包装食品的安全性，延长保质期。

（5）食品的保鲜包装。一般在食品包装中使用长效、多功能保鲜剂，有效抑制好氧性、嫌氧性、兼氧性（好氧兼嫌氧）微生物的生长，且使用简便安全，不影响食品风味，可大大延长包装食品的货架寿命。例如，在食品密闭封存的包装内充满酒精气体，保存食品效果比在食品中直接添加酒精要好，而且不会使食品有强烈的酒味而失去原有风味。

（6）高压食品包装。高压食品包装的特点是食品中的维生素、香味、色素等不会因加压而发生变化，不破坏营养成分，食品保持自然风味。从果酱、果汁、蔬菜汁到肉、鱼、蛋、大豆蛋白等都可利用高压进行处理。例如，蛋白和碎肉混合，通过高压处理可制成柔嫩的、具有弹性的肉制品。储存一年的陈米经高压处理也可改善品质，煮出来的米饭和新米味道一样芳香。

（7）纳米包装技术。在包装材料（如纸、塑料及复合材料）中加入纳米微粒，可使其产生除异味、杀菌消毒的作用，使食物的保存期大大延长。

据美国包装机构的有关资料预测，今后几年包装的发展趋势主要有：轻量、无菌、绿色包装将成为现代化包装的主流和标志；玻璃、金属等大型容器包装将逐步退出部分市场；超薄塑料包装（"白色污染"）必被禁用；努力降低包装的制造和运输成本，走多样化包装之路；受到消费者欢迎的小额定量的软包装将会继续发展；防盗、防伪的安全包装将进一步受到重视；复合包装材料的优点更加突出，有取代传统包装材料之势，等等。

 案例分析

方圆集团的钢材加工配送中心

方圆集团是以开发生产建设工程机械为主的大型企业集团，主要的工程机械产品有混凝土搅拌机、混凝土配料机、混凝土泵、混凝土搅拌站、塔式起重机、施工升降机、稳定土拌和站、电动履带桩机、混凝土搅拌输送车等 30 个大系列、180 多个品种。

由于国内工程机械行业形势的日益严峻，行业间的竞争也越见激烈，为了进一步拓宽市场，增强集团对外创收效能，方圆集团适时成立了钢材加工配送中心，并设立门店接待中心，为集团向外进行钢材营销创立了窗口。

方圆钢材加工配送中心充分利用方圆集团金属加工公司拥有的 400 多个品种的各种金属材料，100 多台套各类专业加工设备，以及一流的工艺、专业的团队和诚信的理念拓展领域和空间，力求为客户提供高效、全面、细致、精准、超值的协作和服务。目前开展的业务主要有：钢材配售、切割加工、不锈钢加工、钣金折弯、板画割字、模型制作、抛丸除锈和开平矫平等各种与金属材料相关的应用解决方案。

方圆钢材加工配送中心各项业务主要采用了直接走访市场寻求客户和来店洽谈相结

合的方式进行，并通过"方圆集团微信公众平台"、《方圆报》、《今日海阳》等媒介开展广泛宣传，不断加大方圆钢材加工配送中心在客户心中的影响力，实现了配送中心板材、型材和管材等钢材配售业务及对外加工业务的快速发展。

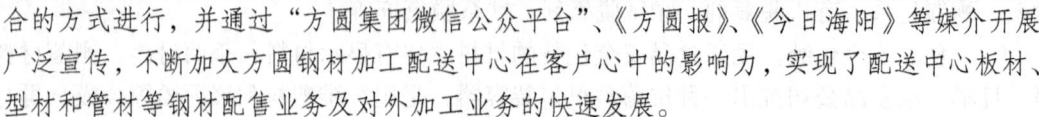

思考题

方圆钢材加工配送中心使用了哪些流通加工技术、方式与设备？钢材加工对其经营有何意义？

 复习思考题

1．流通加工的含义、分类及其内容是怎样的？它与生产加工有何关系？

2．什么是包装？阐述包装的系统组成。

3．什么是流通加工技术和流通加工方式？可参观调查一个图书配送中心是如何选择合适的流通加工技术和流通加工方式的。

4．什么是包装材料和包装技术？可实地察访一个食品配送中心是如何选用合适的包装材料和包装技术的。

 实训题

实训目的：

1．了解配送中心的流通加工技术与方式的使用情况。

2．分析配送中心使用的流通加工技术与方式类型的合理性。

实训要求：

1．选用一个专业配送中心，到配送中心参观或调查。

2．参观或调查后，结合分析，形成一篇该配送中心流通加工技术与方式使用的调查报告。

实训操作与规范：

1．选择一类专业配送中心如食品、服装、医药等配送中心，根据理论推想其流通加工技术与方式使用的类型、设备及组织过程。

2．选择属于该类型配送中心的一个实体配送中心，并从某些渠道获得对其尽量详尽的感性认识。

3．对该实体配送中心进行实地调查，明确其流通加工技术与方式的使用情况。

4．分析该实体配送中心流通加工技术与方式使用的合理性。

5．形成该实体配送中心流通加工技术与方式使用的调查报告，包括调查目标、调查计划或大纲、调查组织、调查过程、调查收获及被调查对象的合理性分析和改进建议等。

实训硬件设备准备：

1．联网的可查阅相关信息的计算机。

2．实体配送中心。

实训资料：

1．本章中的流通加工理论知识。

2．要调查配送中心的基本概况，如地址、类型、规模、加工商品的特性以及过程等知识。

3．调查报告的写作常识，如格式、要求等。

 推荐阅读材料

1．王建坤．宏圣煤炭物流公司加工配送中心效率问题分析[J]．西部皮革，2016(16)：123-123.

2．赵豫．经济新常态下钢材加工配送中心的发展与思考[J]．现代企业，2015(5):20-21。

3．钢筋加工配送中心是棒线材轧钢厂新的利润增长点.

http://qikan.cqvip.com/article/read.aspx?id=668481641&from=article

4．宏圣煤炭物流公司加工配送中心效率问题分析。

http://qikan.cqvip.com/article/read.aspx?id=669732740&from=article

5．食品冷链物流配送中心作业流程仿真与优化。

http://qikan.cqvip.com/article/read.aspx?id=670578084&from=article

6．耐克物流中心出货与包装作业演示。

http://mt.sohu.com/it/d20170410/133096927_610732.shtml

第 *8* 章

配送中心技术设备

学 习 目 标

- 了解集装化作业的优点及常见的托盘形式；
- 熟悉配送中心常用的货架形式及其应用，了解仓库的功能及分类，理解自动化立体仓库的组成原理及应用；
- 理解搬运装卸设备的特点，熟悉常见搬运装卸设备，如起重机、输送机、搬运车辆等的结构特点和应用特点；
- 了解配送中心常用货车的结构特点和应用特点；
- 理解电子辅助拣选系统和自动分拣系统作业特点，熟悉常见自动分拣机的结构原理及应用特点；
- 掌握配送中心技术设备选用的原则和方法。

引导案例

沃尔玛配送中心的分拣设备

沃尔玛配送中心的运作流程是：供应商将商品的价格标签和 UPC 条形码（统一产品码）贴好，运到沃尔玛的配送中心；配送中心根据每个商场的需要，对商品进行分拣，重新打包；最后根据订单，把货物配送到每个商场。

由于沃尔玛的商场众多，每个商场的需求各不相同。根据各个商场的需求，配送中心把产品分类放入不同的箱子中，并把这些箱子放到传送带上。传送带上有很多不同颜色的信号灯，员工可以根据信号灯的闪烁提示来确定哪些箱子应该被送往哪些商场，并取下自己负责的商场所需的商品箱子。这样，所有的商场都可以在各自所属的箱子中拿到所需要的商品。

除借助电子标签辅助拣选系统外，沃尔玛的配送中心还大量地应用商品自动分拣系统。在自动分拣系统中，货物被成箱送上激光制导的传送带。在分拣传送过程中，通过激光扫描货箱上的条形码。全速运行时，只见纸箱、木箱在传送带上飞驰，红色的激光四处闪射，货物被迅速、准确地送到分拣位置，随后很快装上卡车向下游配送。一般情况下，沃尔玛配送中心的自动分拣系统每天能处理 20 万箱货物，准确率超过

99%。

高效率的分拣系统，大大提高了沃尔玛配送中心的速度和效率，为沃尔玛的发展和扩张提供了重要支撑。

 思考题

沃尔玛配送中心应用了哪些分拣技术和设备？在以后章节的学习过程中，请注意这些技术设备的原理及其具体应用。

配送中心的运行离不开必要的技术和设备。对配送中心的配送系统来说，技术和设备不仅是提高配送系统运作效率的主要手段，而且是反映配送系统先进水平的主要标志，还是配送系统投资及成本的主要因素。

8.1　配送中心集装单元器具

1．集装化

配送中心，尤其是综合型配送中心，其经营的物品通常是大小不一、形状不一、重量不一的，为了便于作业，常常需要将它们集装化处理，形成一个统一的作业单元，这就是集装化（containerization）。在《物流术语》中，集装化被定义为：用集装单元器具或采用捆扎方法，把物品组成集装单元的物流作业方式。

配送中心物品集装化的好处很多，主要有：便于存储和堆码，提高仓库、货场单位面积的储存能力；便于实现装卸作业机械化和自动化，提高装卸效率，降低劳动强度；便于提高配送作业的效率，缩短货物送达时间，也有利于提高配送车辆的载重量和容积利用率；节省了包装材料，降低了物流成本；起到了对商品物流安全有效保护的作用；便于清点货物，简化交接手续；有利于减轻或避免对周围环境的污染。

对配送中心运作来说，常见的集装化方式有托盘、货捆、网袋、集装袋、周转箱等。由于在配送距离、配送数量、配送对象、配送作业衔接等方面的不适应，集装箱在配送中心中用得相对比较少，本书不做介绍。

2．托盘

托盘（pallet）是指用于集装、堆放、搬运和运输的放置作为单元负荷货物和制物的水平平台装置。作为配送中心重要的物流器具，托盘是静态货物转变为动态货物的载体，有"活动的货台"、"可移动的地面"之称。托盘虽小，但是它贯穿于配送中心的各个环节，对提高配送中心作业效率起着无可替代的作用。

托盘的基本功能是装载物料，同时还有供叉车从下部叉入并将台板托起的叉入口，以这种结构为基本结构的平板台板和在这种基本结构基础上所形成的各种形式的集装器具，都可统称为托盘。因此，托盘种类繁多，材质不同，尺寸规格多样。托盘按照材质的不同，可以分为木制托盘、钢制托盘、塑料制托盘、高密度合成板托盘等；按照形状分类，可分为平托盘、柱式托盘、箱式托盘、轮式托盘、特种专用托盘等。

常见的托盘样式如图 8.1 和图 8.2 所示。

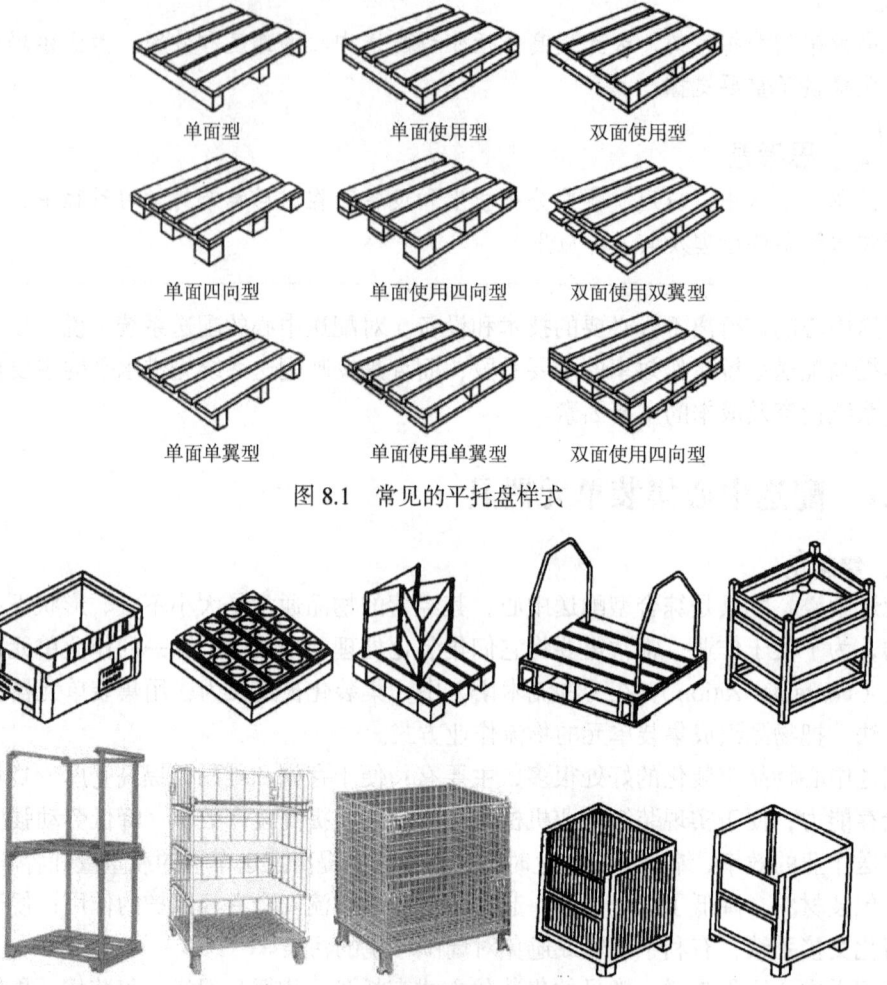

单面型　　　　　　　单面使用型　　　　　　双面使用型

单面四向型　　　　　单面使用四向型　　　双面使用双翼型

单面单翼型　　　　　单面使用单翼型　　　双面使用四向型

图 8.1　常见的平托盘样式

图 8.2　其他常见的托盘样式

8.2　配送中心储存设备

8.2.1　配送中心常用货架

货架（rack）是指用立柱、隔板或横梁组成的立体储存货物的设施。货架的种类有很多，如按存取方式的不同，可分为托盘货架、重力式货架、驶入式货架、悬臂式货架、移动式货架、旋转式货架等；按货架每层载重量不同，可分为轻型货架（每层载重小于 200千克）、中型货架（每层载重 200~500 千克）、重型货架（每层载重超过 500 千克）；按照货架的高度不同，可分高层货架（15 米以上）、中层货架（5~15 米）和低层货架（5 米以下）；按照货架的材料，可分为钢结构货架、木结构货架、钢筋混凝土货架、混合结构货架等。不同的经营物品、不同的服务对象、不同的机械化程度，配送中心选用货架的形式也不同。配送中心常用的货架如下分述。

1．托盘式货架

托盘式货架（pallet rack），又称横梁式货架，是配送中心常用的货架之一，如图 8.3 所示。托盘式货架由支柱、横梁、托盘支撑架、连接构件等装配组成，货架及货位的高度、宽度、深度等有一定的调整余地，可根据情况进行组合调整，以适合不同的用途。

托盘式货架适宜"叉车+托盘"的组合作业，存储密度大，作业效率高。特别适合品种中等、批量较大的物品的存储。货架高度通常在 6 米以下，3~5 层为宜。

2．驶入式货架

驶入式货架（drive-in rack）又称贯通式货架或通廊式货架，是指可供叉车（或带货叉的无人搬运车）驶入，存取单元托盘货物的货架，如图 8.4 所示。驶入式货架取消了各排货架之间的通道，形成了一个不以通道分隔的、连续性整体货架，因此空间利用率很高。

图 8.3　托盘式货架

图 8.4　驶入式货架

使用驶入式货架，叉车可直接进入货架区存取货物，无须占用通道。当叉车只能在驶入式货架的一端作业时，货物存取也只能是"先存后取，后取先存"，要想实现"先存先取"，必须两端都可以进行叉车作业。驶入式货架适合存储尺寸大、品种少、数量大且货物存取模式可预定的情况，常常用来存储大批量同类型的货物。

3．重力式货架

重力式货架（live pallet rack），有时也称压入式货架，它是一种密集存储单元货物的货架系统，如图 8.5 所示。在货架每层的通道上，都安装有一定坡度的、带有轨道的导轨，入库的单元货物在重力的作用下，由入库端流向出库端。重力式货架巧妙地利用了货物自重，实现了货物的先进先出，存取方便，非常适合配送中心的拣货作业。

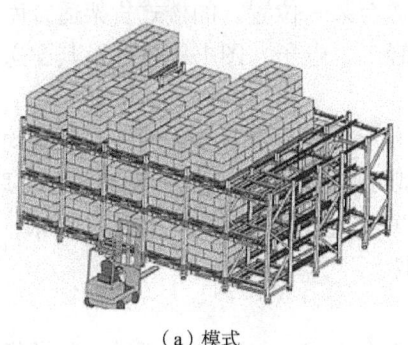

（a）模式

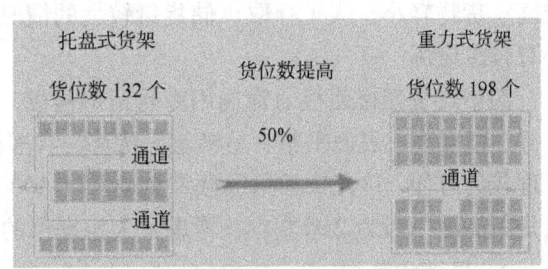

（b）使用原理

图 8.5　重力式货架

重力式货架的特点有：存储单元密集，空间利用率高，比托盘式货架的可用空间多 50% 左右；一端进，另一端出，先进先出；每一流道一般只存放一种物品；适合少品种、大批量货物的存放；建设费用较高。

4．移动式货架

移动式货架（mobile rack）是指在货架的底部安装有行走轮，可在地面轨道上移动的货架，如图 8.6 所示。

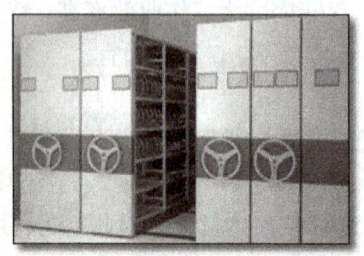

图 8.6　两种移动式货架

移动式货架结构密集，一般只设一个通道，是空间利用率最高的一种货架，分为手动和电动两种类型，分别应用于轻中型移动式货架和重型移动式货架。

轻中型移动式货架，通道宽 1 米左右，导轨可嵌入地面或安装在地面之上，货架底座沿导轨运行，货架安装于底座之上，通过链轮传动系统使每排货架轻松、平稳移动，货物一般由人工进行存取。为使货架系统运行中货物不致倾倒，通常设有防倾倒装置。轻中型移动式货架主要用于电子、轻工、印刷、图书等行业及其配送中心。

重型移动式货架的底座设有行走轮，沿轨道运行，底盘内安装有电动机及减速器、报警、传感装置等。系统一般设 1~2 个通道，通道宽 3 米左右，空间利用率极高。其结构与轻中型移动式货架类似，区别在于重型移动式货架一定是电动式的，货物由叉车进行整托存取，主要用于一些仓库空间不是很大、要求最大限度地利用空间的场所，适用于机械制造等行业及其配送中心。

5．阁楼式货架

阁楼式货架是指为了充分利用存储空间，在已有场地或货架上再建一两层，形成二层、三层的阁楼，从而成倍地增加了存储空间，如图 8.7 所示。货物通常由叉车、液压升降台或货梯送至二楼、三楼，再由轻型小车或液压托盘车送至某一位置。阁楼式货架适合库房较高、货物轻小、人工存取、储货量较大的情况，在轻工、电子、图书等行业及其配送中心有较多应用。

阁楼式货架楼面板通常选用冷轧型钢楼板，它具有承载能力强、整体性好、承载均匀性好、精度高、表面平整、易锁定等优势，有多种类型可选，并且易匹配照明系统，存取、管理较为方便。单元货架每层载重量通常在 500 千克以内，楼层间距通常为 2.2~2.7 米，顶层货架高度一般为 2 米左右，考虑了人机操作的便利性。

6．悬臂式货架

悬臂式货架（cantilever rack）主要由立柱和悬臂组合而成，如图 8.8 所示。此类货架的立柱多采用 H 型钢或冷轧型钢，悬臂采用方管、冷轧型钢或 H 型钢，悬臂与立柱间采用插接式或螺栓连接式，底座与立柱间采用螺栓连接式，底座采用冷轧型钢或 H 型钢。货物存取由叉车、行车或人工进行。货架高度通常在 2.5 米以内（如由叉车存取货则可高达 6

米），悬臂长度在 1.5 米以内，每臂载重通常在 1 000 千克以内。此类货架多用于机械制造、建材等行业及其配送中心，用来存放长形物料，如型材、管材、板材、线缆等。

图 8.7　阁楼式货架

图 8.8　悬臂式货架

7. 旋转式货架

旋转式货架由两个直线段和两个曲线段的环形轨道组成，分水平旋转式货架和垂直旋转式货架两种，如图 8.9 所示。货架设有电力驱动装置，驱动部分可设于货架上部，也可设于货架底座内，用开关或小型电子计算机操纵。存取货物时，把货物所在货格编号通过控制盘按钮输入，该货格则以最近的距离自动旋转至拣货点停止，拣货路线短，拣货效率较高。

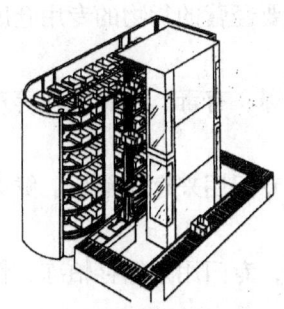
（a）水平旋转式货架

（b）垂直旋转式货架

图 8.9　旋转式货架

旋转式货架储存密度大，货架间不设通道，空间利用率高；自动化程度较高，操作比较容易。由于操作人员位置固定，故可采用局部通风和照明来改善工作条件，且能节约能源。旋转式货架适合货物轻小、价格较贵、安全性要求较高的物品存储。

8.2.2　配送中心仓库

1. 仓库的概念和职能

仓库（warehouse）是保管、储存物品的建筑物和场所的总称，是配送中心的主要设备之一。一般使用建筑物作为仓库，但个别情况下也使用车辆、船舶、集装箱等设备暂存物品。从现代物流的角度来看，仓库是"河流"，而不再是"水库"或"蓄水池"，库存的"流速"是评价仓库职能的重要指标。配送中心仓库的物流职能主要体现在以下几方面。

（1）科学管理，合理储备，提高物品调节水平，以适应各种情况下对配送中心存储的要求。

（2）有效地衔接和支持生产与销售，加快物资周转，降低库存成本。

（3）库存信息为配送中心的经营运作和计划决策提供有效依据。

2．仓库的分类

按照不同的标准，配送中心的仓库有多种分类。

1）按在社会中所处的领域分类

（1）生产仓库，是指处于生产领域配送中心的仓库，是工业企业设施的一部分，不是独立的经济单位；主要存放企业在生产过程中所需的原材料、燃料、半成品、零部件等。

（2）流通仓库，是指处于流通领域配送中心的仓库；根据其在流通领域的作用不同，又可分为商品仓库、储运仓库和储备仓库。

2）按所保管物品分类

（1）原材料、产品仓库，是指生产企业为了保持生产的连续性，在其配送中心储存原材料、半成品或成品的仓库。

（2）商品、物资仓库，是指商业、物资部门为保证市场供应及解决季节时差，在其配送中心储存各种商品、物品的综合性仓库。

（3）农副产品仓库，是指经营农副产品的企业专门用来储存农副产品的仓库，或经过短暂储存进行加工后再运输出去的中转仓库。

（4）一般专用仓库，是指某部门用来储存其主要经营的货物的专用仓库，如粮食、棉花、水产、水果、木材仓库及煤场等。

（5）特种危险品仓库，是指用以存放易燃、易爆、有毒、有腐蚀性等对人体或建筑物有一定危害的物资的仓库。

（6）冷藏冷冻仓库，是指设有冷藏冷冻装置，专门用来存储鲜鱼、鲜肉或其他加工食品的仓库。

（7）恒温恒湿仓库，是指设有保温、保湿装置，专门用来储存怕冻、怕干燥的物品的仓库，如储存水果、蔬菜等的仓库。

3）按建筑类型分类

（1）平房仓库，一般是指采用砖木结构的平房式仓库，又称"平库"。其结构简单，建筑费用低，人工操作简便。

（2）楼房仓库，是指三层或三层以上的楼房式仓库，又称"楼库"。其占地面积少，进出库作业采用机械化、半机械化设备。

（3）筒式仓库，是指用以储存散装颗粒和液体物资为主的储罐类的仓库，又称"罐式仓库"。其构造特殊，呈球形或柱形，主要用来储存粮食、石油、天然气和流体化工品等，一般设置在城乡结合部。

（4）高层货架仓库，是指以高层货架为储存物资方式的仓库。在作业方面，主要使用电子计算机控制系统，实行机械化、自动化作业。

（5）简易仓库，是指临时代用的一些固定或活动的简易仓棚。

4）按储存物资的种类多少分类

（1）综合仓库，是指同时储存多种类型不同自然属性物资的配送中心仓库。

（2）专业仓库，是指在一定时期内，只储存某一类物资的配送中心仓库。

8.2.3 自动化立体仓库

1. 自动化立体仓库概述

自动化立体仓库（Automatic Storage and Retrieval System，AS/RS），又称自动存储取货系统、立体仓库、自动高架仓库等。它是由高层货架、巷道堆垛起重机（有轨堆垛机）、出入库输送机系统、自动化控制系统、计算机仓库管理系统及其周边设备组成的，可对集装单元物品实现自动化存取和控制的仓库，如图 8.10 所示。自动化立体仓库是物料搬运、仓储科学中的一门综合性科技工程，是现代化配送中心的重要设备和重要标志之一。它与普通平库相比，可节约 70% 的占地面积和 70% 的劳动力，单位存储面积利用率是普通仓库的 5~10 倍。

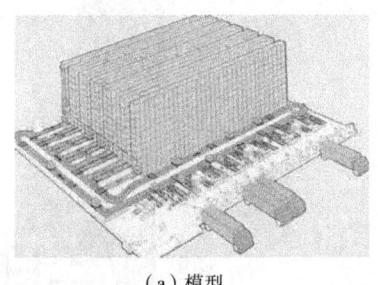

| （a）模型 | （b）实物图 |

图 8.10 自动立体化仓库

1959 年，美国首先开发了世界上第一座自动化立体仓库，并在 1963 年率先使用计算机进行自动化立体仓库的控制管理。后来联邦德国和日本也相继开发了自动化立体仓库。20 世纪 80 年代，自动化仓库在全球迅速发展。20 世纪 90 年代后期至今，智能自动化仓储已是自动化技术的主要发展方向。

20 世纪 70 年代初期，我国开始研究采用巷道式堆垛机的立体仓库。1974 年，郑州纺织机械厂建成我国第一座自动化立体仓库。随着我国市场经济的不断发展，在我国的优势行业如机械、家电、汽车、烟草、邮电、医药、食品、商业、物流等领域，立体仓库正在被逐渐使用。据不完全统计，目前我国已建成的自动立体仓库近 500 座。

2. 自动化立体仓库的组成

自动化立体仓库一般由高层货架、巷道堆垛机、出入库输送系统、自动化控制系统、计算机仓库管理系统及其周边设备组成。

1）高层货架

高层货架是自动化立体仓库的主要组成部分，是保管物料的场所，一般用钢材制作。钢货架的优点是构件尺寸小，仓库空间利用率高，制作方便，安装建设周期短。

高层货架按建筑形式可以分为整体式货架和分离式货架两种。整体式货架是指货架除了储存货物以外，还可以作为建筑物的支撑结构，就像建筑物的一个部分，库房与货架形成一体化结构。分离式货架是指储存货物的货架独立存在，建在建筑物内部，以后也可以将货架拆除，使建筑物用于其他目的。

自动化立体仓库的建筑高度一般在 5 米以上，国外有的高达 50 米，常用的自动化立体仓库高度为 7~25 米。库内高层货架每两排合成一组，每两组货架中间设有一条巷道，供巷道堆垛起重机和叉车行驶作业。每排货架分为若干纵列和横排，构成货格或仓位，用于存放托盘或货箱。

2）堆垛机

堆垛机是自动化立体仓库中最重要的搬运设备，是随着自动化立体仓库的出现而发展起来的专用起重机，如图 8.11 所示。它的主要用途是在高层货架的巷道内来回穿梭，将位于巷道口的货物存入货格，或者从货格中取出货物运到巷道口，配合周围出入库搬运系统完成自动存取作业。

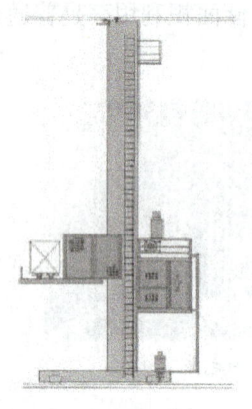 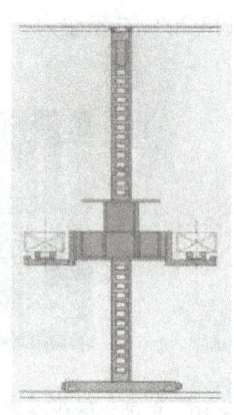 

（a）单货叉单立柱堆垛机　　（b）双货叉单立柱堆垛机　　（c）无轨巷道堆垛机（堆垛叉车）

图 8.11　各种堆垛机示例

堆垛机可分为有轨巷道堆垛机和无轨巷道堆垛机两种。有轨巷道堆垛机在固定的轨道上运动，控制简单，造价较低。它通过手动、半自动、自动控制和远距离集中控制等控制方式，可以完成左右两排货架的货物存储工作。由于有轨巷道堆垛机只能在高层货架巷道内作业，因此必须配备出入库输送系统或设备，才能完成货物的出入库作业。

无轨巷道堆垛机又称高架叉车，是专门用于窄巷道自动化仓库的堆垛设备。它是在前移式叉车的基础上发展起来的，是一种变型叉车，既保留了叉车的一些特性，又发展了适用于在高货架巷道中工作的性能。其最大堆放高度可达 12 米，主要用于高度小于 12 米、作业不太频繁的仓库。

3）输送系统及周边设备

输送系统如各种带式、板式、滚柱式、链式等固定布置的输送机，以及自动导向搬运车等可以移动的搬运输送装置。周边设备还往往包括升降台、提升机、叉车、置物架、堆垛架、挂板架、仓储笼、托盘、料箱、台车等。输送系统及周边设备的作用是配合巷道堆垛机完成货物输送、搬运、分拣等作业，还可以临时取代其他主要搬运系统，使自动存取系统维持工作，完成配送中心货物的出入库作业。

4）控制系统

自动化立体仓库的控制形式有手动控制、随机自动控制、远距离自动控制和计算机自动控制 4 种。存取系统的计算机中心或中央控制室接收到出库或入库信息后，通过对输入信息的处理，由计算机发出出库指令或入库指令，巷道机、自动分拣机及其他周边搬运设备按指令启动，协调完成自动存取作业，管理人员在控制室对整个过程进行监控和管理。

5）信息管理系统

信息管理系统是自动化立体仓库不可或缺的一部分，它为配送中心及时了解货物信息、库存信息、制定经济决策提供了信息保障和信息支持。此外，为了实现高效率、高准确度的作业和使管理员更方便、更直观地了解作业过程，信息管理系统在货物出入库时应能显示作业轨迹，在进行库存管理时，最好能用示意图正确地显示仓位和货品情况。

3. 自动化立体仓库的优缺点

1）优点

（1）仓库作业全部实现机械化和自动化，一方面能够大大节省人力，减少劳动力费用的支出；另一方面能够大大提高作业效率。

（2）采用高层货架、立体储存，能有效地利用空间，减少占地面积，降低土地购置费用。事实上，国外自动化立体仓库能够得到快速发展，地价昂贵是一个很重要的原因。

（3）采用托盘或货箱储存货物，货物的破损率显著降低。

（4）仓位集中，便于控制与管理，特别是电子计算机的使用，不但能够实现作业过程的自动控制，而且能够进行物流信息处理。

2）缺点

（1）结构复杂，配套设备多，需要的基建和设备投资高。货架安装精度要求高，施工比较困难，而且施工周期长。

（2）储存货物的品种受到一定限制，对长、大、笨重货物和要求特殊保管条件的货物，必须单独设立储存系统。

（3）工艺要求高，包括建库前的工艺设计和投产使用中要按工艺设计进行作业，因此对配送中心仓库管理和技术人员的要求也较高，必须经过专门培训才能胜任。

（4）弹性较小，难以应付储存高峰的需求。流通业在实际运作时，常常会有淡旺季或高低峰及客户紧急的需求，而自动化设备数目固定，运行速度可调整范围不大，因此其作业弹性不大，而对于传统设备只要采用人海战术就可以应付这种紧急需求。

（5）必须注意设备的保管、保养，并与设备提供商保持长久联系。自动化立体仓库的高架吊车、自动控制系统等都是先进的技术性设备，由于维护要求高，必须依赖供应商，以便在系统出现故障时能提供及时的技术支援。

8.3　配送中心装卸搬运设备

8.3.1　装卸搬运设备的特点

装卸搬运是配送中心正常工作的重要条件，配送中心每一环节的转换都离不开装卸搬运。由于装卸搬运只增加成本，而不增加产品价值，因此，通过合理利用装卸搬运设备进行有效作业，是降低成本的重要途径。

配送中心装卸搬运作业要求装卸搬运机械结构简单牢固，作业稳定，造价低廉，易于维修保养，操作灵活方便，生产率高，安全可靠，能最大限度地发挥其工作能力。装卸搬运机械的特点有以下几个。

（1）适应性强。由于装卸搬运作业受配送中心货物品类、作业时间、作业环境等影响较大，装卸搬运活动各具特点，因此，要求装卸搬运机械具有较强的适应性，能在各种环境下正常进行作业。

（2）工作能力强。装卸搬运机械起重能力大，起重量范围大，生产作业效率高，具有很强的装卸搬运作业能力。

（3）机动性较差。大部分装卸搬运机械都在设施内完成装卸搬运任务，只有个别装卸搬运机械可在设施外作业。

（4）使用频率不均匀。有的装卸搬运机械工作繁忙，有的则偶尔使用；有的经常承受重载，有的则经常轻负荷。但无论哪一种情况，都要加强检查和维护，以保证装卸搬运机械处于良好的技术状态。

8.3.2　典型的装卸搬运设备

配送中心的装卸搬运机械有多种类型，如起重机械、输送机械、搬运车辆等，以下介绍9种典型的装卸搬运机械。

1. 起重机械

1）起重机械的概念及特点

起重机械是以间歇作业方式对物料进行起升、下降和水平运动的机械设备的总称。它对减轻劳动强度，降低运输成本，提高生产效率，加快车、船周转，实现配送中心的装卸搬运机械化起着十分重要的作用。

起重机械的特点有：以装卸为主要功能，搬运的功能较差，搬运距离很短；大部分起重机械机体移动困难，因此通用性不强，往往是港口、车站、物流中心等处的固定设备；同时，起重机械的作业方式是从货物上部起吊，因此作业需要空间高度较大。

起重机械的作业通常带有重复循环的性质，一个完整的工作循环包括取物、提升、平移、下降、卸载，然后返回到装载位置等环节。在工作中，经常启动、制动、正反向运动是起重机械的基本特点，而稳定运动的时间相比其他机械较短暂。以吊钩起重机为例，它的工作程序通常是：空钩下降至装货点→货物挂钩→把货物提升和运送到卸货点→卸货→空钩返回原来位置准备第二次吊货。也就是说，在吊钩起重机每吊一次货物的工作循环中都包括载货和空返的行程。门座起重机的一个工作循环如图 8.12 所示。

2）起重机械的分类及典型的起重机械

起重机械的类型很多。根据用途不同，起重机械可以分为简单起重机械、通用起重机械和特种起重机械等；根据其动作多少，起重机械可分为简单动作和复杂动作两类。简单动作的起重机械主要有千斤顶、升降机、滑车、葫芦、电梯等，复杂动作的起重机械主要包括门（桥）式和旋转式两种。

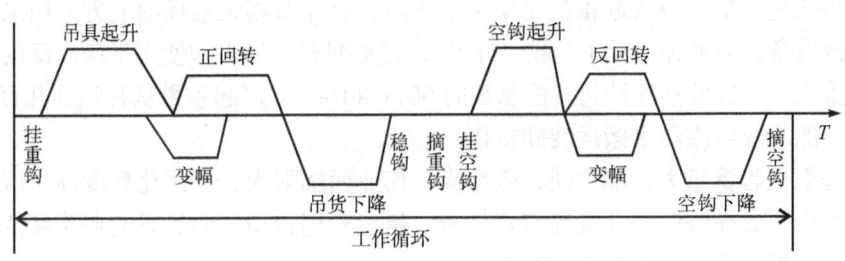

图 8.12　门座起重机的一个工作循环

常见的起重机械如图 8.13 和图 8.14 所示。其中，图 8.13 所示为一般的简单动作起重机械，它们一般只做升降运动或一个直线方向的移动，只具有一个运动机构，起重货物重量不大，作业速度及工作效率较低，在普通的配送中心比较常见。图 8.14 中（a）、（b）为门（桥）式起重机，（c）、（d）为旋转式起重机，它们都是复杂动作的起重机，在港口、码头、堆场、货场、专业型配送中心如钢材加工配送中心、机械制造配送中心等常见。

（a）手动葫芦　（b）双钩电动葫芦　（c）电动环链葫芦　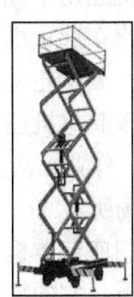（d）升降机

图 8.13　简单动作的起重机械

（a）桥式起重机　（b）集装箱门式起重机

（c）汽车起重机　（d）门座起重机

图 8.14　复杂动作的起重机

（1）桥式起重机。桥式起重机是横架于车间、仓库及露天堆场的上方，用来吊运各种货物的机械设备，通常称"天车"或"行车"，它是拥有量最大和使用量最广泛的一种轨道运行式起重机，其数量占各种起重机总数的 60%~80%，额定起重量从几吨到几百吨。它一般用吊钩、抓斗或电磁盘来搬运装卸货物。

桥式起重机起重量大，速度快，效率高，作业面辐射大，通用化程度高，应用广泛。但桥式起重机需要在装卸作业场地修建桥墩，建造费用较高，而且只能在跨度范围内布置货位，货位面积较小，作业上有不便之处。

（2）门式起重机。门式起重机又称龙门吊或龙门起重机，它是由支撑在两条刚性或一刚一柔支腿上的主梁构成的门形框架得名的，它的起重小车在主梁的轨道上行走，而整机则沿着地面轨道行走，为了增加作业面积，主梁两端可以具有外伸悬臂。

门式起重机具有场地利用率高、作业范围大、适应面广、通过性强等特点，在库场、车站、港口、码头等场所，担负着生产、装卸、安装等作业过程中的货物装卸搬运任务。龙门起重机运用十分普遍，其使用数量仅次于桥式起重机。

（3）汽车起重机。汽车起重机是指安装在标准的或专用的载货汽车底盘上的全旋转臂架起重机。其车轮采用弹性悬挂，行驶性能接近汽车，一般在车头设有驾驶室。此外，绝大多数汽车起重机还在转台（或转盘）上设有起重驾驶室。汽车起重机以其行驶速度高、越野性能好、作业灵活、可迅速改变作业场地等特点得到广泛应用，特别适合流动性大、不固定的作业场所。

（4）门座起重机。门座起重机是有轨运行的臂架型移动式起重机。从门座起重机的外形结构来看，它的构造大致可分为上部旋转部分和下部运行部分。上部旋转部分安装在一个高大的门形底架上，并相对于下部运行部分可以实现 360° 任意旋转，这也是它与其他转动起重机的主要区别。门架可以沿轨道运行，同时它又是起重机的承重部分。起重机的自重和吊重均由门架承受，并由它传到地面轨道上，门座起重机正是由此而得名。由于具有较好的工作性能和独特的优越结构，门座起重机在港口、车站、库场装卸设备中占据着重要的地位。

起重机械的技术性能参数是表征起重机械主要性能特征的技术经济指标，是起重机械正确选用的技术依据。起重机主要的技术性能参数有起重量、起升高度、幅度、跨度、工作速度、起重力矩、生产效率、工作级别等，具体选用时要权衡考虑。

2．输送机械

1）输送机械的工作特点

输送机械是在一定路线上连续不断地沿同一方向输送物料的物料搬运机械。其工作特点如下。

（1）可以以连续、稳定的流水方式搬运货物，即装货、输送、卸货均连续进行。由于不必经常启动和制动，因而能保持较高的工作速度和较高的生产率。

（2）沿固定的路线输送货物，动作单一，结构紧凑，制造维修容易，便于实现自动控制。

（3）在同样生产率的条件下，载荷均匀，速度稳定，功率消耗均衡，是一种比较经济的作业方式。

（4）通用性差。每种机型只适用于一定类型的货物，一般不用于运输重量很大的单件物品。

（5）大多数连续输送设备不能自行取货，因而需要相应的供货、卸货设备。

（6）具有积存性。例如，配送中心的输送系统主要用于实现高架区与理货区或生产线的连接，而高架区堆垛机的出入库作业是间断性的，理货区或生产线货物的下线也多是非连续的，因此，必然要求输送系统有一定的积存性。

2）输送机械的分类

根据货物种类、有无动力、传动特点等，可以将输送机械分为各种类型，如表 8.1 所示。这些输送机械在不同类型的配送中心，都有各自的用武之地。

表 8.1 输送机械的分类

分类依据	类　别	简要特点	常见类型
按照运送货物种类	散料输送机	只用于输送颗粒、粉末等散料货物	粮食输送机、矿石输送机等
	整件输送机	只用于输送成件、包装的物品	各类分拣输送机
	通用输送机	散料和整件物品都可以输送	带式输送机等
按照有无输送动力	自由式输送机	不需要动力，依靠货物自身重力从高端流向低端	重力式输送机、螺旋滑槽等
	动力式输送机	由电动机等动力驱动	辊子输送机、链条输送机、带式输送机等
按照传动特点分类	挠性牵引输送机	利用挠性牵引件传递运动和动力，并依靠挠性牵引件将货物输送到相应的工位上；输送机一般是一个往复、循环的封闭系统	带式输送机、板式输送机、刮板输送机、悬挂输送机、链式输送机、斗式提升机等
	无挠性牵引输送机	利用工作机构的旋转或往复运动，推动货物向一定方向输送，完成对货物的搬运装卸工作，其构件一般不具有往复循环特性	螺旋输送机、辊子输送机、振动输送机、气力输送机等

3）典型的输送机械

（1）滚柱输送机。滚柱输送机又叫辊子输送机，属于非挠性牵引输送机，是配送中心常用的一种输送设备，如图 8.15 所示。它由一系列以一定间隔排列的滚柱组成，用于输送成件货物或托盘货物，滚柱在动力驱动下带动上面的货物移动，也可以在无动力的情况下，由人力或依靠重力运送货物。

滚柱输送机可根据配送中心作业要求，由直线段、圆弧段、水平段、倾斜段、分流段、合流段、升降段和回转段等形式组成开式或闭式作业流水线。物料在滚柱输送系统上可同时完成装配、测试、称量、包装、储运和分拣等各类作业；物料也可在某些区段短暂停留积放，而不影响输送线中其他部分的正常工作。

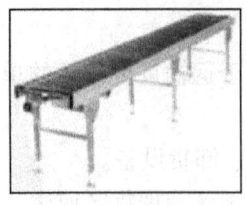
（a）直滚道

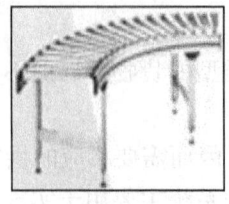
（b）弧形滚道

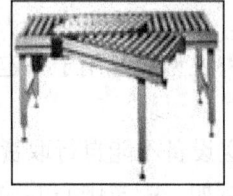
（c）合流滚道

（d）直角转弯滚道

图 8.15　滚柱输送机的各种组合形式

滚柱输送机结构简单、运行可靠、维修量小、布置灵活、营运经济、适应性强、成本低、承载能力大，常用于搬运托盘集装货物和包装货物。

（2）带式输送机。带式输送机是一种利用连续而具有挠性的输送带不停运转来输送物料的挠性牵引输送机，它由金属结构机架，装在头部的驱动滚筒和装在尾部的张紧装置、卸载装置和清扫装置等组成，如图 8.16 所示。输送带绕过若干滚筒后首尾相接形成环形，并由张紧滚筒将其拉紧。输送带及其上面的物料由沿输送机全长布置的托辊（或托板）支撑。驱动装置使传动滚筒旋转，借助传动滚筒与输送带之间的摩擦力，使输送带运动。

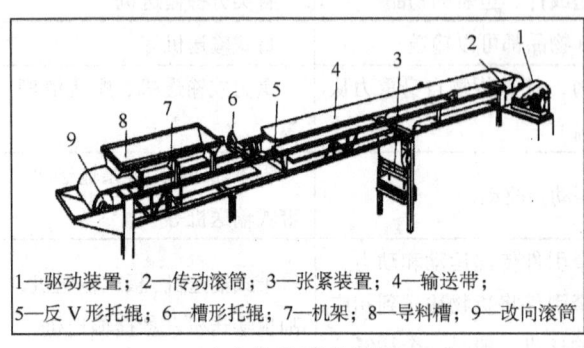
1—驱动装置；2—传动滚筒；3—张紧装置；4—输送带；
5—反 V 形托辊；6—槽形托辊；7—机架；8—导料槽；9—改向滚筒
（a）带式输送机的结构

（b）45° 转弯带式输送机

图 8.16　带式输送机

带式输送机具有输送距离长、输送能力大、运营费用低、结构简单、工作可靠、对物料适应性强、易实现自动控制等优点，因此在仓库、港口、各类物流配送中心等应用广泛。

（3）链板式输送机。链板式输送机同样属于挠性牵引输送机，但其工作原理属啮合传动。常见的链板式输送机应用如图 8.17 所示。链板式输送机的种类很多，以平板式输送机最为常见。平板式输送机的主要结构是安装在两条牵引链条上的刚性链板和安装在两端的驱动电动机。平板式输送机主要用来输送成件物品，广泛应用于轻工、家电、仪器、食品、家具等行业的装配、检测及其物流配送中心。

链板式输送机与带式输送机相比，具有以下优点：①链板的强度大，输送能力强，可做长距离输送。②输送线路布置灵活，可在较大的倾角和较小的弯曲半径下输送物品。链板式输送机也有不足之处：①结构复杂，制造工作量大。②底板和牵引链自重大，金属材料消耗多。③工作噪声较大。④底板和牵引链的磨损较快，润滑和维修不便。

（a）摩托车装配线　　　　（b）啤酒企业的应用　　　　（c）卷烟厂的应用

图 8.17　常见的链板式输送机应用

（4）悬挂式输送机。悬挂式输送机是一种具有空间走向、在空间轨道上运行的连续输送设备，常见的悬挂式输送机应用如图 8.18 所示。普通悬挂式输送机主要结构由牵引链条、滑架、吊具、轨道、张紧装置、驱动装置和安全装置等构成，它的空间轨道可以布置在空间任何方向，通过运行、转向、升降、分叉、合流组成复杂的空间线路，在输送过程中完成工艺流程各工序要求。

图 8.18　常见的悬挂输送机应用

悬挂式输送机结构简单、运行平稳、安全可靠、安装维修方便，可以布置于空间任意方向，大大提高了厂房利用面积，更换不同的减速比，采用交流变频、变压调速等，可方便地适应配送中心工艺流程的节拍变化。因此，悬挂输送机广泛应用于轻工、机械、家电、电子等行业及与其相关的配送中心。

3. 搬运车辆

搬运车辆，又称工业搬运车辆，与平常人们所说的汽车、火车等车辆不同，它主要指用于各类工商企业内部对成件货物进行堆码、牵引、推拉及运输的各种车辆。搬运车辆往往兼有搬运和装卸作业功能，并配备有各种可拆换的工作属具，因此能灵活机动地适应多种作业场合，经济高效地满足各种短距离作业的要求。搬运车辆主要包括各种手推车、牵引车、托盘搬运车、叉车、自动导引搬运车等，以下主要介绍叉车和自动导引搬运车。

1）叉车

叉车又称铲车、叉式起重机，由自行的轮胎底盘和能垂直升降、前后倾斜的货叉、门架等组成，主要用于件货的装卸搬运，是一种既可做短距离水平运输，又可堆拆垛和装卸载货汽车、铁路平板车的机械，在配备其他取物装置以后，还能用于散货和多种规格品种

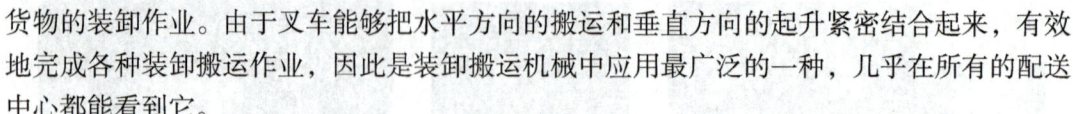

货物的装卸作业。由于叉车能够把水平方向的搬运和垂直方向的起升紧密结合起来，有效地完成各种装卸搬运作业，因此是装卸搬运机械中应用最广泛的一种，几乎在所有的配送中心都能看到它。

（1）叉车的工作特点。叉车具有以下工作特点。

① 机械化程度高。叉车可以在各种取物装置或货叉的配合下，依靠驾驶员的操作，实现搬运装卸作业的机械化，而无须装卸工人的辅助劳动。

② 机动灵活性好。叉车外形尺寸小，转弯半径小，可以在作业区域内任意调动，自由出入。

③ 通用性比较强。在配备与使用各种工作属具，如货叉、铲斗、臂架、串杆、货夹等条件下，叉车可以适应各种品种、形状和大小货物的装卸作业。

④ 经济效果比较好。与大型起重机械比较，叉车的成本低，投资少，能获得较好的经济效益。

⑤ 提高装卸效率和装卸安全。叉车作业可缩短装卸、搬运、堆码的作业时间，加速车船周转，有利于开展托盘成组运输和集装箱运输。另外，叉车作业可减少货物破损，提高作业的安全程度，实现文明装卸。

⑥ 提高仓库容积的利用率。叉车作业可使货物的堆垛高度大大增加（堆码高度一般可达3~5米），仓库和货舱的空间位置得到充分利用（利用系数可提高30%~50%）。

（2）叉车的分类及典型叉车。叉车按不同标准可分为不同类型。

① 按动力装置分类。根据叉车动力装置的不同，可将其分为如下几类。

• 内燃动力式叉车。它又可分为以汽油、柴油、液化石油气、双燃料为动力的叉车。它机动性好，功率大，尤其适用于大吨位叉车。

• 电动式叉车（俗称电瓶叉车）。它以蓄电池供给能量，直流电动机驱动。它操作容易，无废气污染，适合在室内作业。随着环保要求的提高，电动式叉车的需求有较快增长，尤其适合中、小吨位叉车。

• 双动力叉车。双动力叉车主要有内燃/电动式叉车。

• 步行操纵式叉车。此类叉车靠人力进行作业。

② 按结构特点分类。根据叉车结构的不同，又可分为平衡重式叉车、插腿式叉车、前移式叉车、侧叉式叉车、集装箱叉车等。

• 平衡重式叉车。该类叉车是叉车中应用最广泛的一种，约占叉车总数的80%。它的特点是货叉伸出在车身的正前方，货物重心落在车轮轮廓之外。由于没有支撑臂，为了平衡货物重力产生的倾覆力矩，在车体尾部配有平衡重块。平衡重式叉车一般采用充气轮胎，运行速度快，而且具有较好的爬坡能力。其结构如图8.19（a）所示。

平衡重式叉车有内燃式和蓄电池式两种，如图8.19（b）和图8.19（c）所示。内燃式叉车噪声大，且产生有害气体，通常适用于露天场所作业。蓄电池式叉车无废气污染，操作方便，适用于在室内或环境条件要求较高的场所。

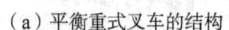

（a）平衡重式叉车的结构　　　　（b）平衡重式内燃式叉车　　　　（c）平衡重式蓄电池式叉车

图 8.19　平衡重式叉车

- 插腿式叉车。该类叉车的特点是叉车前面带有小轮子的支腿，能与货叉一起伸入货板叉货，然后再用货叉提升货物，其结构与类型如图 8.20 所示。由于货物重心位于前后车轮所包围的底面积内，因此其稳定性好。该类叉车的两前轮直径很小，承载能力不大，因此起升重量较小，一般在 2 吨以下。插腿式叉车相对于平衡重式叉车结构紧凑，自重轻，外形尺寸小，转弯半径小，适宜在狭窄通道和室内堆垛、搬运作业。但其运行速度低，对地面要求较高，且多用电力驱动或人力推动。

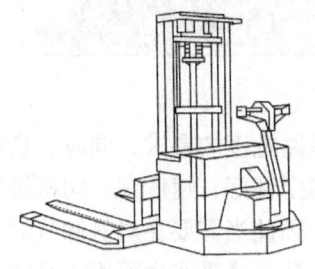

（a）插腿式叉车的结构　　　　　（b）手动插腿式叉车　　　　　（c）电动插腿式叉车

图 8.20　插腿式叉车

- 前移式叉车。该类叉车的货叉和门架可沿叉车纵向前后移动，其实物外形如图 8.21（a）所示。取货卸货时，货叉伸出，叉卸货物以后或带货移动时，货叉退回接近车体的位置，使货物重心落在叉车的支撑面内，因此叉车不需要平衡重力，运行时稳定性好。

　　前移式叉车分门架前移式和货叉前移式两种，各自的结构如图 8.21（b）和图 8.21（c）所示。前者的货叉和门架一起移动，由于门架伸缩距离受外界空间对门架高度的限制，所以只能对货垛的前排货物作业；后者的门架则不动，货叉借助于伸缩机构单独前伸。如果地面上有一定的空间允许叉腿插入，则叉车能够超越前排货架，对后一排货物进行作业。

　　前移式叉车一般由蓄电池做动力，起重量在 3 吨以下。它的优点是车身小，重量轻，转弯半径小，机动性好；缺点是行驶速度低，主要用于室内高架搬运作业。

- 侧叉式叉车。侧叉式叉车的结构和实物外形如图 8.22 所示，叉车的门架和货叉位于车体中部的一侧，不仅可以上下运动，还可以前后伸缩。叉货时，液压支腿先放下着地，门架向外推出，叉取货物后，货叉起升，门架退回，然后下降货叉，货物即自动放置在叉车一侧的前后车台上，然后收起液压支腿，叉车即可行走。

（a）前移式叉车实物外形

（b）门架前移式

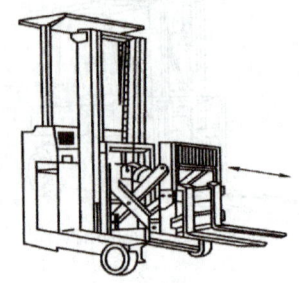
（c）货叉前移式

图 8.21　前移式叉车

图 8.22　侧叉式叉车的结构和实物外形

　　由于货物沿叉车的纵向放置，可减少长大货物对道路宽度的要求，同时，货物重心位于车轮支撑底面之内，因此侧叉式叉车行驶时稳定性好，速度高，司机视野比前移式叉车好。但由于门架和货叉只能向一侧伸出，因此当需要在对侧卸货时，必须将侧叉式叉车驶出通道，掉头以后才能进行卸货。侧叉式叉车主要用于装卸、搬运长大件货物，如型钢、木材等，多以柴油机驱动。

- 集装箱叉车。集装箱叉车是集装箱码头和堆场上常用的一种集装箱专用装卸机械，主要用于堆垛空集装箱等辅助性作业，也可在吞吐量不大（年吞吐量低于3万标准箱）的综合性码头和堆场对集装箱重箱进行装卸与短距离搬运。随着集装箱的大量推广和集装箱运输的快速发展，集装箱叉车在各类配送中心也得到较多应用。集装箱叉车如图8.23所示。

（a）集装箱叉车（货叉）

（b）五层空箱作业叉车

（c）五层重箱作业叉车

图 8.23　各类集装箱叉车

装卸 10 吨以下的小型集装箱时，叉车的货叉直接插入集装箱底板的叉孔内；装卸大型集装箱时，叉车的滑架上装有专用的集装箱顶吊架，滑架起升时，靠顶吊架装卸集装箱。

2）自动导向车

根据国家《物流术语》标准，自动导引车（Automatic Guided Vehicle，AGV）是指具有自动导引装置，能够沿设定的路径行驶，在车体上具有编程和停车选择装置、安全保护装置以及各种物料移载功能的搬运车辆。AGV 是以电池为动力，装有非接触导向装置，独立寻址的无人驾驶自动运输车，是现代物流配送中心作业系统的重要设备。

一台 AGV 在正常的搬运过程中，从原始位置接收到搬运信号出发开始，经过行进、装货、卸货，并回到原始位置，到通信结束，这一连串动作构成了 AGV 的一个工作循环，如图 8.24 所示。

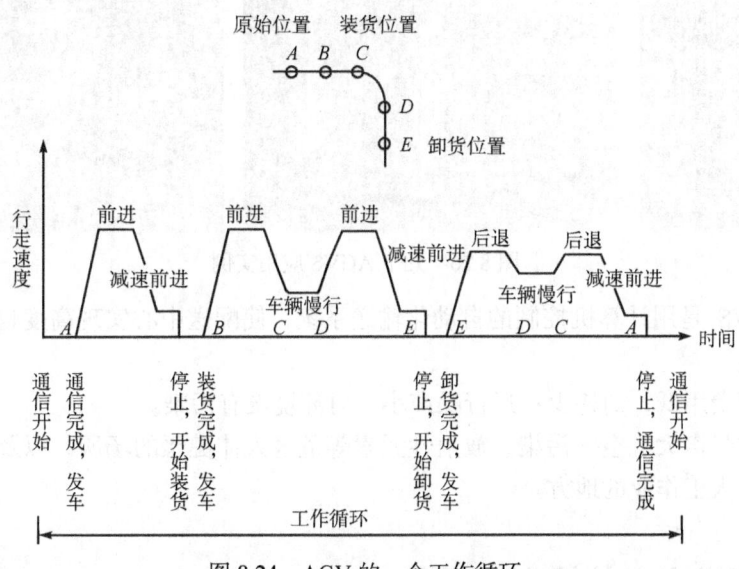

图 8.24　AGV 的一个工作循环

自动导向搬运车系统（AGVS）是由若干个 AGV 组成，在计算机交通系统控制下沿导引路径运行的自动导向搬运车系统。它以自动导向的无人驾驶搬运小车为主体，由导向系统、自动寄送系统、数据传输系统、管理系统、安全保护装置及周边设备等组成，其工作原理如图 8.25 所示。由于 AGVS 能满足物料搬运作业的自动化、柔性化和准时化的要求，因此常和配送中心的自动化立体仓库、柔性加工系统、柔性装配系统等一起应用，如图 8.26 所示。

与传统的刚性输送系统相比，配送中心应用 AGVS 有以下优势。

（1）有利于科学地组织作业流水线，并可以根据业务量变化随时调整输送路线，比固定的刚性输送系统具有较大的灵活性和弹性。

（2）无轨的自动导引搬运车取代了笨重的传送带、传送链等，不需在地面上设置复杂的钢结构，可大大改善现场的作业环境。

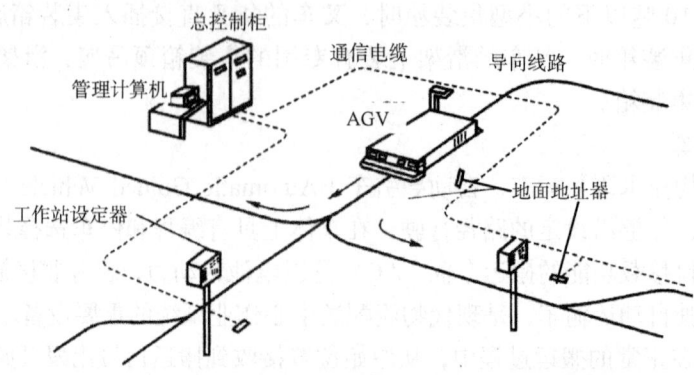

图 8.25　AGVS 的工作原理

图 8.26　几个 AGVS 应用实例

（3）AGVS 是用计算机控制的自动化输送系统，使配送中心实现高度自动化的计算机管理成为可能。

（4）运行费用低，消耗少；运行噪声小，对环境没有污染。

（5）适宜噪声大、空气污染、放射性元素等危害人体健康的场所，以及通道狭窄、光线昏暗不利于人工作业的地方。

8.4　配送中心的输配送设备

鉴于配送作业和运输作业的不同，配送中心和物流中心及通常所说的港口、堆场、货运站等定位和服务的不同，配送中心的输配送设备除了部分普通货车以外，主要以各种专用汽车为主，如厢式货车、冷藏保温货车、罐式货车、自卸货车、牵引车和半挂车等。本节对配送中心常用的货车加以简要介绍。

1. 普通货车

普通货车如图 8.27（a）所示。按其载重量可分为轻型（小于 3.5 吨）、中型（4~8 吨）和重型（大于 8 吨）货车。由于配送中心以多品种、小批量、多批次、短距离运输为主，因此配送中心以轻型货车常见，中型货车较少，重型货车几乎不用。相比之下，物流中心的常用车型正好与配送中心相反。

2. 厢式货车

厢式货车如图 8.27（b）所示，它是有载货车厢的一种专用汽车，具有防水、防雨、防潮、防盗、防散失、防损坏、易配装货物、符合城市运输环保要求等特点，在城市生活配送中心得到广泛应用。

3．冷藏保温货车

冷藏保温货车如图 8.27（c）所示，它是指装有冷藏、冷冻或保温设备的厢式货车，主要用来运输配送易腐烂、易变质或对温度有特定要求的货物，常用于食品、乳业、肉类、鱼类、蔬菜加工等配送中心。

在运输配送易腐货物的过程中，为了达到货物保鲜的目的，必须保证整个冷藏链不中断，为此需要在运输车辆上装有制冷装置。使用时，制冷装置先对隔热车厢进行预冷，使厢内温度达到货物运输的适宜温度。在运输过程中，制冷装置产生的冷量不断平衡周围环境对车厢传入的热量，从而保持车厢内的温度始终处于适宜的温度。有些冷藏汽车还装有加热装置，以便在外界环境温度低于货物运输适宜温度时，用来对车厢内加热，使车厢温度保持于适宜状态。

4．罐式货车

罐式货车如图 8.27（d）所示，它是指装有罐状容器的货运汽车。这类货车往往还装有某种专用辅助设备，用来完成特定的作业任务，如装货、卸货、搅拌等作业。罐式货车常用于运输配送各种粉状货物如面粉、水泥等，各种颗粒状货物如粮食、砂糖、颗粒盐等，各种气态货物如石油气、氮气等，各种液态货物如水、饮料、燃油等，其他如酸类、碱类、混凝土等货物，因此，罐式货车常用于专业型的配送中心。

5．自卸货车

自卸货车如图 8.27（e）所示，它是指能运送货物且能自动举升并倾卸货物的汽车。自卸货车利用发动机的动力，通过液压举升机构使车厢倾斜一定的角度，实现货物的自动卸出。普通自卸货车一般是在同吨位的载货货车二类底盘的基础上改装而成的，与普通货车相比，自卸货车的整备质量有所增加，装载质量有所减小。自卸货车主要用于运输散装并可以散堆的固体货物，如煤炭、砂土、矿石、农作物等，有时也可以用于运输成件货物。

（a）普通货车　　　　　　（b）厢式货车　　　　　　（c）冷藏保温货车

（d）罐式货车　　　　　　（e）自卸货车　　　　　　（f）牵引车

图 8.27　配送中心常用的输配送车辆

6．牵引车和半挂车

在大型配送中心和一些专业型配送中心，还经常用到由牵引车和半挂车组成的半挂汽车列车组合，其结构如图 8.28 所示，牵引车是汽车列车的驱动车节，称为主车，如图 8.27（f）所示；被主车牵引的从动车节称为挂车。半挂汽车列车具有快速、机动、灵活、安全等优势，可以方便地实现甩挂运输、滚装运输等。

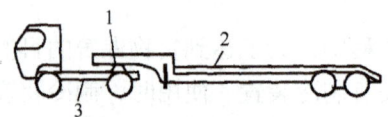

1—牵引座；2—半挂车；3—牵引车

图 8.28　半挂汽车列车组合的结构

8.5　配送中心的分拣设备

分拣是指配送中心为进行运输配送，把很多货物按不同品种、不同地点和不同单位分配到不同设置场地的一种物料搬运过程，也是一种将物品从集中到分散的处理过程。

随着生产力的提高和商品的日益丰富，无论是生产领域还是流通领域的物流配送中心，其中的物品分拣作业，已成为耗时、耗力、占地大、差错率高、管理复杂的工作。一般而言，分拣作业所需人力占物流配送中心人力资源的 50%以上；分拣作业所需时间占物流配送中心作业时间的 40%；分拣作业的成本占物流配送中心总成本的 15%~20%。显然，分拣作业是配送中心业务流程的重要环节之一，是决定配送中心运作效率的重要因素之一。

8.5.1　分拣方式

按照分拣手段的不同，可将分拣分为人工分拣、机械分拣和自动分拣 3 大类。

（1）人工分拣的主要缺点是劳动量大，效率低，易出差错。

（2）机械分拣主要是利用输送机械，在各分拣位置配备的作业人员看到标签、色标、编号等分拣的标志，便把货物取出。也有在箱式托盘中装入分拣的货物，用叉车等机械移动箱式托盘，用人力把货物放到分拣的位置，或者再利用箱式托盘进行分拣分配。

（3）自动分拣系统应用于大量物品分拣的情况，其特点为快速、准确、安全，现代大型分拣系统的分拣速度每小时可达几万件。自动分拣系统正越来越多地应用于邮电、航空、食品、医药、电子等行业及其配送中心。

以下主要介绍两种高效率的分拣方式——电子辅助分拣系统和自动分拣系统，这是当前配送中心分拣系统的发展趋势，尤其在大型配送中心中正越来越多地被应用。

8.5.2　电子标签辅助分拣系统

电子标签辅助分拣系统，是指在安装在储位上的电子装置的帮助下，完成分拣作业，其工作原理及应用实例如图 8.29 所示。电子标签辅助分拣系统的电子装置通过网络与计算机连接，并由计算机控制，借助信号灯与液晶数字显示作为辅助工具，引导拣货人员正确、快速、轻松地完成拣货工作。电子标签辅助分拣系统具有弹性控制作业流程、即时现场监控、紧急订单处理等功能，能够有效地降低拣货错误率、加快拣货速度的功能，有利于物畅其流。

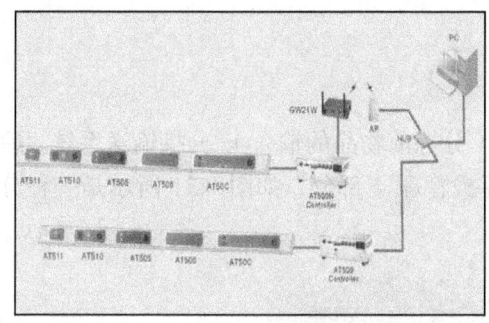
（a）工作原理

（b）应用实例

图 8.29　电子标签辅助分拣系统的工作原理和应用实例

根据拣选方式的不同，电子辅助分拣系统又可分为摘取式和播种式两种系统，如图 8.30 所示。

（a）摘取式电子标签辅助分拣系统

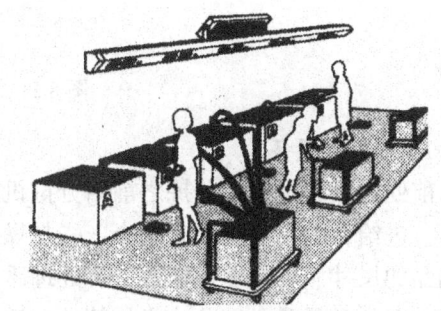
（b）播种式电子标签辅助分拣系统

图 8.30　两种电子辅助分拣系统

1．摘取式电子标签辅助分拣系统

在摘取式电子辅助分拣系统中，把电子标签安装在货物储位上，原则上一个储位内放置一种货品，即一个电子标签对应一个货品。以一张订单为处理单位，订单中所需商品对应的电子标签会亮起，拣货人员依电子标签上所显示的数量将货品从货架上取出。此种拣货方式大多应用于配送对象多但商品储位固定、不经常移动的情况。

2．播种式电子标签辅助分拣系统

在播种式电子标签辅助分拣系统中，每个电子标签所代表的是一个订货厂商或是一个配送对象，即一个电子标签代表一张订货单。工作人员汇集多家订货单位的多张订货单，按货品进行分类，以一类货品为处理单位。拣货人员先取出某一货品的需求总数，然后需配此项货品的订货单位所对应的电子标签亮起，拣货人员依电子标签上显示的数量进行配货，依次完成其他货品。播种式系统通常在对象固定、商品种类多或商品的相似性大、商品储位经常移动的情况中使用。

上述两种系统，无论采用何种都可以达到降低拣货错误率、加快拣货速度的目的。使

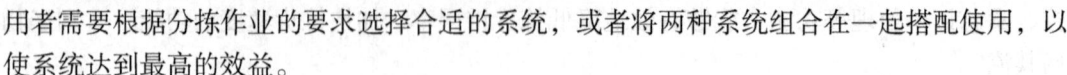
用者需要根据分拣作业的要求选择合适的系统，或者将两种系统组合在一起搭配使用，以使系统达到最高的效益。

8.5.3 自动分拣系统

1. 自动分拣系统的基本构成

自动分拣系统的基本构成包括前处理设备（分拣前物品的输入）、分拣输送系统、后处理设备（分拣后物品的输出）、控制装置及计算机管理 4 部分，如图 8.31 所示是一种分拣运输机系统。

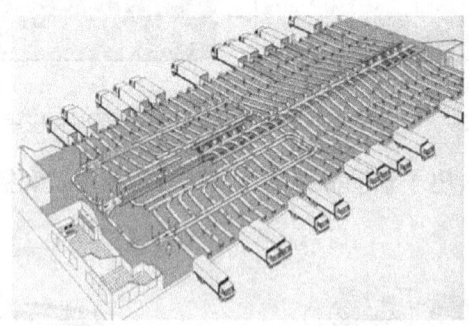

图 8.31　分拣运输机系统

1）前处理设备

前处理设备是指在分拣之前向分拣机输送分拣物的进给台及其他辅助性运输机和作业台等。进给台的主要功能有两个：一是操作人员利用输入装置或条形码识别装置将各个分拣物品的尺寸、目的地址输入分拣处理系统，然后经控制器转换为确定分拣动作机构的方向、位置、数量和驱动分岔机构等的一系列指令，作为该物品的分拣作业命令；二是控制分拣物品进入分拣机的时间和速度，保证分拣机准确地进行分拣。其他辅助性输送机则是向进给台输送分拣物，可根据分拣系统现场的要求和条件来设置。

2）分拣输送系统

分拣输送系统是分拣系统的核心设备，主要出输送机、道岔、分拣动作机构等关键部件组成，根据控制装置的指令，通过分拣动作机构将分拣物品分拣到相应的下线道岔。由于不同行业、不同部门的分拣对象在尺寸、质量和外形等方面都有很大差别，对分拣方式、分拣速度、分拣道岔的多少等要求也不相同，因此分拣输送系统的种类也很繁杂。采用不同的分拣输送系统，配置不同的前处理设备和后处理设备，可组成适合各种不同需要的自动分拣系统。

3）后处理设备

后处理设备是指设置在分拣机后面的分拣溜槽及其他辅助设备。通常在分拣机的每个出口设置一个分拣溜槽，其功能是暂存分拣后的物品，每个溜槽存储同一个分拣目的地的分拣物品。分拣溜槽越多，可以同时进行分拣的目的地也越多，分拣系统服务的范围也越大。通常采用钢板或塑料制成的光滑溜槽，也有的采用带辊子的溜槽。溜槽口一般设有预满格和满格声光提示功能。满格后由人工收集和装车发运，也有的利用伸缩带式输送机或其他输送机组成后处理系统，以提高分拣效率。

4）控制装置及计算机管理

在控制装置中，分拣系统控制装置的主要功能是：接收分拣目的地地址，通常由操作人员利用数字键盘或按钮输入；控制进给台，使分拣物按分拣机的要求迅速、准确地进入分拣机；控制分拣机的分拣动作，使分拣物在预定的分拣口迅速、准确地拣出；完成分拣系统各种信号的检测监控及安全保护。

计算机管理系统主要是对分拣系统中各设备运行的数据进行记录、监测和统计，对相关生产资料、技术资料、各类报表等进行整理和列印，并能与其他计算机联网，实现网络管理，以便对分拣作业和设备进行综合评价、分析与管理。

2．自动分拣系统的基本技术要求

自动分拣系统的基本技术要求有：①要能够迅速准确地分拣物品，且分拣差错率低。当前许多分拣机的准确率已达到 99.9%。②分拣能力要强，现代大型分拣系统分拣道岔数目可达数百条，有的甚至达 500 条以上。③分拣系统对分拣物品的大小、形状、质量、包装形式及材质等因素的适应范围要宽。④工作时对分拣物品的冲击和震动要小，安全保护措施齐全，不能对被分拣物品造成损坏。⑤分拣作业中操作人员输入分拣命令简单方便，人工辅助动作简单、省力。⑥自动控制和计算机管理的功能完善，性能安全可靠。

3．自动分拣机的典型结构

自动分拣机有许多不同形式，以适应各类配送中心成千上万种形状各异、大小各异、重量各异、包装各异的商品分拣的需要。常见的自动分拣机有以下几种。

1）挡板式分拣机

挡板式分拣机如图 8.32 所示，它是利用一个挡板（挡杆或挡块）挡住在输送机上向前移动的商品，将商品引导至一侧的滑道排出。挡板平时处于主输送机一侧，可让商品继续前移；做横向移动或旋转时，挡板就会挡住商品向前移动，利用输送机对商品的摩擦推力使商品沿着挡板表面移动，从主输送机上排出至滑道。挡板分拣机结构简单，价格较低，但对物品的冲击较大。

2）上浮式分拣机

上浮式分拣机如图 8.33 所示，它是把商品从主输送机上托起，并引导出主输送机的一种结构形式。从引离主输送机的方向看，一种是引出方向与主输送机成直角；另一种是呈一定夹角（通常是 30°~45°）。一般前者比后者生产率低，且对商品容易产生较大的冲击力。

图 8.32　挡板式分拣机

图 8.33　上浮式分拣机

上浮式分拣机分拣快速准确，适合硬纸箱、塑料箱、包装箱等平底面商品，对物品的冲击力比挡板分拣机的要小。

3）滑块式分拣机

滑块式分拣机如图 8.34 所示，可以把它看作一种特殊形式的输送机。输送机的表面用金属链板或滚筒构成，在每个链板或滚筒上有一枚用硬质材料制成的滑块，能沿链板或滚筒左右横向滑动，平时滑块停在输送机的侧边。滑块的下部有销子与链板下导向杆连接，通过计算机控制，滑块能有序地自动向输送机的对面一侧滑动，商品就被引出主输送机。

滑块式分拣机在分拣时轻柔、准确，将商品逐渐推出，对商品的冲击力很小；可适应不同大小、重量、形状的商品，适用于各种箱包、袋、扁平件等无滚动物件的分拣；可向左、右两侧分拣，出口多，占地空间小；分拣时所需商品间隙小，分拣能力高达 18 000 件/小时，且分拣差错率极低。滑块式分拣机是目前国内外发展比较快的一种高速分拣机。

4）倾翻式分拣机

倾翻式分拣机主要有链板倾斜式和翻盘式两种形式。

（1）链板倾斜式分拣机。这是一种特殊型的链板输送机，商品装载在输送机的链板上，当商品行走到需要分拣的位置时，在计算机的控制下，链板的一端自动升起，使链板倾斜将商品移离主输送机。商品占用的链板数随不同商品的长度而定，在商品占用多个链板的情况下，占用的多个链板如同一个单元，在计算机的控制下同时倾斜。因此，这种分拣机对商品的长度在一定范围内不作限制。

（2）翻盘式分拣机。翻盘式分拣机如图 8.35 所示，它由一系列的盘子组成，盘子为铰接式结构。商品装载在盘子上行走到一定位置时，盘子倾斜，将商品翻倒于旁边的滑道中。为减轻商品倾倒时的冲击力，有的翻盘式分拣机能控制商品以抛物线状倾倒出商品。这种分拣机对分拣商品的形状和大小可以不拘，但以不超出盘子为限。对于长形商品可以跨越两只盘子放置，倾倒时两只盘子同时倾斜。

图 8.34　滑块式分拣机

图 8.35　翻盘式分拣机

翻盘式分拣机常采用环状连续输送，其占地面积较小，又由于是水平循环的，使用时可以分成数段，每段设一个分拣信号输入装置，以便商品输入，而分拣排出的商品在同一滑道（指同一配送点）排出，这样就可提高分拣能力。日本川崎重工公司生产的翻盘式分拣机系统设有 32 个分拣信号输入装置，有排出滑道 255 条，分拣商品能力为 14 400 件/小时。住友重机工业株式会社生产的分拣机系统的分拣能力达 30 000 件/小时。

8.6　配送中心的设备选择

8.6.1　配送中心设备选择的原则

借助技术设备，配送中心可以获得高效率和高收益，但考虑到硬件设备一般投资大、使用期限长、变更成本高等因素，在选择和配置配送中心技术设备时，一定要统一规划，科学决策。

一般来说，配送中心技术设备的选用除根据需要外，还应结合作业场地、货物的种类和特性、货运量大小、运输工具类型、运输组织方法、货物储存方式等，考虑技术设备的投资、长远适应性，配送中心的资金承受力等因素。总体来讲，应遵循技术上先进、经济上合理、生产作业上安全适用、无污染、能耗小等原则，具体如下。

（1）系统化原则。系统化原则是指在选择设备时要用系统的观点和方法去思考，从而做到统筹兼顾。要求对配送中心各个作业环节进行系统分析，把各个设备与物流系统总目标、各设备、设备与操作人员、设备与作业任务等有机结合起来，从而使设备配置有利于物流系统整体最优。

（2）适用性原则。适用性原则是指物流设备满足配送中心使用要求的能力，包括适应性和实用性。适应性是指物流设备能够满足配送中心实际工作的需要；实用性是指不过分追求技术上的先进性，因为那样往往带来物流系统过高的投资负担。

（3）技术先进性原则。技术先进性原则是指配送中心选择的物流设备能够反映当前科学技术的先进成果，在技术性能、自动化程度及结构优化、环境保护、操作条件等方面具有技术上的先进性，并在时效性方面能满足技术发展的要求。切记，配送中心的技术水平指的是"适度先进"，总体上要与配送中心发展的实际需要、经济实力等相适应。

（4）低成本原则。由于设备投资额较大，对配送中心的资金压力比较大，且设备投入运行后每年还要有一定的保养、维修成本，稍有不慎，容易给配送中心带来沉重的负担，因此配送中心设备选择要坚持低成本原则，既要考虑购买设备的低成本，又要考虑设备运行的低成本。

（5）可靠性和安全性原则。可靠性原则是指希望配送中心的设备能够长时间稳定地运行。安全性原则是指在设备运行过程中务必保障人身安全、设备安全和物流存储、运输商品的安全。

（6）能耗小、污染小、噪声低原则。配送中心设备选择要充分注意到设备运行时的低能耗，这是保证设备运作成本低的策略之一，同时还要注意所选择设备的低污染和低噪声。这都是发展绿色物流的要求。

8.6.2　配送中心设备选择的步骤

（1）明确设备选择的目的。应明确配送中心选择设备具体是要做什么工作，这个工作要求设备具有何种技术性能；否则易犯好大喜功或犯保守落后的错误。

（2）收集资料，比较分析。收集与设备选型相关的资料，如技术资料、经济资料、建设安装、应用资料，甚至包括经验和教训等，以供分析比较。

（3）拟订备选方案。对于同样的存储量、同样的运输配送、同样的作业线和作业流程，可以选择不同的物流设备。在这一阶段，要尽可能多地提出不同的配置方案备选，以利于正确决策。

（4）对备选方案进行综合评价。对上述各具优缺点的备选方案，不仅要从投资、收益、折旧、运行成本、资金回收等方面进行技术经济评价，同时还要对技术设备的环保性、安全性、宜人性、消防、采暖空调、摄像监控等方面进行评价。必要时可以借助计算机技术，对设备系统的运行效率和匹配协调性进行模拟仿真。根据综合评价的结果，得出配置合理的、适宜实施的配送中心技术设备方案。

（5）设备采购。一般来说，在配送中心设备投资额比较大的时候，进行招投标采购比较合适。这样不但有利于节约投资，而且有利于减少设备采购中的腐败行为。

（6）设备安装与试运行。按照合同内容规定的方式接收设备，并安装试运行。在设备顺利运行一段合理时间后，就可以投入正常使用了。

 案例分析

烟草物流配送中心分拣设备选型与系统集成

随着市场经济的发展，卷烟配送趋于多规格、小批量，配送卷烟的种类、数量和经营户数量都将急剧增加。目前，低效易错的人工分拣和电子标签辅助拣选已经不能满足市场需要。因此，改善卷烟分拣作业成为烟草物流配送中心的核心任务。

1．条烟自动化分拣系统概述

（1）立式条烟自动化分拣系统。目前，有很多烟草物流配送中心采用了立式条烟自动化分拣系统。一条立式条烟自动化分拣系统占地面积约126平方米（长21米，宽6米），在计算机系统的控制下，自动实现条烟批量、多订单、多品种连续可靠地自动分拣。该系统根据配烟信息，按路向及顺序自动将相应的烟条输出至配烟输送线上，配烟输送线按段输送某一客户的卷烟。通过自动喷码后，配好的卷烟经输送线送至装箱段进行自动装箱。空容器码放在装箱机储存段，经扫描识读后进入自动装箱位置。装箱后的容器传送至复核工位进行复核，再由人工按信息提示进行码盘。这套系统简单实用，分拣效率可达8 000条/小时。无论是分拣还是装箱，都是自动化完成，无须人工操作，但件烟的供烟、烟箱开拆、填补烟仓等操作则需要全部由人工完成。立式条烟自动分拣系统如图8.36所示。

（2）复合式条烟自动化分拣系统。复合式条烟自动化分拣系统是立式条烟分拣系统的升级产品。除了原有的自动分拣、自动装箱功能外，还能够进行件烟自动供烟、大品种自动补烟等作业。系统的自动化能力更高，分拣效率达16 000条/小时。一条复合式自动化分拣系统占地面积约455平方米（长35米，宽13米，含件烟供给传输系统）。

图8.36　立式条烟自动分拣系统

2．条烟自动化分拣系统的优点

（1）连续、大批量分拣货物。由于是流水线自动化作业方式，条烟分拣系统不受气候、时间、人的体力及精神状态等因素的限制，自动配烟机每天可以连续运行 24 小时，每小时可分拣 8 000~16 000 条卷烟。分拣能力大大超过了半自动化和人工分拣系统。

（2）分拣误差率低。条烟自动分拣系统的分拣误差率主要取决于设备状态和所输入分拣信息的准确性，如果设备调试维护良好，输入信息准确，误差出现的概率会大大减小。而应用电子标签辅助拣选时，受人为因素的影响比较大，如果分拣员看错显示数字或数错条烟数量，则会影响分拣的准确率。

（3）作业人员减少。自动化分拣系统的应用，减少了人员的需求数量，减轻了员工的劳动强度，提高了效率。尤其在分拣和装箱作业流程，不需要人工参与，系统便可以自动完成任务。但电子标签辅助拣选模式还需要分拣人员手工从事拣货作业。

（4）更为先进。自动化分拣系统不仅提高了系统的自动化和连贯性，而且还体现了现代化物流配送中心的特征。这种自动化流水线还可以很容易地与楼仓的提升传输系统或立体仓库的自动传输线衔接。而电子标签辅助拣选系统实际上还属于劳动密集型的设备，主要依靠人工操作。

（5）应急处理及时。自动化分拣系统可以在不停机的状态下进行检修。如果局部出现异常，则可采用分段作业模式，进行设备维护。

3．分拣设备选型

对于卷烟种类多达数百个的烟草物流配送中心，在选型时，要详细调研上一年的进销存数据，对卷烟的规格、数量进行统计分析，从而规划出分拣系统各辅助设备，如烟仓、传输线、供烟传输小车等配置数量。

例如，根据图 8.37 的卷烟销售数据分析结果，可以将前 20 种作为高频次品种（占 57.9%），其次的 50 种作为中频次品种（占 33.1%），其余的作为低频次品种（占 9%）。这样就实现了全部卷烟的自动化分拣。

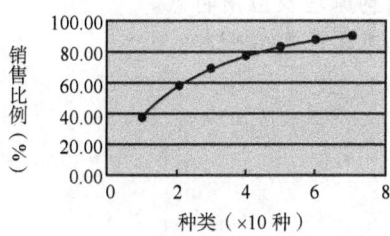

图 8.37　卷烟销售品种分析

根据烟草物流中心不同业务量及两种类型自动化分拣系统的处理能力，在年工作日 250 天、一班工作制的前提下，所设计的分拣设备配置方案如表 8.2 所示。

4．烟草物流配送中心的设备组成

（1）储存设备系统：自动存取码放件烟的托盘，如堆垛机、立体货架。

（2）拣选系统：条烟自动分拣机。

（3）补货系统：件烟的自动补货装置。

（4）包装系统：自动化装箱技术。

（5）物料搬运设备：如叉车等。

（6）物流容器：如塑料箱、周转箱等，既节约又环保。

（7）装卸车设备：如伸缩胶带机，可加装扫描装置，件烟条形码扫描。

表 8.2　分拣设备配置方案

日均分拣 业务量 （万条/日）	分拣线 形式	分拣线 配置数量 （条）	分拣线 人员数量 （人）	分拣 作业时间 （小时）	年配送量 （万大箱）
6	立式	1	13	7.5	6
10	立式	2	24	6.25	10
20	复合式	2	26	6.25	20
30	复合式	3	36	6.25	30
50	复合式	4	50	7.81	50

思考题

本案例的自动分拣设备配置方案是如何得到的？试给出其大致的推算过程。

 复习思考题

1．集装化作业有哪些好处？

2．配送中心常用的货架形式有哪些？它们的结构及应用如何？

3．简述自动化立体仓库的组成原理及应用特点。

4．常用的装卸搬运设备有哪些？它们的结构特点和应用特点如何？

5．简述配送中心常用货车的结构特点和应用特点。

6．简述常见自动分拣机的结构原理及应用特点。

7．配送中心技术设备选用的基本原则有哪些？

 实训题

实训目的：

到周边的配送中心参观实习，通过近距离的接触和亲自动手实践，进一步了解和熟悉配送中心设备的结构原理、作业特点、使用方法等。

实训要求：

1．认真听取配送中心负责人的讲解，仔细观察作业人员的操作，结合所学知识，对配送中心技术设备的结构原理、作业特点、使用方法等做进一步的认识和理解。

2．若有可能，可以亲自动手操作。

3．参观完毕，每人写出不少于 2 000 字的配送中心设备应用实习总结。

4．结合现场的观察和体验，通过小组讨论，试总结出人工分拣、电子辅助分拣系统和自动分拣系统的作业流程，并比较这 3 种拣选方式作业特点的异同。

实训操作与规范：

1．一定要注意自己的人身安全和设备的操作安全。

2．服从老师或企业负责人的安排。

3．仔细听讲，认真观察，虚心求教。

 推荐阅读材料

1．亚马逊 Kiva 机器人　强大的仓储能力（来自百度视频）。

 http://baidu.iqiyi.com/watch/2882801370725358936.html?page=videoMultiNeed

2．Kiva 机器人大拆解：世界上最成功的 AGV 有哪些独特设计？

 http://www.360doc.com/content/17/0124/13/28023060_624524596.shtml

3．港口集装箱运输系统（来自百度视频）。

 http://baidu.ku6.com/watch/6146363360272635859.html?page=videoMultiNeed

4．集装箱运输的货运流程。

 https://jingyan.baidu.com/article/bad08e1eb317b609c8512114.html

5．工业 4.0 技术：智能化立体仓库。

 http://baishi.baidu.com/watch/4924518129094755805.html?page=videoMultiNeed

6．中鼎集成技术有限公司自动化立体仓库。

http://www.zdjc.cn/prodetail.asp?id=28

7．平衡重式叉车与前移式叉车的区别。

https://zhidao.baidu.com/question/263484267.html

8．自动导向车（AGV）分类及原理。

https://wenku.baidu.com/view/e257707f4431b90d6c85c7b9.html

9．顺丰自动化分拣系统（来自酷 6 视频）。

http://v.ku6.com/show/WvjGFSl4eGD21EFKN2yiew...html

第 *9* 章

配送中心信息管理

学 习 目 标

- 明确配送中心信息的含义、分类、内容，明确配送中心信息管理的含义、目的、途径和方法，理解配送中心信息及其管理的作用；
- 理解配送中心信息系统的作用，熟悉配送中心信息系统的结构，明确配送中心信息系统的功能模块及其内容；
- 理解和明确物流配送的 4 类信息技术——电子商务技术、物联网、大数据和云计算的含义、功能、构成，理解和熟悉其在配送中心物流配送方面的应用。

引导案例

京东的智慧物流

　　京东自营物流不断发力，除了全国布网，还致力于智慧物流配送建设。其智慧物流不是单一环节或局部的自动化设备升级，而是从物流配送系统整体进行作业优化及效率提升，实现仓储与配送的全面智能化。京东智慧物流配送体系建设的三大重点和方向是无人仓、无人机、无人车，通过无人仓实现收货、存储、拣选、出库等仓储作业的全面自动化，通过无人机解决农村配送瓶颈，通过无人车实现城市最后一公里配送，从而形成仓储与配送紧密结合的完整的智慧物流配送体系，为京东持续发展提供强大支撑。

 思考题

何谓智慧物流？智慧物流实施需要哪些信息技术支撑？

▷ 9.1　配送中心的信息

9.1.1　信息概述

1. 信息的含义

　　信息是事物的内容、形式及其发展变化的反映，具体说是指能够反映事物内涵和外延的知识、资料、情报、图像、数据、文件、语言、声音等。

　　配送中心的信息按字面理解，是配送中心生产、运作、经营和发展情况的反映，是配送中心方方面面的表现，包括配送中心的组织结构信息、后勤生活服务信息、运作信息和经营管理信息。这个定义明显比较宽泛，因为配送中心的信息收集、传输、加工多是在其建立和组织结构定型后发生的（虽然信息管理的成效也影响配送中心的组织结构并要求其做出相应的设置），并且应主要关注作业及其管理。因此，此处将配送中心的信息界定为与配送中心作业及经营管理有关的信息，即狭义的信息。即使这样，对于不同类型的配送中心，由于其作业及经营范围是不同的，有的始于供应商终于客户，如图 9.1 所示；有的始于供应商终于所属企业，如图 9.2 所示；有的始于所属企业而终于客户，如图 9.3 所示。其信息类型、内容、多少都有差异。

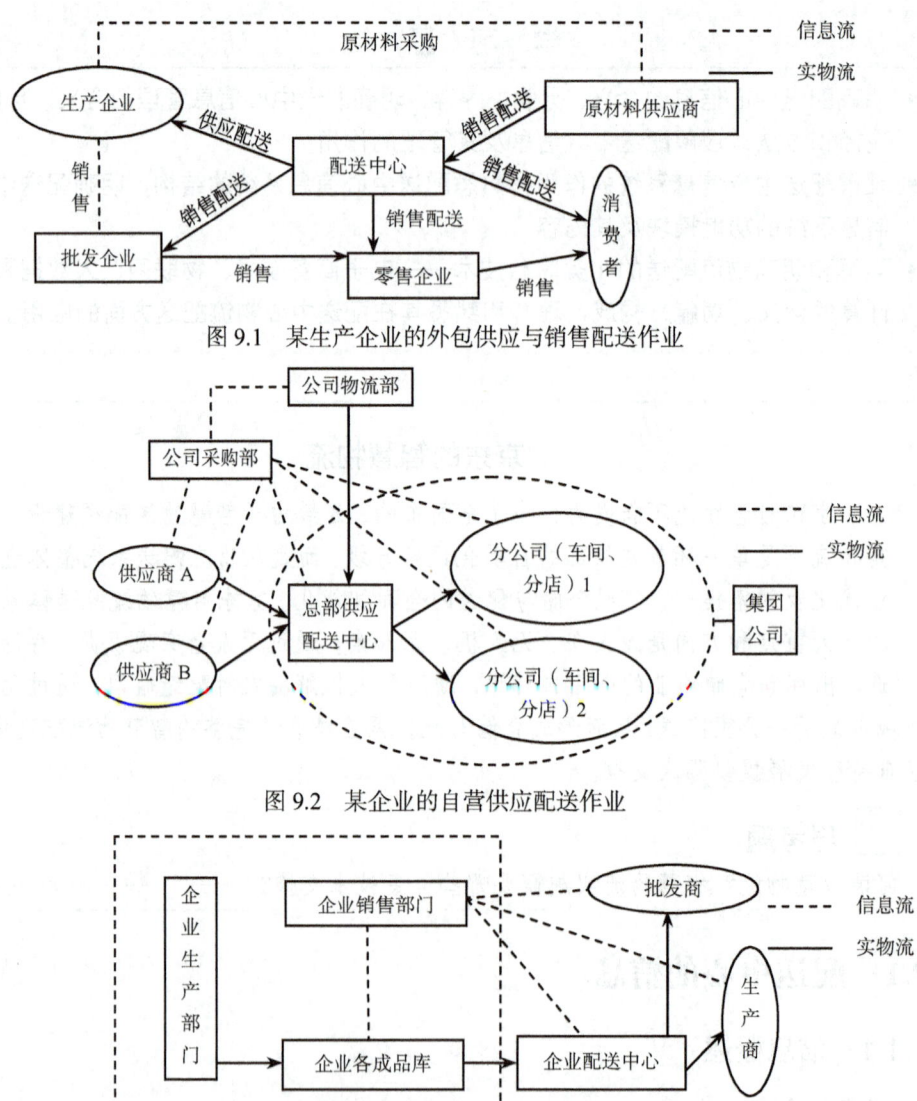

图 9.1　某生产企业的外包供应与销售配送作业

图 9.2　某企业的自营供应配送作业

图 9.3　某生产企业的自营分销配送作业

在图 9.1 中，营业性配送中心负责生产企业所需原材料、零部件的供应配送，同时承担企业产成品的销售配送任务。在图 9.2 中，大型生产企业或连锁零售企业自有的配送中心从供应商处进货，然后配送至企业的分店或分厂。在图 9.3 中，企业的配送中心负责将产成品配送至客户。

2．信息的基本内容

虽然不同配送中心信息的内容、类型和多少不同，但依据上述界定的狭义配送中心信息的含义，可以从一定的角度对配送中心信息的主要分类和内容进行一般性的揭示。

按照配送中心信息对应的操作活动分类，配送中心信息可分为信息作业信息、实物作业信息及相关的经营管理信息 3 部分，详细内容如表 9.1 所示。

表9.1　配送中心信息按对应的操作活动分类

类　　型	信息作业信息	实物作业信息	相关的经营管理信息
内　　容	包括订货和接受订货流程和内容，货款的收付流程和内容，配送中心所用各类单证的格式和内容，数据的收集、分类和使用，配送中心所需各类设施设备、人员及处理货物的编号、分类和历史记录，关于信息的信息等	包括配送中心进出货和库存管理的总体流程，各个环节如进货、检验分流程，人员与设备的使用情况，货物移动信息如时间、地点、事故等	包括岗位职责、设备器具的使用规定与操作要领、货物的存放处理要求、绩效考核与评定等

其中信息作业信息中的关于信息的信息是配送中心货物处理及管理信息的反映，指信息的来源、可靠性及价值评价、加工处理技术与设备、储存位置及手段等信息。

按照反映货物移动或所有权交接情况分类，配送中心信息分为物流活动信息和商流活动信息，详细内容如图 9.4 所示。

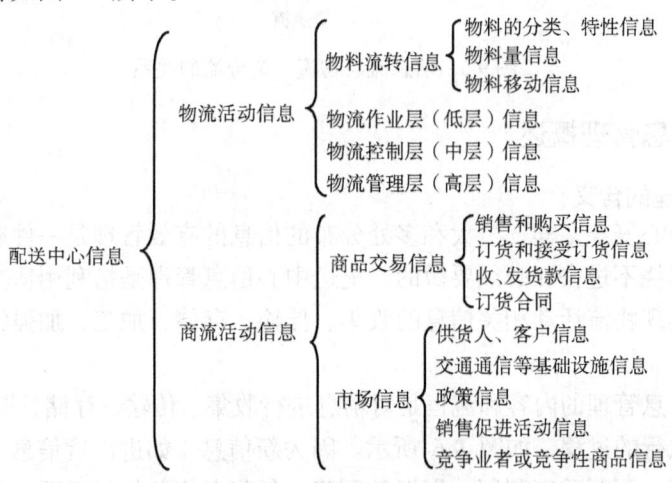

图 9.4　配送中心信息按反映货物移动或所有权交接情况分类

其中，物料移动信息是指时间、地点、路线、效率等信息；物流高、中、低层信息是指物流活动操作及决策信息，如高层的配送中心发展规划、服务的项目及水平的设定、业务是否外包等，中层的中短期计划、车辆调度、成本核算、绩效管理等，低层的短期作业计划、出勤等。

3. 信息流与物流、资金流的关系

配送中心运营会产生大量信息，反过来，信息对于配送中心的运营也极为重要，没有或缺少信息，配送中心的经营运作就如同盲人摸象，不能把握全局。尤其是作为配送中心主要活动的物流和作为配送中心主要目的或风险的资金流，在产生信息的同时，更需要信息流的先导、支持、约束和推动。

配送中心物流运作不仅会产生货物（分类、编号、包装、特性、数量、重量、体积等）、设施设备器具（编号、性能、容量、载重、数量等）、流量（运输量、配送量、库存量、流通加工量等）、流向（进货、发货、退换货等）、流程（路线、距离、节点等）、流速（时间、速度等）等信息，同时也需要进发货指示、物流流程、单证格式与交接、各种决策评价等信息做先导、支持和控制。

配送中心总是希望货物占用尽量少的资金，发货后客户尽快付款。这与物流和信息流有很大关系，物流畅通，货物周转快，资金平均占用就少；与供货方、客户和银行信息畅通，资金流转速度就高。信息流与物流、资金流的关系如图 9.5 所示。

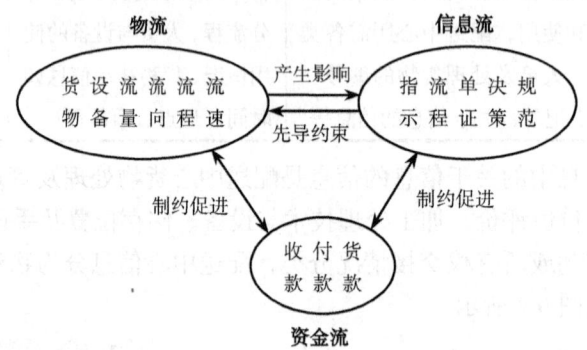

图 9.5　信息流与物流、资金流的关系

9.1.2　信息管理概述

1. 信息管理的含义

实现配送中心复杂多样、量大和多处分布的信息的有效管理是一件麻烦的事情，但又是配送中心工作绕不过去和必须要做的。配送中心信息管理是指利用适当的物流信息技术和方法，快速实现物流活动相关信息的收集、传输、存储、加工，加强物流信息的利用和控制。

配送中心信息管理的内容和流程是对信息进行收集、传输、存储、加工、传输、输出，这是一个循环执行的过程，如图 9.6 所示。因为新信息（如进出货信息）不断出现，旧信息需要进行加工，不断重复利用。先把各环节、各节点信息收集好后，再传输到一处集中储存，此时可以按需向加工储存信息，待需要时将加工或存储信息传至需求处。

配送中心信息管理的主要目的是充分利用物流和商流活动信息，规范、严密、约束和推动信息的收集、传输、储存、加工等活动，提高信息效率和效益，为经营决策提供依据，带动配送中心服务水平的提升、物流效率的提高和经营成本的降低。

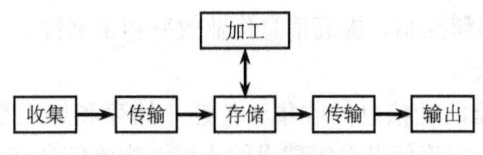

图 9.6 配送中心信息管理的内容和流程

2．信息管理的途径

配送中心信息管理的目的可以通过配送中心物流活动管理的信息化实现。配送中心物流活动管理的信息化是通过对物流活动、相关的信息活动和经营管理活动等信息的界定、规范、集成，应用一定的物流信息硬软件设备或技术，实现配送中心信息作业的无纸化、电子化、自动化、网络化和智能化，提高物流活动、信息作业和决策活动的效率与科学性。

配送中心物流活动管理的信息化不是要配送中心信息管理一步达到最好水平，完全实现中心信息作业的无纸化、电子化、自动化、网络化和智能化。其信息化是分层次的，可以在不同的范围内进行，即信息化可以针对不同的活动、环节、部门或整体运作分别实现。

1）信息作业的电子化

信息作业的电子化是指信息作业要充分利用电子设备和技术，实现信息收录、传输、储存、加工的无纸化，实现复杂信息和海量信息的快速准确处理。信息作业的电子化如商品、仓库、货位等的射频识别和修改，各类信息存储的软盘、硬盘、光盘和数据库技术，进行信息加工的数据库挖掘等应用软件技术，数据和信息显示的多媒体技术等。

2）信息作业的自动化

信息作业的自动化是指通过各类技术和理论的综合应用，将电子技术、计算机技术、通信技术、自动化设备和经济、管理、数学、系统科学知识结合起来，实现配送中心进、出、存全过程的全面自动化处理，提高信息作业效率，如光电扫描技术、库存的自动盘点、电子订货系统（EOS）、电子转账系统（EFT）、管理信息系统（MIS）等。

3）信息作业的网络化

信息作业的网络化是指将配送中心的供应商、客户、各环节、各部门连接起来的信息网络建设，包括通信网络和业务专用信息网络建设，常涉及第三方专门的网络运营商，运用通信技术、EDI 技术、互联网技术及相关的一系列网络安全技术，实现信息的异地实时传输与共享。

4）信息作业的智能化

信息作业的智能化是指在利用计算机技术解决和处理定量问题的同时，可通过应用软件的开发和使用，实现信息作业能够辅助和参与定性问题处理的智能决策，以提高配送中心作业管理决策的科学性，如决策支持系统（DSS）、专家系统（ES）等。

3．信息管理的方法

实现配送中心信息的有效管理，达到配送中心物流活动管理信息化的"四化"要求，无外乎从配送中心内外部两个方面着手：在外部充分利用公共物流信息平台，在内部认真进行物流信息系统建设和物流信息技术应用。

1）建设配送中心信息系统

将配送中心某一环节、某一部门或某一活动的信息集成，借助计算机硬软件设备与技

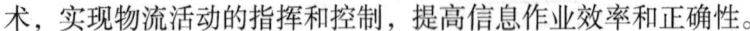
术，实现物流活动的指挥和控制，提高信息作业效率和正确性。

2）应用物流信息技术

配送中心内外部物流活动信息的收集、传递、储存和加工都需要一定的技术和相应的设备。物流信息技术是物流信息系统建设的支撑，物流信息技术为物流信息系统提供、传输数据和信息。

3）利用外部公共物流信息平台

配送中心经营活动是一个开放的系统，其经营商品、客户、供应商的信息经常变化，与此对应的商品量、交通与配送路线等信息也在变化，因此配送中心要注意利用外部公共物流信息平台获取市场信息和交易信息，从多个方面获得相关信息。

（1）政府。政府是物流活动的重要推动者、管制者，其法规政策、建设规划都会对配送中心物流活动产生重要影响。政府的用地法规、针对配送中心经营的卫生安全规范会对配送中心的经营成本、操作流程复杂程度产生重要影响，交通和通信设施、物流园区、通关系统、水电暖等硬软件情况会对配送中心的成本和服务水平产生影响，因此配送中心物流管理要注意从政府的行为中获得有关信息。

（2）行业。配送中心的物流管理和所属企业的性质，要求其经营需注意了解所在行业和物流业等行业协会的信息，以对配送中心经营的规范性、发展趋势、信息化建设有清楚的认识。以经营食品为主的配送中心，要注意食品安全、加工等协会信息，还要了解物流行业协会信息，在保证经营操作达到食品行业的要求外，力求物流活动的标准化和低成本。

（3）企业。配送中心还可以从所属企业、上下游供应商和客户、同业竞争企业、各类配送中心那里获得丰富有益的信息。所属企业的决策思想和规定目标要在配送中心经营管理中体现和实现。供应商和客户的要求影响商品的种类、包装、服务项目和水平，影响配送中心作业流程。同业竞争企业和各类配送中心的物流活动影响配送中心的经营。

（4）社会。社会上大大小小的物流、商流活动个体、集体更可以为配送中心经营提供丰富的物流信息，如各类电子商务企业及其网站、物流企业及其网站等。例如，淘宝网依托雅虎搜索功能和支付宝的网上资金支付功能提供了企业间、企业与消费者间的电子商务平台，集中了许多企业、消费者的供给、需求及配送信息；又如，各类物流企业经常与各类企业有业务往来，熟悉配送中心业务运作，也是配送中心物流管理的重要信息来源。各种物流网站如物流资源网、物流信息网也会提供大量的配送中心需求信息。

近些年，由于物联网、大数据、云计算等信息管理理念的提出和实施，信息流对物流和资金流越来越居于支配地位，信息改变了物流和支付模式，正在深刻改变着物流市场格局。

◢ 9.2 配送中心信息系统

配送中心信息系统是所属企业信息管理系统或物流信息系统的一个重要组成部分，也可以是单独开发应用的一个信息系统，但无论它以何种形式存在，都是配送中心有关信息的反映、处理与集成管理系统，在配送中心经营活动中起着引导、指示、传输、控制和决策等重要作用。

9.2.1　信息系统的作用

配送中心信息系统在配送中心和所属企业的经营活动中的作用主要表现在以下 3 个方面。

1．物流作业与日常事务处理

在物流作业方面，如接单作业、出货作业、采购作业、进货作业、存货管理作业、订单拣取作业、输配送计划等，需要信息系统的指示和安排。在日常事务方面，如财务会计作业、人事管理、厂务管理作业等，更需要信息系统处理和支持。

2．物流管理与控制

配送中心的信息发出点和物流活动各节点一般散布各处，怎样保证信息的无误传递和物流活动的按计划进展呢？这就离不开信息系统的指示、考核与控制，具体表现在信息的实时传输、订单跟踪、库存控制、货位指派、流通加工、日程安排、车辆行程和调度、绩效管理、制订作业计划等方面。

3．物流活动的决策支持

通过计算机技术、信息技术、人工智能与管理决策技术，结合相关的管理科学、行为科学等知识，配送中心信息系统能参与或进行一些重要的物流管理决策活动，为人力决策提供参考。这些作用表现在配送中心的功能定位、商品类型选择、服务项目设置、发展战略和规划的制定等方面。

9.2.2　信息系统的框架

配送中心信息系统是一种由人、计算机（包括网络）和限于配送中心内部的物流管理规则组成的集成化系统。它将硬件和软件结合在一起，实现了部分或全部物流活动管理、控制和衡量的无纸化、电子化。

1．硬软件的构成

硬件部分是配送中心信息系统发挥作用的实体基础，包括计算机、输入/输出设备、网络设备、通信设施和储存媒体等，如计算机主机、显示器、硬盘、打印机、键盘、扫描仪、服务器、通信电缆等。

软件部分是信息系统进行信息收集、传输、加工的直接作用部分，具有非物质性，一般是指用于处理交易、管理控制、决策分析和制订战略计划的系统和应用程序，包括系统软件、实用软件和应用软件 3 类。

（1）系统软件。系统软件是指控制协调硬件资源、提供其他软件运作平台的、配送中心信息系统不可缺少的基础性软件，主要有操作系统（Operation System，OS）、网络操作系统（Net Operation System，NOS）等，种类较少。

（2）实用软件。实用软件是基于系统软件，用于开发应用软件、管理数据资源、实现通信等的软件，主要有数据库管理系统（DataBase Management System，DBMS）、计算机语言、各种开发工具、互联网上的浏览器等，其种类多，版本更新快。

（3）应用软件。应用软件是直接处理和解决配送中心具体经营问题、实现其业务运作信息化的软件，可辅助配送中心的业务管理，如配送中心的进销存软件等，不同的配送中心可以根据其功能、要求等开发或购买。

在信息系统建设时，相关硬件和系统软件、实用软件可以从相应的计算机厂商、专门的软件开发公司处购得，而应用软件作为最重要的部分，一般要根据配送中心的实际情况和需要进行开发、安装和调试。

2．硬软件的结构

一般来说，配送中心的信息系统呈现出层次结构，从不同的侧面或角度观察信息系统，其层次结构的情形和内容存在差异。

1）信息系统硬软件组成的层次结构

一般的信息系统建设都是由硬件到软件的建设过程，如图 9.7 所示，先考虑可用的硬件平台，不同质量的硬件设备影响信息系统效率和功能，然后结合配送中心和所属企业的管理思想与理念、管理制度与规范，收集、整理、规范各类数据，建立信息系统的数据仓库，接着选择和购置系统软件与实用软件，最后是应用软件的开发、安装和调试。

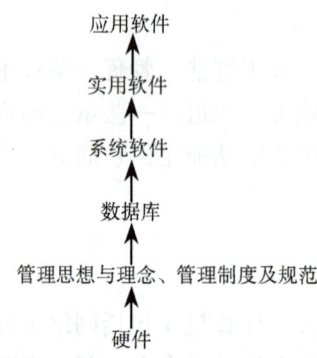

图 9.7　配送中心信息系统硬软件组成的层次结构

配送中心和所属企业的管理思想与理念、管理制度与规范是其信息系统建设的先导与灵魂，虚拟经营、电子商务、业务外包等管理思想与理念及部门和岗位职责、各类业务流程、组织结构形式等管理制度与规范都会制约配送中心信息系统的功能、适用范围与效果，因为信息系统是配送中心和所属企业的管理思想与理念、管理制度与规范的体现。

数据库是信息系统运行时所依赖的配送中心各类最基本的数据仓库，这些数据包括各类实际发生的数字，如各类业务量、价格、时间等，还包括约定的图形、符号、量化后的定性知识等，如各类单证的规范表格，商品、设施、设备、人员等的编号。数据库的数据必须完整。

2）信息系统内容的层次结构

按照服务对象或应用主体的不同，配送中心信息系统可分为数据处理系统、辅助管理信息系统、评价与控制信息系统、战略决策信息系统 4 个由低到高的层次，如图 9.8 所示。这与配送中心经营管理的 3 个层次（业务层、战术层、战略层）是相对应的。

（1）数据处理系统是业务层的信息作业系统，包括基本数据、规范等的收集和制作，如各种表格、单证样式的规范，商品信息的采集等，还包括对日常活动中购销合同、进存出货所用各种票据、财务报表的保存、填写、传递、制作，以及部门间的信息传输。

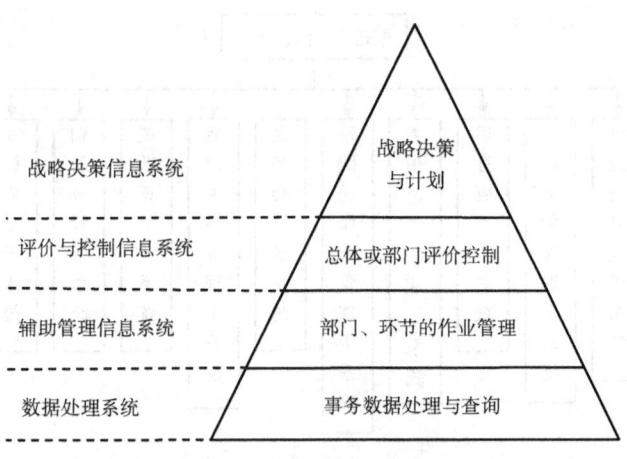

图 9.8　配送中心信息系统内容的层次结构

（2）辅助管理信息系统是战术层用于部门内物流活动的计划、组织、协调和决策的信息作业系统，依托于数据处理系统，完成采购计划、库存计划、仓库作业计划和销售计划，实现订货、进货、仓储、接受订货、出货等作业的组织，并进行配送车辆运行路径选择、库存管理等中短期决策。

（3）评价与控制信息系统是用于整个配送中心或其各部门经营活动评价控制的信息系统，为战术层和战略层共用，有一套进行整体和部门评价的指标体系、评价标准、评价方法，以实现经营绩效管理，达到预定控制目标。

（4）战略决策信息系统为战略层提供战略计划制订、决策所需要的战略管理信息，要建立配送中心经营系统的分析和决策模型，提供重要的量和表，如规模、商品价格、财务报表等，以及供应链管理、所属企业的战略管理等情况。

9.2.3　信息系统的内容

在具体建设信息系统时，由于配送中心的类型、经营商品、所属企业等的情况不同，配送中心信息系统的组成模块和具体内容也不一样。配送中心是属于生产企业、商业企业、第三方物流企业还是各方共同经营，配送中心的运输和配送业务是否外包，都会极大地影响其信息系统的功能和模块。下面在假设配送中心具有采购和销售功能的条件下，一般性地介绍配送中心信息系统的内容。

一个完善的配送中心信息系统由供应商管理、采购进货管理、库存管理、销售出货管理、输配送作业管理、财务会计、客户关系管理、绩效评价、辅助决策、系统服务等子系统和相应功能组成，如图 9.9 所示。

1．供应商管理子系统

供应商管理子系统是对供应商信息进行管理的系统，以对供应商队伍优胜劣汰，督促其改善供货水平，保障货源稳定。其主要功能有以下几个方面。

（1）建立并提供供应商的基本信息，如名称、代号、地址、联系方式、规模、财务状况、付款条件等。

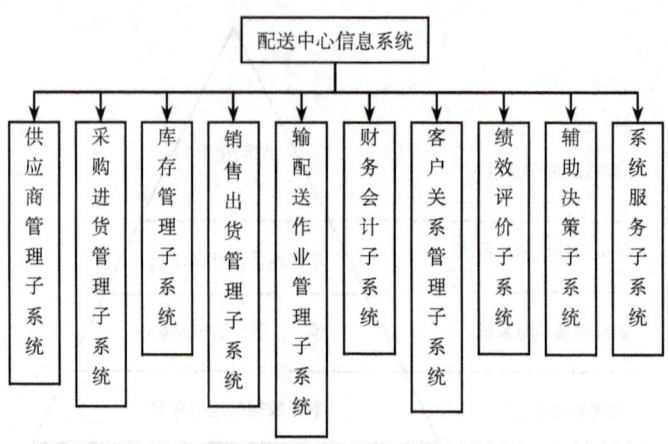

图 9.9　配送中心信息系统的内容框架

（2）建立并提供供应商的商品等有关信息，如供应商品名称、规格、数量、质量、价格、性质、交货时间、供货历史记录等。

（3）进行供应商的开发、选择、评价、分类分级及供货合同等管理，对供应商的合同执行情况、供货质量和数量、信誉度、重要度等做出评价。

2. 采购进货管理子系统

采购进货管理子系统是对向供应商订货和对采购品入库前的系列活动的信息管理。其主要功能有以下几个方面。

（1）采购基本数据、资料处理。这些基本数据和资料包括采购商品的价格、数量、运费、性质、厂家、时间、流程、采购合同等的历史情况；并将其经适当的处理做好订货准备，如将客户需求量、在运量、库存量、数量折扣条件等结合，汇总预测各品种的订货量，确定订货时机等。

（2）向供货厂商下采购订单。确定订货价格、交货时间等之后，将规范格式的订单通过网络传给供应商并确认订货成功。

（3）进货指示。将订货商品名称、数量、质量、包装、到货时间等情况或要求传给配送中心各部门，以便及时接货、检验和入库。

（4）购货付款申请。在接到供应商销货发票和确认所购物品的数量和质量后，通知财务部门进行该类订货的付款。

（5）采购计划和评价。根据历史、市场和需求等情况制订采购商品、时间、人员、厂商的计划，并对采购成本、效率及负责人员绩效进行评价。

3. 库存管理子系统

库存管理子系统是对商品库存量、时间及相应的出入库活动的信息管理。其主要功能有以下几个方面。

（1）库存基本资料、信息及其查询、处理。这些资料和信息包括库存商品编码、名称、单位、库存单价、零售单价、库存数量、库存金额、最高库存、最低库存、累入数量、累入金额、累出数量、累出金额、生产日期、有效期等；能提供任意存货的信息查询，如某一商品的出入库信息，某一段时间内所有的出入库明细、库存商品占压资金情况分析表等；并进行库存量汇总、库存期末结算和货位安排。

（2）出入库活动管理。出入库活动管理包括出入库时间和数量的指示、出入库登记管理、货品入库期间统计、货品出库期间统计、收货单位期间收货统计、供货单位期间供货统计、供货单位期间供货金额统计和收货单位期间收货金额统计。

（3）盘存管理。盘存管理包括盘点单的生成、打印，盘点数量的输入、盘差分析、盘点单的查询和盘点结果的报账等工作。

（4）数据传送管理。数据传送管理包括：接受外部传送的商品变动信息，如新增商品、商品价格调整等，以及商品进货、批发销售、商品配送及客户的退货信息等；向外部传送相关信息，如进货入库验货信息、销售出库验货信息、库存商品盘点情况、报损情况、向各客户的配货及其退货情况、发现商品积压或损坏时的退货等。

（5）调拨与报警管理。调拨与报警管理包括商品在不同货位间的调拨管理，报损报残商品的输入、查询、安置，库存商品上、下限的报警及保质期的报警。

（6）库存计划与评价决策。根据进出货和仓库设施设备情况，进行库存品种、数量、时间、人员等计划安排，对库存管理水平、人员绩效进行评价，并对库存水平、订货点、订货量进行决策。

4. 销售出货管理子系统

销售出货管理子系统是关于销售和出货活动的信息管理系统。其主要功能有以下几个方面。

（1）销售基本数据、资料处理。这些数据和资料包括销售和出货品的名称、规格、价格、数量、包装、销售合同、历史记录等情况和要求；做好接受客户订货的准备，还要进行销售分析与市场预测，以明确商品流量和流向，了解销售周期、市场动态和趋势。

（2）客户订单处理。与客户协商好要货价格和交货时间后，接受订货，分配存货，并依据订货信息转换成拣货单。

（3）出货指示。将出货信息传于仓库和其他相应人员，完成货位拣货、集货、分货、配载与装车活动，并接受退换货信息。

（4）售货收款通知。当客户接货或收到销售发票后，通知财务部门收款。

（5）销售和出货计划与评价。为销售和出货的商品种类、名称、数量、包装、价格、时间、数量折扣、人员和设备计划制订提供信息基础，并对销售和出货效率、人员工作绩效进行评价。

5. 输配送作业管理子系统

输配送作业管理子系统是对进货运输和销售配送计划、安排的信息管理系统。其主要功能有以下几个方面。

（1）建立和提供输配送基本数据和资料。这些数据和资料包括货物、车辆、司机、承运商、客户、运行路线、运费、货运记录和单证等的基本信息和资料；若是外包，还有货运合同、运价、货运表现等的信息资料。

（2）输配送计划。依据出货商品数量、性质、交货条件和客户位置，排定车型、辆次、

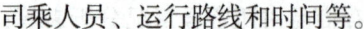

司乘人员、运行路线和时间等。

（3）作业指示和跟踪。接受货运指示，按照货运要求，指挥司乘人员展开货运过程，对货物在途情况和车辆运行情况进行跟踪管理，并将退换货情况反馈给销售或库存管理部门。

（4）输配送决策和评价。对车辆调度、路线选择、是否外包等重要活动做出决策，并对输配送情况、车辆使用、人员绩效进行评价。

6．财务会计子系统

财务会计子系统是处理财务数据，进行配送中心及其各部门预算控制和成本分析的财务信息管理系统。其主要功能有以下几个方面。

（1）总账管理。一般财务会计系统的数据文件是由销售管理系统、库存管理系统、采购入库管理系统资料转入的，并制作成会计总账、分类账、各种财务报表等，以便分类、分析、核算和查对。

（2）应收和应付、预付和已收账款管理。根据采购部门传来的货物入库资料查核供货厂商送来的申请款项资料，并根据资料付款或预付款给厂商，做相应的应付、已付和预付账务处理。根据销售部门的出货单，制作应收账款清款单并收取账款，并做相应的应收和已收账务处理。

（3）人事工资管理。进行人事基本资料存储和维护、工资统计、工资单打印、银行计算机转账等活动。

（4）成本分析和财务控制。成本分析是通过对各类物流作业的定量统计，取得货物进出存量、人员数等信息，然后进行物流成本分类和计算，明确物流直接费用，如运输费、包装费、保管费等的支出情况。财务控制是通过财务状况的对比分析，如同期财务状况对比、预算和决算的对比，实现财务分析、预警和控制。

7．客户关系管理子系统

客户关系管理子系统是为维护客户关系、明确客户需求而进行的反映客户基本资料和需求情况的信息管理系统。其主要功能有以下几个方面。

（1）客户基本资料的建立和提供。这些资料包括客户名称、代号、地址、联系人、联系方式、规模、银行账号、付款信用、类型等情况。

（2）客户需求资料的建立和提供。这些资料包括商品名称、种类、编号、价格、需求量、使用币种、报价记录、需求量记录、交货地、服务项目种类和记录等。

（3）客户关系评价。根据商品、交易量、金额、付款的及时性、人员往来、交易历史记录等情况，对客户关系进行评价，将客户按照性质、地区、信誉度或规模等不同标准分类分级，并针对不同类型客户提供不同等级的服务水平。

（4）客户服务及反馈。能够对客户进行服务项目、水平和满意度调查，并提供相关信息服务，接受客户服务反馈意见。

8．绩效评价子系统

绩效评价子系统是收集整理配送中心各类经营管理信息，对其或各部门、环节进行评价的信息管理系统。其主要功能有以下几个方面。

（1）绩效评价基本资料的建立和提供。这些资料主要是反映配送中心总体经营和各部门、环节的各类量化资料，如人员、设备、货物、资金、费用、单证的数量、时间、距离、容积、次数等特征。

（2）配送中心总体经营管理的评价。由各部门、环节的各类数据、资料汇总测算反映配送中心总体经营情况的货物吞吐量、流动资金周转率、成本、收益等指标，按一定的评价方法，给出配送中心总体经营管理的评价。

（3）配送中心各部门、环节、节点等的评价。根据既定的评价指标，经收集测算反映各部门、环节的数据后，运用评价方法，给出各部门、环节的效率、效益、水平评价。

9．辅助决策子系统

辅助决策子系统是通过获取内外部各类业务信息，辅助配送中心高层管理人员决策的信息管理系统。其主要功能有以下几个方面。

（1）决策问题信息的收集和汇总。将影响决策问题的因素信息收集、归类、分析、计算，形成决策必需的定性或定量化的依据资料。

（2）部门和环节决策。此类决策包括对订货方式、交货方式、拣货方式、包装方式、存货单位、库存量、采购量、配送路线、盘点方法、货位分配方法、车辆配装方法、项目投资、设备、人员等的选择和优化。

（3）总体决策。此类决策包括对商品种类、配送服务项目、业务自营或外包、规模扩张、预决算、整体作业流程、长远发展规划、组织结构等的评价与选择。

10．系统服务子系统

系统服务子系统是对信息系统进行维护和使用管理的子系统。其主要功能有以下几个方面。

（1）系统服务的基础数据的建立和提供。对系统使用或涉及部门、对象，如不同类型或等级的管理者、员工、客户等，分别编码，以便于管理和提高信息作业效率。

（2）安全管理。安全管理包括权限、服务器和防火墙等的管理，针对不同对象设置不同等级的使用权限，并对系统网络运行安全性进行测试和设置。

（3）使用管理。使用管理包括系统维护和日志等管理。系统维护是进行数据库的备份、恢复和整理。日志管理是记录客户登录的时间、模块和使用的功能，有监督使用的作用。

9.3　物流配送信息技术

物流配送信息技术是指对配送中心在实施配送前、中、后过程中的物流信息，进行收集、传输、加工、储存和维护，以提高配送作业效率和客户服务水平的硬软件技术，其中的软件技术包括数据库技术、网络技术、通信技术、多媒体技术等技术，下面主要介绍电子商务技术、物联网技术、大数据技术和云计算技术。

9.3.1　电子商务技术

1．电子商务的概念

广义的电子商务（electronic commerce）包括一切以电子方式进行的交易活动，如电视购物、电话购物、传真购物、网络购物等。一般的电子商务专指在开放的网络环境下，基于浏览器/服务器应用方式，实现消费者的网上购物、商户之间的网上交易和在线电子支付的一种新型的商业运营模式。

互联网上的电子商务可以分为3个方面：信息服务、交易和支付，即一次完整的电子商务过程应该包括交易前的了解商情、询价、发送订单、应答订单，交易中的发收货通知、取货凭证，以及交易后的电子支付与结算、售后的网上服务等过程。

互联网上的电子商务主要交易类型有企业与个人的交易（B to C方式）和企业之间的交易（B to B方式）两种。参与电子商务的实体有4类：客户（个人消费者或企业集团）、商户（包括销售商、制造商、储运商）、银行（包括发卡行、收单行）及认证中心（进行信息中转、信息发送与接受者身份认证的中间网络运营商）。可见，一次完整的电子商务过程涉及很多方面，除了买家、卖家外，还要有银行或金融机构、政府机构、认证机构等主体的配合。

互联网上的电子商务的具体交易流程为：首先电子商务经营商要建立一个虚拟的电子商厦。客户通过Web浏览器就可以迅速地进入电子商厦的主页。进入商厦的客户必须是在此商厦内已经注册的客户，因此客户进入商厦前要经过商厦服务器的认证和授权。被授权的客户可以进入商厦浏览商品并把选中的商品放进电子购物车中，选择完毕后，可以再重新选择所挑选的商品，完全确认后把订货信息通过网络发送给电子商务经营商，电子商务经营商接到订货信息后将客户和商品信息送到银行认证中心进行电子签名认证并登记，然后将商品送到客户家中，并同时向银行清款。

2. 电子商务涉及的关键技术

电子商务系统是个综合的系统，它集合了计算机技术、网络通信技术、金融信息处理技术等各个方面，其中涉及的关键技术主要有以下几个。

（1）Web技术，特别是Web数据库技术。该技术主要用于网上商品信息的发布、检索及后台数据库的相关数据操作。现代企业的电子商务离不开Web数据库技术，它为企业面向互联网的新型经营模式提供了强大的技术基础。

（2）电子数据交换技术。企业与企业之间的交易谈判、交易合同传送、商品订货单的传送都需要EDI技术。

（3）在线支付技术。该技术包括电子支票、信用卡的使用管理、电子资金转账、银行资金清算等，主要是解决付款方式问题，需要和银行处理系统协同工作。

（4）信息安全技术。它是电子商务系统的关键技术，主要包括防火墙、信息加密解密、数字签名等技术。

（5）计算机虚拟现实（Virtual Reality，VR）技术。虚拟电子商厦的建立、虚拟客户商品浏览、商品外貌的展示都要用到VR技术。

（6）互联网技术。互联网是根据一定的通信协议，通过通信线路，由各种终端设备连接起来的数量众多的计算机组成的网络。互联网技术的应用，能够实现配送中心与客户信息资源的实时共享。

（7）多媒体技术。多媒体是融合两种或两种以上媒体的一种人机交互式信息交流和传

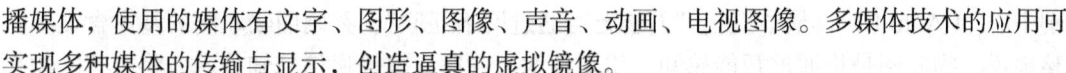

播媒体，使用的媒体有文字、图形、图像、声音、动画、电视图像。多媒体技术的应用可实现多种媒体的传输与显示，创造逼真的虚拟镜像。

电子商务提供了时空无限的商务方式，网罗了所有的潜在市场，其发展令人瞩目，将成为 21 世纪商业发展的主流模式。

3．电子商务系统提供的服务项目

配送中心的电子商务系统可自建或利用专门的电子商务经营者的服务，通过上述电子商务技术的应用，一般向客户提供如下的服务项目。

（1）提供配送商务软件。对于有意与自己合作的客户，允许其到配送中心门户站点下载应用软件，使客户端能迅速与配送中心门户站点实现电子信息互操作。

（2）交易或发货前的服务，主要有以下几项。

① 地址服务。很多退货的原因是由于将收货人的地址或邮政编码写错，因此系统要在为每个客户存储一批常用地址簿目录，并提供输入、查询、修改、删除和校对等管理功能的同时，其服务器能调用邮政编码系统和地理信息系统中的基本数据进行校对，发现错误后，系统立即通知客户，从而保证地址的正确性。

② 价格服务。门户站点应为客户提供清晰的商品价格和货运价格体系及在各种情况下的折扣价格，便于客户从中选取最适合自己的商品数量和货运方式。系统还应提供便利的价格计算方法，使客户在选定商品数量和货运方式的同时，就可得知货运价格。

③ 商品服务。客户在网上选定商品后，可获得其重量、质地、外形尺寸、运输包装方式等与货运价格相关的因素。

④ 运输方式服务。系统应向客户提供各种运输方式（如不同车型、不同到货时间）等要求的说明，使客户能在交递运输前，了解货运所需时间，参考价格体系，选取最适合自己的运输方式。

（3）交易中或发货后的有关服务，主要有以下几项。

① 货物运输情况信息服务。客户可以查询自己的货物运输情况，在配送中心门户站点上输入购物单号，找到匹配的货运单号，然后可以在配送中心的系统中查出货运数据；当客户知道自己的货运单号时，也可直接到配送中心的网站查询数据。系统返回给客户的数据一般是表格或图形形式，并包括运输预计行程时间表与实际行程的比较。对于实际行程迟于预计行程的，系统会给予合理的解释。

② 电子单证服务。电子单证服务可实现订货单、拣货单、送货单、货运清单等单证的实时网络传输、自动转换和生成，节省时间，避免出错，提高单证作业效率和服务水平。

（4）交易后服务。交易后服务主要是指电子支付和结算、售后服务等。电子支付和结算要通过银行等金融机构的在线连接系统实现。售后服务是指客户有任何疑难问题或不满时，可通过配送中心的呼叫中心或网上服务中心迅速得到解决。

9.3.2　物联网、大数据和云计算

1．物联网（Internet of Things，IoT）

简单地说，物联网是物物相连的互联网。美国麻省理工学院在 1999 年建立了"自动识

别中心"（Auto-ID），最早提出"万物皆可通过网络互联"，并阐明物联网的基本含义。完整地说，物联网是指通过智能感知、识别技术与普适计算等通信感知技术，将所有的物品与互联网连接，以实现所有物品智能化识别、定位、跟踪、监控和管理的一种网络。

可见，物联网是互联网的应用拓展，是将互联网用户端延伸和扩展到了任何物品与物品之间，实现了物物相息，是建设"智慧地球"的重要基础和内容，因此物联网被称为继计算机、互联网之后世界信息产业发展的第三次浪潮。

物联网分为感知控制层、网络传输层、应用服务层和公共技术层四个层面，如图 9.10所示，在每一个层面上，都有许多市场开拓空间。公共技术层与物联网技术架构的其他三层都有关系，包括标识与解析、安全技术、网络管理和服务质量管理。

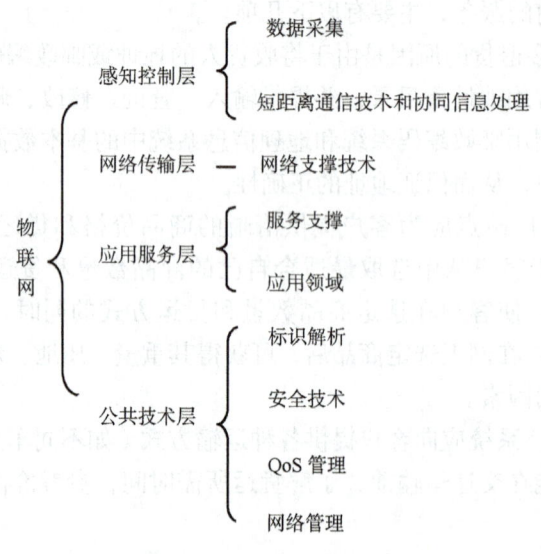

图 9.10　物联网的层次结构

感知控制层由数据采集子层、短距离通信技术和协同信息处理子层组成。数据采集子层通过各种类型的传感器获取物理世界中发生的物理事件和数据信息，例如各种物理量、标识、音频和视频多媒体数据。物联网的数据采集涉及传感器、RFID、多媒体信息采集、二维码和实时定位等技术。短距离通信技术和协同信息处理子层将采集到的数据在局部范围内进行协同处理，以提高信息的精度，降低信息冗余度，并通过自组织能力的短距离传感网接入广域承载网络。

网络传输层将来自感知层的各类信息通过基础承载网络传输到应用层，包括移动通信网、互联网、卫星网、广电网、行业专网及形成的融合网络等。

应用服务层主要将物联网技术与行业专业系统相结合，实现广泛的物物互联的应用解决方案。其中，物联网服务支撑子层用于支撑跨行业、跨应用、跨系统之间的信息协同、共享、互通的功能。物联网应用服务子层包括智能交通、智能医疗、智能家居、智能物流、智能电力等行业应用。

因此在物联网应用中涉及多种技术，如互联网技术、通信技术、多媒体技术、GIS 技术、GPS 技术等，其中有三项关键技术。

（1）传感器技术。传感器把模拟信号转换成计算机可以处理的数字信号。

（2）RFID 标签。RFID 标签也是一种传感器技术，是融合了无线射频技术和嵌入式技术的综合技术，在自动识别、物品物流管理有着广阔的应用前景。

（3）嵌入式系统技术。嵌入式系统技术是集计算机软硬件、传感器技术、集成电路技术、电子应用技术为一体的复杂技术。

如果把物联网用人体做一个简单比喻，传感器相当于人的眼睛、鼻子、皮肤等感官，网络就是用来传递信息的神经系统，嵌入式系统则是人的大脑，在接收到信息后要进行分类处理。

物联网为物流业将传统物流技术与智能化系统运作管理相结合提供了一个很好的平台，进而能够实现智能物流的运作模式，可广泛应用于物流业运输、仓储、配送、包装、装卸等基本活动环节，实现物品识别、地点跟踪、物品溯源、物品监控、实时响应，实现货物运输过程的自动化运作和高效率优化管理，提高物流行业的服务水平，降低成本，减少自然资源和社会资源消耗，极大地推动了智能物流配送的建设与发展。现在京东和菜鸟都在推行智慧物流配送及中国智慧物流骨干网的建设。

2．大数据（Big Data）

大数据的概念由维克托·迈尔·舍恩伯格及肯尼斯·库克耶于 2008 年提出，指无法在一定时间范围内用常规软件工具进行捕捉、管理和处理的数据集合，是需要新处理模式才能具有更强的决策力、洞察发现力和流程优化能力的海量、高增长率和多样化的信息资产。大数据被认为是继云计算、物联网之后 IT 产业又一次颠覆性的技术变革。大数据有 5V 特点（IBM 提出）：Volume（大量）、Velocity（高速）、Variety（多样）、Value（低价值密度）和 Veracity（真实性）。

大数据基本技术架构有三层，如图 9.11 所示。其逻辑过程是：在保证数据安全的条件下，由大数据平台对数据源数据加工后，将有用的数据信息交于应用系统使用。

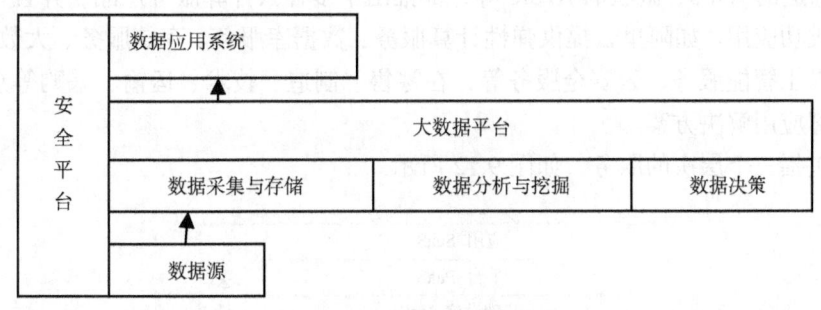

图 9.11　大数据技术架构

（1）数据源。丰富的数据源是大数据产业发展的前提。物联网、云计算、移动互联网、车联网、手机、平板电脑、PC 及遍布地球各个角落的各种各样的传感器，无一不是数据来源或者承载的方式。

（2）大数据平台。借助大数据平台，基于大数据基础上进行数据采集与存储、数据分析与挖掘，进而得出应用决策。数据采集与存储主要是对相关大数据进行收集，并将采集到的数据存储起来。数据分析与挖掘主要是对采集到的大数据进行专门的分析，以及在此基础上进一步的数据挖掘、人工智能等。数据决策主要是利用大数据分析的结果进行相关决策，以付之于数据应用。

（3）应用系统。大数据的核心和目的是运营领域的应用。随着大数据时代的到来，来自互联网、物联网、各种传感器的海量数据扑面而至。一些企业开始挖掘和利用这些数据，提升运营效率。阿里巴巴早就开始利用支付宝和淘宝网进行商品销售和客户购买的大数据分析，京东商城和当当网也都进行了大数据应用。

大数据需要特殊的技术，以有效地处理大量的容忍经过时间内的数据。适用于大数据的技术，包括大规模并行处理数据库、数据挖掘、分布式文件系统、分布式数据库、云计算平台、互联网和可扩展的存储系统、数据可视化等。

UPS 国际快运公司通过大数据检测其遍布全美的 6 万辆货车，统计出各损耗零部件的生命周期，改"备份携带"为提前更换，有效预防了半路抛锚造成的严重麻烦和巨大损失，每年节省数百万美元。还依靠大数据优化行车路线，一年时间内全公司车辆少跑 4 828 万公里，节省燃油 300 万加仑，减少碳排放 3 万公吨。

3. 云计算（Cloud Computing）

云计算视互联网为巨大"大脑"，是继 20 世纪 80 年代大型计算机到客户端—服务器的大转变之后的又一次巨变。"云"是网络、互联网的一种形象称谓。2006 年 8 月，Google 首席执行官埃里克·施密特在搜索引擎大会首次提出"云计算"的概念。按照美国国家标准与技术研究院的定义，云计算是一种按使用量付费的模式，这种模式提供可用的、便捷的、按需的网络访问，进入可配置的计算资源共享池（资源包括网络、服务器、存储、应用软件、服务），这些资源能够被快速提供，只需投入很少的管理工作，或与服务供应商进行很少的交互。可见，企业需要的服务通过互联网连接云计算平台就可方便快速低廉地获取，就像使用煤气、水、电一样。目前国内外有名的提供云计算服务的有阿里云、腾讯云、百度云、亚马逊的 AWS、微软的 Azure 等，都推出了多种云计算服务产品，并且在很多领域都进行了成功应用。如阿里云提供弹性计算服务、数据库服务、存储服务、大数据服务、网络服务、人工智能服务、云安全服务等，在零售、制造、技术、运输、采购等众多领域都提供云计算应用解决方案。

云计算包括三个层次的服务，如图 9.12 所示。

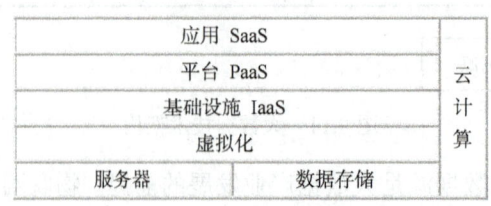

图 9.12　云计算架构

（1）云计算基础设施即服务（IaaS）。IaaS 是 Infrastructure-as-a-Service 的缩写。消费者通过 Internet 可以从完善的计算机基础设施获得服务。例如，硬件服务器租用。IaaS 实现的核心在于虚拟化技术，通过虚拟化技术可以将形形色色的计算设备统一虚拟化为虚拟资源池中的计算资源，将存储设备统一虚拟化为虚拟资源池中的存储资源，将网络设备统一虚拟化为虚拟资源池中的网络资源。当用户订购这些资源时，数据中心管理者直接将订购的份额打包提供给用户。

（2）云计算平台即服务（PaaS）。PaaS 是 Platform-as-a-Service 的缩写。PaaS 通过互联网为用户提供一整套开发、运行和运营应用软件的支撑平台。就像在个人计算机软件开发模式下，程序员可能会在一台装有 Windows 或 Linux 操作系统的计算机上使用开发工具开发并部署应用软件一样。

（3）云计算软件即服务（SaaS）。SaaS 是 Software-as-a-Service 的缩写。SaaS 是一种通过互联网提供软件服务的软件应用模式。在这种模式下，用户不需要再花费大量投资用于硬件、软件和开发团队的建设，只需要支付一定的租赁费用，就可以通过互联网享受到相应的服务，而且整个系统的维护也由厂商负责。

云计算运作除涉及互联网、物联网、大数据等技术外，编程模型、数据管理技术、数据存储技术、虚拟化技术、云计算平台管理技术最为关键。

云计算在物流配送有广泛而又有意义的应用，如物流配送信息系统建设、物流配送设施选址、物流配送网络优化、物流配送运营决策、物联网的建设等。

 案例分析

菜鸟网络的信息服务与物流配送

2013 年 5 月 28 日，阿里巴巴集团、银泰集团联合复星集团、富春控股、顺丰集团、三通一达（申通、圆通、中通、韵达）、宅急送、汇通以及相关金融机构共同建立"菜鸟网络科技有限公司"，并宣布启动"中国智能物流骨干网"（以下简称 CSN）项目。

中国智能骨干网将应用物联网、云计算、网络金融等新技术，为各类 B2B、B2C 和 C2C 企业提供开放的服务平台，并联合网上信用体系、网上支付体系共同打造中国未来商业的三大基础设施，并将通过自建、共建、合作、改造等多种模式，在全中国范围内形成一套开放的社会化仓储设施网络。菜鸟网络科技有限公司称，这将是一张能支撑日均 300 亿元，即年约 10 万亿元网络零售额的智能骨干网络。目标是"让全中国任何一个地区做到 24 小时内送货必达"。其核心目标是利用先进的互联网技术，为电子商务企业、物流公司、仓储企业、第三方物流服务商、供应链服务商等各类企业提供平台服务而不是自建物流或者成为物流公司。马云也在发言中"宽慰"快递公司："我们不会抢快递公司的生意，阿里巴巴永远不会做快递，因为我们没有这个能力，我们相信中国有很多快递公司做快递可以做得比我们好。"

菜鸟网络从其海量客户物流中获得的大数据及在互联网领域的研发优势支持各类物流企业的业务发展，具体包括：

（1）电子面单：推行菜鸟统一格式的电子面单，使中小物流企业省去了自有面单系统和信息系统的开发投入。

（2）物流分单：以电子面单为载体，根据菜鸟的大数据系统为物流企业提供货物分拣解决办法。

（3）菜鸟地址库：提供地址详情信息分析和解析的服务能力，支撑仓配动态路由、配送效率优化，辅助解决快递最后一公里等上层系统面临的问题。

（4）物流云：向各物流企业提供一站式快递物流系统管理解决方案，优化其运营模式，并与菜鸟网络完美衔接。

但后来菜鸟网络又一反初衷，在全国范围内大量拿地，构建仓配中心和完成"最后100米"配送的菜鸟驿站。

思考题

查阅相关背景，试分析菜鸟网络为何改变单做信息平台的初衷，而涉足实际的物流配送运作？

复习思考题

1．什么是配送中心的信息？有哪些内容？

2．简述配送中心信息管理的含义、目的、途径和方法，并阐明配送中心信息及其管理的作用。

3．什么是配送中心信息系统？其结构和功能模块组成情况怎样？

4．配送中心物流配送的信息技术有几类？各自的含义、功能、构成和流程怎样？这几类技术在家电配送上的应用能实现哪些功能？

实训题

实训目的：

1．明确配送中心信息管理的目的、途径和方法。

2．了解信息系统建设和信息技术应用的情况。

3．了解配送中心利用外部公共物流信息平台的情况。

实训要求：

1．熟悉配送中心信息管理的基本知识。

2．实地参观某一实体配送中心，观察分析后能评价该配送中心信息管理的合理性。

实训操作与规范：

1．选定某一实体配送中心。

2．拟订该实体配送中心信息管理的实地调查步骤，并做好调查人员的分工。

3．参观调查配送中心管理部门，认识并记录信息管理的信息化建设情况和外部公共物流信息平台的利用情况。

4．参观调查配送中心业务部门（包括信息作业部门和实物作业部门），认识并记录信息管理的信息系统建设和信息技术应用的情况。

5．拟订配送中心信息管理水平评价的指标，一般是先进性、匹配性、持续改善3个方面（每个评价指标还可以细分成更多的二级评价指标），还要选择一定的评价方法和标准。

　　6．对该配送中心的信息管理水平评价打分。

　　7．提出该配送中心信息管理的疏漏之处及改进建议。

实训硬件设备准备：

1．联网的查阅相关信息的计算机。

2．实体配送中心。

实训资料：

1．配送中心信息管理的基础理论知识。

2．调查配送中心的基本情况。

3．配送中心信息管理水平的评价指标、评价标准和评价方法的有关知识。

 推荐阅读材料

　　1．苏武．物流信息技术在零售配送中心的应用研究[J]．物流工程与管理，2016(3)：135-136.

　　2．刘晶璟．基于物联网的配送中心信息系统模型设计[J]．物流工程与管理，2015(5)：93-94.

　　3．大数据构建京东智慧物流系统。

http://articles.e-works.net.cn/bigdata/article131821.htm

　　4．物流行业的大数据发展与应用。

http://articles.e-works.net.cn/bigdata/article132182.htm

　　5．肖军．京东强力发展智慧物流。

http://qikan.cqvip.com/article/read.aspx?id=670234284&from=article_detail

6. 京津冀物流配送中心的技术应用状况。

http://qikan.cqvip.com/article/read.aspx?id=669133080&from=article

配送中心运作成本管理

引导案例

安利（中国）公司——配送中心是成本中心

1992 年安利（中国）公司成立，以其"自设店铺+雇用推销人员"的直销模式闻名。如今，安利（中国）的年销售额就接近 300 亿元人民币。安利（中国）能够取得这么骄人的业绩，其背后良好的物流配送运作起着重要的作用。

1. 高效率、低成本的仓库作业

安利（中国）在全国拥有近 3 万平方米的仓库面积，其中广州本仓的面积达 1 万平方米，另外，北方区、华东区都有几千平方米的区域物流中心。作为负责全国产品调配计划的广州本仓配送中心发挥着非常巨大的作用。安利（中国）的物流部门主要功能是建设补货、配送渠道，确保库存、运输、包装、安全等方面的管理。安利（中国）配送中心相当重视对物流设备、设施的投资，主要的配送设施、设备多从国外进口，如各式电瓶叉车、高层货架、打包机，可升降收/出货平台及运输车辆等。由于考虑仓库面积有限，但又必须满足频繁进出货的需要，仓库容量必须往纵向发展。安利（中国）采用进口的多层立体货架来提高仓库的利用率，同时配合木质托盘进行叉车等机械作业。配送中心必须容纳近 8 000 个托盘，面对平均每月 7 000 多次托盘及货品的进出，还必须按照货物"先进先出"的原则，因此必须随时清楚了解每一个托盘的具体情况，如托盘的具体位置、装什么产品、何时进仓库等。配送中心为解决以上种种问题，经过一番研究，对所有的货架货位进行定位，确定一个相应坐标，然后把所有的坐标都输入计算机存档，装卸人员只要在现场把每次存放的托盘坐标号转递给计算机录入员即可，管理人员通过计算机就可以纵览仓库内所有货物的情况，能达到用机械盘点的效果，极大地提高了商品盘点的效率与准确性。立体货架采用叉

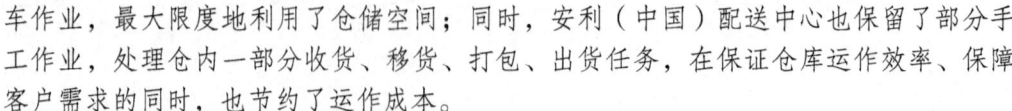

车作业，最大限度地利用了仓储空间；同时，安利（中国）配送中心也保留了部分手工作业，处理仓内一部分收货、移货、打包、出货任务，在保证仓库运作效率、保障客户需求的同时，也节约了运作成本。

2. 贯彻4个"Right"，满足客户要求

安利（中国）的物流目标是配合公司的市场营销战略。为了最好地服务客户，又能有效控制物流成本，安利（中国）物流部门贯彻4个"Right"，即以正确的成本费用，把正确的产品在正确的时间送到正确的地点。

安利（中国）把全国的物流配送渠道划分为3个区域，即华南区域共26家店铺，华东区共18家店铺，北方区共14家店铺；并在北京和沈阳设有外仓，产品从广州本仓发送到北京、沈阳外仓之后，再辐射到北方区各个城市。产品运输的形式主要有海运、陆运及海陆联运、空运快递等形式，当某家店铺需要进货或补货时，安利（中国）配送中心首先会充分考核当地区域库存空间有多大、区域销售业绩如何、运输时间等因素来选择最合理的运输方式，只要能够及时满足各地店铺需要，就尽量用成本最低的运输方式。流通的库存，对安利（中国）来说是不会增加成本的，这部分费用由第三方物流公司承担。安利（中国）的目标是做到用最少的物流费用，达到最好的物流效率。

3. 电子商务完善物流配送系统

安利（中国）为了进一步完善库存管理，提高物流运作效率，投资9 000多万元人民币，建设公司内部和外部信息网络，实现了公司办公自动化。安利的客户可通过在门店订货再申请送货的方式得到商品，使生产销售、库存、文件处理、通信联络、信息反馈有机衔接。安利（中国）所有的产品配送除在广州、深圳、珠海、惠州、东莞等珠江三角洲范围内由安利（中国）的车队运输之外，其他地方的配送都由第三方物流公司来承担，而核心业务如库存计划、调配指令则主要由安利（中国）来统筹管理。同时，安利（中国）还开展基于VRU/互联网电子商务配送服务业务，客户可通过电话语音、网上、电传订货，该项业务已在北京、上海、广州三地区开通，通过这种方式，订单形成后24小时内可送货到客户手中。

4. 严把运输管理关

运输费用在整个物流费用中占有非常大的比例，同时又具有不可控制性及风险性大的特点。安利（中国）通过对第三方企业的运输资格和运作实力进行考核来筛选合作伙伴。安利（中国）在第三方物流服务商方面的选择标准趋向行内最大的或比较大的物流企业，并核查承运人的竞争能力和业内信誉，主要体现在费率、到货准时率、交货及货损率、相互沟通、诚信等客户服务情况。

❓ 思考题

安利（中国）公司在配送中心运营过程中采取了哪些行之有效的削减成本的措施？

10.1　配送中心运作成本概述

有专家认为"物流既是主要成本的产生点，又是降低成本的关注点"，"物流是降低成本的宝库"。配送中心作为物流过程中的重要一环，降低其运作成本对物流总成本的削减有着非常重要的意义。

所谓物流成本，是指物流活动中所消耗的物化劳动和活劳动的货币表现（国家标准《物流术语》 GB/T 18354—2006）。配送中心运作成本是指在配送中心运营过程中出入库、装卸搬运、仓储、配送、包装、流通加工及信息处理等环节的运营管理活动消耗的成本。运作成本的高低直接关系到配送中心的利润，因此，通过对这些成本的核算和统筹管理，并通过成本差异分析可发现配送中心运营过程中的问题，从而提出解决问题的方法。

10.2　配送中心成本核算

10.2.1　配送中心成本的构成

为了进行配送中心成本的计算，首先应确定计算口径，即从哪个角度来计算物流成本，因此必须对物流成本的构成进行分析。按不同的角度，物流成本的构成有不同的分类。

1. 按支付形态分类

按支付形态不同来进行配送中心物流成本的分类，主要是以财务会计中发生的费用为基础，通过乘以一定比率来加以核算。此时配送中心物流成本可分为以下几个方面。

（1）材料费。材料费是指因物料消耗而发生的费用，由物资材料费、燃料费、消耗性工具、低值易耗品摊销及其他物料消耗费组成。

（2）人工费。人工费是指因人力劳务的消耗而发生的费用，包括工资、奖金、福利费、医药费、劳保费以及职工教育培训费和其他一切用于职工的费用。

（3）公益费。公益费是指向电力、煤气、自来水等提供公益服务部门支付的费用。

（4）维护费。维护费是指土地、建筑物、机械设备、车辆、搬运工具等固定资产的使用、运转和维修保养所产生的费用，包括维修保养费、折旧费、房产税、土地、车船使用税、租赁费、保险费等。

（5）一般经费。一般经费是指差旅费、交通费、资料费、零星购进费、邮电费、城建税、能源建设税及其他税款，还包括商品损耗费、事故处理费及其他杂费等一切一般性支出。

（6）特别经费。特别经费是指采用不同于财务会计的计算方法计算出来的配送费用，包括按实际使用年限计算的折旧费和企业内利息等。

（7）对外委托费。对外委托费是指企业对外支付的包装费、运费、保管费、出入库装卸费、手续费等业务费用。

（8）向其他企业支付的费用。在配送中心成本中还应包括向其他企业支付的费用，如商品购进采用送货制时包含在购买价格中的运费，以及商品销售采用提货制时因客户自己取货而从销售价格中扣除的运费。在这些情况下，虽然实际上本企业内并未发生配送活动，

却发生了相关费用，故也应把其作为配送成本计算在内。

2．按物流的功能分类

按照配送中心物流的功能进行分类，配送中心物流成本大体可分为物品流通费、信息流通费和物流管理费三大类。

（1）物品流通费。物品流通费是指为完成商品、物资的物理性流通而发生的费用，可进一步细分为商品检验费、保管费、装卸搬运费、流通加工费、包装费和配送费。商品检验费是指在商品入库过程中物流中心因进行商品检验活动而发生的费用；保管费是指一定时期内因保管商品而发生的费用，除了包租或委托储存的仓储费外，还包括在配送中心自有仓库储存时的保管费；装卸搬运费是指伴随商品包装、运输、保管、流通加工等业务而发生的商品在一定范围内进行水平或垂直移动所需要的费用；流通加工费是指在商品流通过程中为了提高物流的效益而进行的商品加工所需要的费用；包装费是指为商品的运输、装卸、保管的需要而进行包装的费用，即运输包装费，不包括销售包装费；配送费是指按客户要求的商品品种和数量，在物流中心进行分拣、配装后将商品送交客户的过程中所产生的费用，包括包装、分拣、配发、装卸、短途运输等费用。

（2）信息流通费。信息流通费是指因处理、传输有关的物流信息而产生的费用，包括与储存管理、订货处理、客户服务有关的费用。

（3）物流管理费。物流管理费是指进行物流的计划、调整、控制所需要的费用，包括作业现场的管理费，也包括企业物流管理部门的管理费。

3．按适用对象分类

在计算物流成本时，可以根据配送中心的服务对象进行分别计算。即使相同的物流作业，服务对象不同，成本也不一样。通过针对适用对象来计算成本，可以对比发现各类对象服务成本与质量之间的关系，进而针对具体的服务对象，制定特定的服务策略。此时配送中心物流成本的主要分类有以下几个。

（1）按分店或营业所计算配送成本。按分店或营业所计算配送成本就是要算出各营业单位配送成本与销售金额或毛收入的对比，用来了解各营业单位配送中存在的问题，以便加强管理。

（2）按客户计算配送成本。按客户计算配送成本可分为按标准单价计算和按实际单价计算两种计算方式。按客户计算配送成本可以用来作为确定目标客户和服务水平等营销战略的参考。

（3）按商品计算配送成本。按商品计算配送成本即把按功能计算出来的成本，以各自不同的基准，分配给各类商品，以此计算配送成本。这种方法可用来分析各类商品的盈亏，进而为确定企业的产品策略提供参考。在实际应用中，要考虑进货和出货差额的毛收入与商品周转率之间的交叉比率。

10.2.2 配送中心成本核算方法

通常，配送中心物流成本的核算方法可分为3类：会计方式的物流成本核算方法、统计方式的物流成本核算方法及会计和统计相结合的成本核算方法。

1．会计方式的物流成本核算方法

会计方式的物流成本核算是指通过凭证、账户、报表的完整体系，对物流耗费予以连续、系统、全面记录的计算方法。这种核算方法在具体应用时又有 3 种方法。

（1）独立的物流成本核算。这种方法要求把物流成本核算与财务会计核算体系截然分开，单独建立起物流成本的凭证、账户和报表体系。具体做法是，对于每项物流业务，均由基层核算员根据原始凭证编制一式两份的物流成本记账凭证，一份连同原始凭证转交财务科，据此登记财务会计账户，另一份留给基层成本员据以登记物流成本账户。

（2）结合财务会计体系的物流成本核算。这种方法把物流成本核算与企业财务会计和成本核算结合起来进行，即在产品成本计算的基础上增设一个"物流成本"科目，并按物流领域、物流功能分别设置二级、三级明细账，按费用形态设置专栏。当费用发生时，借记"物流成本"及有关明细账，月末按照会计制度规定，根据各项费用的性质再还原分配到有关的成本科目中去。

（3）物流成本二级账户核算方法。这是指在不影响当前财务会计核算流程的前提下，通过在相应的成本费用账户下设置物流成本二级账户，进行独立的物流成本二级核算统计。这种物流成本账户不纳入现行成本计算的账户体系，是一种账外计算，具有辅助账户记录的性质。这种计算方法的优点是，物流成本在账外进行计算，既不需要对现行成本计算的账表体系进行调整，又能提供比较全面的、系统的物流成本资料，其计算方法也较简单，易为财会人员所掌握。

2．统计方式的物流成本核算方法

统计方式的物流成本核算是指在不影响当前财务会计核算体系的基础上，通过对有关物流业务的原始凭证和单据进行再次的归类整理，对现行成本核算资料进行解剖分析，从而抽出物流成本的部分，然后再按物流管理的要求对上述费用按不同的物流成本核算对象进行重新归类、分配、汇总，加工成物流管理所需的成本信息。

由于统计计算不需要对物流成本进行全面、系统、连续的反映，所以运用起来比较简单、灵活和方便。但是由于不能对物流成本进行连续、全面、系统的追踪反映，所以得到的信息的精确程度受到很大影响，而且易于流于形式。另外，在期末一次性地进行物流成本的归类统计，花费的时间也较多，对于财务会计人员来说，一次性工作量大。

3．会计和统计相结合的成本核算方法

会计和统计相结合的成本核算方法的思路是，将物流成本的一部分通过统计方式予以计算，另一部分则通过会计核算予以反映。这种做法既可以避免会计方法中过细的会计科目设置给企业会计工作增加很多负担，也弥补了统计方法得到的信息不够准确的缺点。

 特别提示

不管采用何种核算方法，作为物流成本重要组成部分的占用资金机会成本不应该被忽视。作为一种机会成本，它并不一定是实际发生的成本，这是它与其他物流成本项目的不同所在，由于不是实际发生的费用，因此在会计核算中容易被忽视。

10.3　配送中心成本控制

配送中心成本控制是指配送中心在物流活动中依据物流成本标准，对实际发生的物流成本进行严格审核，发现运营过程中的浪费，进而采取降低物流成本的措施，实现预定的物流成本目标。

10.3.1　成本控制的内容

物流成本控制按控制的时间来划分，可分为物流成本事前控制、物流成本事中控制和物流成本事后控制 3 个环节。

（1）物流成本事前控制。它是指在物流活动或提供物流作业前对影响物流成本的经济活动进行事前的规划、审核，确定目标物流成本，以便在后续物流活动中依据此目标对成本进行控制。

（2）物流成本事中控制。它是指在物流成本形成过程中，随时对实际发生的物流成本与目标物流成本进行比较，及时发现差异并采取相应措施予以纠正，以保证物流成本目标的实现。

（3）物流成本事后控制。它是指在物流成本形成之后，对实际物流成本的核算、分析和考核，通过实际物流成本和一定标准的比较，确定实际物流成本是节约还是浪费，并进行深入的分析，查明物流成本节约或超支的主客观原因，确定其责任归属，对物流责任成本单位进行相应的考核和奖励。

10.3.2　标准成本控制法

标准成本控制法是在美国的弗雷德里克·温斯洛·泰勒的生产过程标准化思想的影响下，于 20 世纪 20 年代在美国产生的，是泰勒的科学思想在成本管理中的具体体现。刚开始时它只是一种比较简单的统计分析方法，经过不断发展和完善，成为在理论上较为完善、在实际中行之有效的成本控制系统之一，现在已经相当普遍地为企业所采用。

1．标准成本控制法原理

标准成本控制法将成本计算和成本控制相结合，是一种包括制定标准成本、计算和分析成本差异、处理成本差异 3 个环节的完整系统。一般成本计算方法计算的是生产过程中实际耗费的各种费用，而标准成本法计算下的产品成本，不是产品的实际成本，而是产品的标准成本。它以标准成本为基础，把成本的实际发生额区分为标准成本和成本差异两部分，并以成本差异为线索，进行分析研究，具体掌握差异的成因和责任，并及时采取有效措施消除不利的差异，实现对成本的有效控制。因此，标准成本法更重要的应用是被用来加强成本控制，在本质上它是一种成本管理方法，这是标准成本法与其他成本计算方法的本质区别。

实施标准成本系统一般有以下几个步骤：①制定单位物流服务的标准成本；②根据实际产量和成本标准计算物流服务的标准成本；③汇总计算实际成本；④计算标准成本与实际成本的差异；⑤分析成本差异的发生原因，如果标准成本纳入账簿体系，还要进行分析标准成本及其成本差异的账务处理；⑥向成本负责人提供控制报告；⑦评价成本目标的执

行结果，根据成本业绩实施奖惩。

2．标准成本的制定

标准成本由物流服务的直接材料、直接人工和间接费用 3 部分组成，通常把直接材料、直接人工和间接费用三大项目按其性态划分为变动成本与固定成本作为制定标准的基础。尽管这三大项目的具体性质各有不同，但在制定标准成本时，无论哪一个成本项目，都需要分别确定其用量标准和价格标准，两者相乘后得出成本标准。

大多数企业都以正常标准成本为基础，即根据正常的工作效率、正常的经营管理水平和正常的价格规定标准成本。制定标准成本时既要考虑过去较长时期的实际平均水平，又要消除企业经营活动中的异常情况，并估计到未来的生产发展趋势。

1）直接材料的标准成本

在单位物流服务的标准成本中，直接材料的标准成本是生产单位产品所需各种直接材料的用量标准同这些材料在正常情况下的价格的乘积之和。

（1）直接材料的标准用量是指在现有物流运作条件和经营管理水平下，提供单位物流服务所需的材料数量。其中包括必不可少的消耗，以及各种难以避免的损失等。直接材料的用量标准是用统计方法、工业工程法或其他技术分析方法确定的。具体包括单位物流服务材料消耗量、单位物流服务直接人工工时等，主要由生产技术部门主持制定，吸收执行标准的部门和职工参加。

（2）价格标准是指事先确定的购买材料、燃料和动力应付的标准价格，是取得材料的完全成本。价格标准包括原材料单价、小时工资率、小时间接费用分配率等，由会计部门和其他有关部门共同研究确定。采购部门是材料价格的责任部门，劳资部门和生产部门对小时工资率负有责任，各生产车间或部门对小时间接费用率承担责任，在制定有关价格标准时成本管理部门要与有关部门进行协商研究确定。

2）直接人工的标准成本

直接人工的标准成本是指单位物流服务所需消耗的各种人工的标准工时数同其相应的标准小时工资率的乘积之和。

（1）标准工时数是指在现有物流运作条件和经营管理水平下，提供单位物流服务所需要的工作时间，包括进行物流作业的直接加工所费工时、必要的间歇和停工时间所费的工时等。

（2）工资率标准，也就是每一标准工时应分配的工资。需要注意的是，工资率标准应按现行工资制度所定的工资水平计算确定。如果采用计件工资制，标准工资率是预定的每件产品支付的工资除以标准工时；如果采用月工资制，需要根据月工资总额和可用工时总量来计算标准工资率。

3）间接费用的标准成本

间接费用标准成本是单位物流服务标准工时数与事先确定的标准分配率的乘积。制定间接费用的标准成本时，标准工时数是指在现有物流运作条件和经营管理水平下提供单位物流作业所需的直接人工小时（或机器小时）。

间接费用分配率标准取决于两个因素：①产量标准，即企业充分利用现有生产能力所可能达到的最高作业量。由于许多企业物流服务种类繁多，作业量无法以实物单位汇总，因此，产量标准通常用直接人工小时或机器小时表示。②间接费用预算，它所确定的费用发生额（区分变动费用和固定费用）与产量标准之比，就是间接费用的分配率标准。

间接费用标准成本分为变动间接费用标准成本和固定间接费用标准成本两部分。如果企业采用变动成本法进行成本计算，固定间接费用不计入物流成本，因此标准成本中不包括固定间接费用。在这种情况下，不需要制定固定间接费用的标准成本，固定间接费用的控制则通过预算管理来进行。如果采用完全成本法计算成本，固定间接费用要计入物流成本，还需要确定其标准成本。

将直接材料、直接人工和变动间接费用的标准成本相加，即得出按变动成本法计算的单位物流服务标准成本，再加上固定间接费用的标准成本，即可得出按完全成本法计算的单位物流服务标准成本。在实际中，标准成本制定可采用单位物流作业标准成本卡的形式进行。

3．成本差异的计算与分析

成本差异是指实际成本与标准成本之间的差额。实际成本超过标准成本所形成的差异叫作不利差异、逆差或超支；实际成本低于标准成本所形成的差异叫作有利差异、顺差或节约。

按成本项目分可将成本差异分为直接材料差异、直接人工差异和间接费用差异。其中，间接费用差异又可分为变动制造费用差异和固定制造费用差异。计算分析成本差异的主要目的在于查明差异形成的原因，以便及时采取措施消除不利差异，并为成本控制、考核和奖惩提供依据。

1）变动成本差异的计算

直接材料、直接人工和变动间接费用都属于变动成本，其成本差异分析的基本方法相同。由于它们的实际成本高低取决于实际用量和实际价格，标准成本的高低取决于标准用量和标准价格，所以其成本差异可以归结为价格脱离标准造成的价格差异与用量脱离标准造成的数量差异两类。其推导公式为：

成本差异=实际成本-标准成本

　　=实际数量×实际价格-标准数量×标准价格

　　=实际数量×实际价格-实际数量×标准价格+实际数量×标准价格-标准数量×标准价格

　　=实际数量×（实际价格-标准价格）+（实际数量-标准数量）×标准价格

　　=价格差异+数量差异

2）固定间接费用差异的计算

固定间接费用的差异分析与各项变动成本差异分析不同，其分析方法有二因素分析法和三因素分析法两种。

226

（1）二因素分析法。二因素分析法将固定间接费用差异分为耗费差异和能量差异。

① 耗费差异是指固定制造费用的实际金额与预算金额之间的差额。固定费用与变动费用不同，不因业务量而变，故其差异分析有别于变动费用。在考核时不考虑业务量的变动，以原来的预算数作为标准，实际数超过预算数即视为耗费过多。其计算公式为：

$$固定间接费用耗费差异=固定间接费用实际数-固定间接费用预算数$$

② 能量差异是指固定制造费用预算与标准成本的差额，或者说是实际业务量的标准工时与生产能量的差额用标准分配率计算的金额。它反映未能充分使用现有生产能量而造成的损失。其计算公式如下：

$$
\begin{aligned}
固定间接费用能量差异 &= 固定间接费用预算数-固定间接费用标准成本\\
&= 固定间接费用标准分配率\times生产能量-固定间接费用标准分配率\times\\
&\quad 作业量\\
&= （生产能量-作业量）\times固定间接费用标准分配率
\end{aligned}
$$

（2）三因素分析法。三因素分析法将固定制造费用成本差异分为耗费差异、闲置能量差异和效率差异 3 部分。耗费差异的计算与二因素分析法相同。不同的是要将二因素分析法中的"能量差异"进一步分为两部分：一部分是实际工时未达到标准能量而形成的闲置能量差异；另一部分是实际工时脱离标准工时而形成的效率差异。其计算公式如下：

$$
\begin{aligned}
固定间接费用闲置能量差异 &= 生产能量\times固定间接费用标准分配率-实际工时\times\\
&\quad 固定间接费用标准分配率\\
&= （生产能量-作业量）\times固定间接费用标准分配率
\end{aligned}
$$

$$
\begin{aligned}
固定间接费用效率差异 &= 固定间接费用标准分配率\times实际工时-固定间接费用标准分配率\times\\
&\quad 实际产量标准工时\\
&= （实际工时-作业量）\times固定间接费用标准分配率
\end{aligned}
$$

3）成本差异的形成原因和责任归属

确定了成本差异后，就应进一步分析差异产生的具体原因及其责任归属，采取有力的措施，消除不利差异，发展有利差异，以实现有效的成本控制。产品实际成本脱离标准成本的因素纷繁复杂，既有客观的因素，也有主观的因素；既有可控因素，也有不可控因素。在明确成本差异责任时，应以成本能否为各职能部门或个人所控制为基础。例如，材料价格差异应由采购部门负责，因为材料购买价格的高低、采购费用的高低，采购部门大体上是可以控制的。但是，决定材料价格的因素是多方面的，有些因素会超出采购部门的控制范围。

例 某物流企业的物流成本计算采用标准成本计算系统，A 产品有关的成本资料如表 10.1 所示。

表 10.1　A 产品有关的成本资料

项　　目	标准价格	标准数量	标准成本（元/件）
直接材料	3 元/千克	10 千克/件	30
直接人工	4 元/小时	4 小时/件	16
变动间接费用	1.5 元/小时	4 小时/件	6
固定间接成本	1 元/小时	4 小时/件	4
单位产品标准成本			56

该企业本月生产销售 A 产品 2 450 件。购入原材料 30 000 千克，实际成本 88 500 元；本月生产消耗原材料 25 500 千克；实际耗用工时 9 750 小时；应付生产工人工资 40 000 元；实际发生变动间接费用 15 000 元；实际发生固定间接费用 10 000 元。计算 A 产品成本差异。

解：（1）直接材料成本差异=实际成本−标准成本

$$=实际数量×实际价格−标准数量×标准价格$$
$$=25500×（88500÷30000）−2450×3×10=1725（元）$$

其中

$$价格差异=实际数量×（实际价格−标准价格）$$
$$=25500×（88500÷30000−3）$$
$$=−1275（元）$$
$$数量差异=（实际数量−标准数量）×标准价格$$
$$=（25500−2450×10）×3=3000（元）$$
$$直接材料成本差异=价格差异+数量差异$$
$$=−1275+3000=1725（元）$$

（2）直接人工成本差异=实际人工成本−标准人工成本

$$=40000−2450×16=800（元）$$

其中

$$直接人工效率差异=（实际工时−标准工时）×标准工资率$$
$$=（9750−2450×4）×4=−200（元）$$
$$直接人工工资率差异=实际工时×（实际工资率−标准工资率）$$
$$=9750×（40000÷9750−4）=1000（元）$$
$$直接人工成本差异=直接人工效率差异+直接人工工资率差异$$
$$=−200+1000=800（元）$$

（3）变动间接费用的差异=实际间接费用−标准间接费用

$$=15000−2450×6=300（元）$$

其中

$$变动间接费用效率差异=（实际工时-标准工时）×变动费用标准分配率$$
$$=（9750-2450×4）×1.5=-75（元）$$
$$变动间接费用耗费差异=实际工时×（变动费用实际分配率-变动费用标准分配率）$$
$$=9750×15000÷9750-9750×1.5=375（元）$$

（4）固定间接费用的差异=实际固定间接费用-标准固定间接费用
$$=10000-2450×4=200（元）$$

其中

$$固定间接费用耗费差异=固定间接费用实际数-固定间接费用预算数$$
$$=10000-1×11000=-1000（元）$$
$$固定间接费用能量差异=固定间接费用预算数-固定间接费用标准成本$$
$$=固定间接费用标准分配率×生产能量-$$
$$固定间接费用标准分配率×实际产量标准工时$$
$$=（生产能量-实际产量标准工时）×固定间接费用标准分配率$$
$$=1×11000-1×2450×4=1200（元）$$
$$固定间接费用的差异=固定间接费用耗费差异+固定间接费用能量差异$$
$$=-1000+1200=200（元）$$

 特别提示

标准成本法是一种将生产实际情况与标准场景进行比较的技巧，主要用在重复生产的活动中，并假定物资和零配件的设计、质量及规格都已标准化。

10.3.3　作业成本法

作业成本法（Activity-Based Costing，ABC），也称活动成本法。它是以成本动因理论为基础，通过对作业（activity）进行动态追踪，反映、计量作业和成本对象的成本，评价作业业绩和资源利用情况的方法。

相对于传统成本分析方法而言，作业成本法对于间接成本的处理更加全面和准确，因此在美、日和西欧诸国的企业，尤其是竞争激烈和人工成本很低的高新技术企业，得到了广泛的应用。对物流系统来说，作业成本法处理的物流成本项目范围更广、成本计量方法更科学，并能对一体化的物流活动进行统一成本计量，因此该方法既重要又实用，可以为物流企业不断改善经营管理准确及时地提供有关活动、活动量、活动对象（产品或客户）的信息，从而可以用活动成本法所提供的信息，来改善企业物流链成本管理过程。

1. 作业成本法的基本概念
1）作业

在成本作业法中，作业就是指企业为提供一定量的产品或劳务所消耗的人力、技术、原材料、方法和环境等的集合体。或者说，作业是企业为提供一定的产品或劳务所发生的、以资源为重要特征的各项业务活动的统称。产品和服务需要消耗作业，而作业消耗资源，因此作业是资源耗费与产品成本之间的连接中介。作业成本法将作业作为成本计算的基本对象，并将作业成本分配给最终产出（如产品、服务或客户），形成产品成本。

2）成本驱动器

成本驱动器或称成本动因，是指导致企业成本发生的各种因素，也是成本驱动因素。它是引起成本发生和变动的原因，或者说，是决定成本发生额与作业消耗量之间的内在数量关系的根本因素，具体包括直接人工小时、机器小时、产品数量、准备次数、材料移动次数、返工数量、收取订单数量、检验次数等。

成本驱动器按其对作业成本的形成及其在成本分配中的作用可分为资源驱动器和作业驱动器。

（1）资源驱动器，也称作业成本计算的第一阶段动因，主要用于在各作业中心内部成本库之间分配资源。按照作业会计的规则，作业量的多少决定着资源的耗用量，资源耗用量的高低与最终的产品量没有直接关系。资源消耗量与作业量的这种关系称为资源驱动器。资源驱动器显示资源被各种作业消耗的原因和方式，反映某项作业或某组作业对资源的消耗情况，是将资源成本分配到作业中去的基础。例如，搬运设备所消耗的燃料直接与搬运设备的工作时间、搬运次数或搬运量有关，那么搬运设备的工作时间、搬运次数或搬运量即该项作业成本的资源动因。

（2）作业驱动器，也称作业成本计算的第二阶段动因，主要用于将各成本库中的成本在各产品之间进行分配。它显示各项作业被最终产品消耗的原因和方式，反映的是产品消耗作业的情况。作业驱动器是将作业中心的成本分配到产品、劳务或客户中的标准，是资源消耗转化为最终产出成本的中介。

3）作业中心与作业成本库

作业中心是成本归集和分配的基本单位，它由一项作业或一组性质相似的作业组成。一个作业中心就是生产流程的一个组成部分。根据管理上的要求，企业可以设置若干个不同的作业中心，其设立方式与成本责任单位相似。但作业中心与成本责任单位的不同之处在于：作业中心的设立是以同质作业为原则的，是相同的成本驱动器引起的作业的集合。

由于作业消耗资源，所以伴随作业的发生，作业中心也就成为一个资源成本库，因此也称作业成本库。

2. 作业成本法的基本原理

作业成本法的基本原理是，根据"作业耗用资源，产品耗用作业；生产导致作业的产生，作业导致成本的发生"的指导思想，以作业为成本计算对象，首先依据资源动因将资源的成本追踪到作业，形成作业成本，再依据作业动因将作业的成本追踪到产品，最终形成产品的成本。其基本原理如图10.1所示。

3. 作业成本法的意义

作业成本法不仅是一种成本计算方法，而且是成本计算与成本控制的有机结合。作业成本法通过对作业成本的计算，追踪产品成本的形成和积累过程，从而大大提高了计算过程的明细化程度和成本计算结果的精确度；同时作业成本法找到了产品与成本费用发生的联结点，即作业，使其所提供的成本信息可以深入作业层次。因此，使用作业成本法，可以在生产工艺设计、生产过程中根据产品生产的需要，控制作业的数量，也为消除不增值作业提供有用信息，进而减少成本费用发生的动因，切断成本费用发生的源头，使成本费用发生得到有效控制，达到事前、事中成本控制的目的。

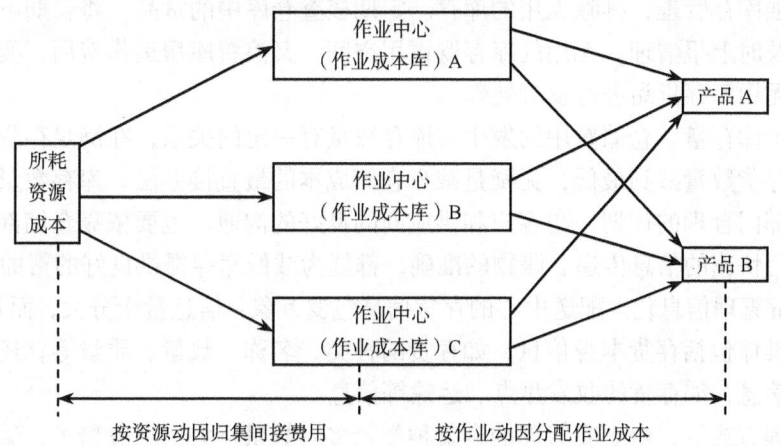

图 10.1　作业成本法的基本原理

4．作业成本法的核算程序

（1）确认各项作业。

（2）确认所使用的资源。

（3）确认资源驱动器，将资源分配到作业中。

（4）确认成本驱动器，将作业成本分配到产品或服务中。

 **特别提示**

成本按其计入成本对象的方式可以分为直接成本与间接成本。直接成本可以直接计入成本对象，间接成本则需要按一定方式分摊给成本核算对象，而作业成本法在间接成本的分摊方面较为准确。

10.4　低成本运营策略

10.4.1　降低仓储成本的策略

配送中心为了达到一定的客户服务水平，必须有一定量的存货，而存货是一项重要的流动资产，它势必会占用大量的流动资金。一般情况下，存货占企业总资产的 30%左右，其管理、利用情况如何，直接关系到企业的资金占用水平和资产运作效率。在不同的仓储管理水平下，企业平均资金占用水平差别很大。因此，实施正确的仓储管理方法，通过降低企业平均资金占用水平来提高存货的流转速度和总资产周转率，将最终提高企业的经济效益。

降低仓储费用首先要对仓储费用的组成要素进行分析，有针对性地找出对费用影响最大的因素并加以控制，以达到对症下药的目的。例如，国外发达国家的仓储费用中，人工费用占 50%以上，而我国目前仓储费用中的资产费用占据了相当大的一部分。控制仓储费用首先采取的措施是从快速见效的部分入手，具体可以从以下几个方面考虑。

（1）加强库存管理，排除无用的库存。定期核查仓库中的货品，将长期不用、过期、过时的货品及时上报清理。无用的库存既占用空间，又浪费库房运作费用，要建立库存管理制度，对无用库存货品进行及时处理。

（2）减少库存量。仓储费用的发生与库存数量有一定的关系，在满足存货保证功能的前提下，将存货数量减到最低，无疑是减少仓储成本的最直接办法。库存数量的减少既要靠存货控制部门合理的计划，与客户和供应商的良好的沟通，也要依靠仓储部门的良好管理。仓储部门快速的信息传递、账物的准确，都能为减低库存提供良好的帮助。

（3）存货管理信息化。配送中心的存货信息包罗万象，信息量十分大，而且种类庞杂，变动频繁，具体包括存货本身信息，如存货的种类、名称、数量、质量等；还包括与存货有关的业务信息，如存货的收发盘点、运输等信息。

手工处理方式下，由于要管理的存货种类繁多、数量巨大，业务繁忙，管理人员每天往往被大量的单据、台账所淹没，无法实时、准确地掌握存货信息，造成信息处理速度低，且容易出错，最终导致企业物流不畅，影响效益。这种情况下，物流中心对市场的存货供应和产品需求的变化反应迟钝，根本谈不上决策的科学性。而采用先进的信息化技术则能轻松管理种类繁多的存货，处理大量的单据信息，大大减轻业务人员的工作强度，降低出错概率；增加预测的准确性；提高发货、供货能力，减少工作流程周期；加快市场响应速度；减少库存；帮助物流中心实现科学高效的库存管理。

（4）采用有效的"先进先出"法。有效的"先进先出"法主要有两种：①采用计算机存取系统。根据物品入库时的时间，依靠按时间排序的软件，可以自动排列出出货的顺序，从而实现"先进先出"。这种计算机存取系统还能将"先进先出"和"快进快出"结合起来，加快周转，减少劳动消耗。②在仓储中采用技术流程的办法保证"先进先出"。最有效的方法是仓库中的技术流程采用贯通式货架系统，既可提高仓库的利用率，又能使仓库管理实现机械化、自动化，从而降低仓储成本。

（5）虚拟仓库和虚拟仓储。采用虚拟仓储方式，可以防止实际仓储带来的一切费用和弊端，同时可以有效实现仓储的功能。在网络经济时代，这是信息技术、网络技术、市场经济条件下买方市场环境结合起来的一个创新，它不仅对于解决仓储问题有意义，而且对于优化整个物流系统都有着重大意义。

10.4.2　降低配送成本的策略

对物流配送成本的管理就是在配送的目标即满足一定的客户服务水平与配送成本之间寻求平衡：在一定的配送成本下尽量提高客户服务水平，或在一定的客户服务水平下使配送成本最小。下面介绍在一定的客户服务水平下使配送成本最小的 5 种策略。

1．差异化策略

差异化策略的指导思想是，产品特征不同，客户服务水平也不同。当企业拥有多种产品时，不能对所有产品都按统一标准的客户服务水平来配送，而应按产品的特点和销售水平来设置不同的库存、不同的运输方式及不同的储存地点。例如，一家生产化学品添加剂的公司，为降低成本，按各种产品的销售量比重进行分类：A 类产品的销售量占总销售量的 70%以上，B 类产品占 20%左右，C 类产品则为 10%左右。对 A 类产品，公司在各销售网点的物流中心都备有库存，B 类产品只在地区分销物流中心备有库存而在各销售网点的物流中心不备有库存，C 类产品连地区分销物流中心都不设库存，仅在工厂的仓库才有存货。事实证明这种方法是成功的，企业总的配送成本下降了 20%。

2．混合法策略

混合法策略是指配送业务一部分由企业自身完成，另一部分外包给第三方物流公司完成的策略。尽管企业采用单一策略（配送活动要么全部由企业自身完成，要么完全外包）易形成一定的规模经济，并使管理简化，但由于产品品种多变、规格不一、销量不等等情况，采用单一法策略的配送方式超出一定程度后不仅不能取得规模效益，反而还会造成规模不经济。而采用混合法策略，合理安排企业自身完成的配送和外包给第三方完成的配送，能使配送成本最低。

3．合并法策略

合并法策略包含两个层次，一个是配送方法上的合并，另一个是共同配送。

（1）配送方法上的合并。物流中心在安排车辆完成配送任务时，充分利用车辆的容积和载重量，做到满载满装，是降低成本的重要途径。由于产品品种繁多，各产品不仅包装形态、配送性能不一，在容重方面也往往相差甚远。车上如果只装容重大的货物，往往是达到了载重量，但容积空余很多；只装容重小的货物则相反，看起来车装得满，实际上并未达到车辆载重量。这两种情况实际上都造成了浪费。实行合理的轻重配装、容积大小不同的货物搭配装车，不但可以在载重方面达到满载，而且也充分利用车辆的有效容积，取得最优效果。最好是借助计算机管理系统确定货物配车的最优解。

（2）共同配送。共同配送是一种产权层次上的共享，也称集中协作配送。它是指几个企业联合，集小量为大量，共同利用同一配送设施的配送方式。其标准运作形式是，在中心机构的统一指挥和调度下，各配送主体以经营活动（或以资产）为纽带联合行动，在较大的地域内协调运作，共同对某一个或某几个客户提供系列化的配送服务。

4．延迟策略

传统的配送计划安排中，大多数的库存是按照对未来市场需求的预测量设置的，这样就存在着预测风险，当预测量与实际需求量不符时，就出现库存过多或过少的情况，从而增加配送成本。延迟策略的基本思想就是对产品的外观、形状及其生产、组装、配送应尽可能推迟到接到客户订单后再确定。一旦接到订单就要快速反应，因此采用延迟策略的一个基本前提是信息传递要非常快。

5．标准化策略

标准化策略就是尽量减少因品种多变而导致的附加配送成本，尽可能多地采用标准零部件、模块化产品。如服装制造商按统一规格生产服装，直到客户购买时才按客户的身材调整尺寸大小。采用标准化策略要求厂家从产品设计开始就要站在消费者的立场来考虑如何节省配送成本，而不要等到产品定型生产出来了才考虑采用什么技巧降低配送成本。

配送中心在实际运作过程中，可考虑自己的运作对象、运作环境等要素，以上述几种降低配送成本的策略为指导，确定降低配送成本的具体措施。另外，配送中心还可以通过加强配送的计划性、确定合理的配送路线、进行合理的车辆配载等方法达到降低配送成本的目的。

 案例分析

施乐公司削减成本的措施

施乐公司发现，为了在价格急剧下降的市场进行竞争，有必要削减成本，问题在于如何鼓励低层管理人员追求企业所期望的成本目标。物流和分销部门（Logistics and Distribution, L&D）是施乐商业系统集团（Xerox's Business Systems Group）的成本中心，施乐公司采取措施使该部门成为模拟利润中心：提供服务要收费，发生的成本要与其所提供的服务相联系。

公司还允许L&D在竞争的基础上为施乐的其他部门提供服务。实际结果是，L&D的1 200名员工扮演了"内部企业家"的角色。

对于L&D部门来讲，要经过4个步骤来确定其利润中心的地位。

（1）设定标准。由于L&D利润中心必须以竞争性价格提供服务，因此有必要了解其成本支出和服务的现有标准。员工们从不同的供应商和公司那里收集了很多数据，这些供应商和公司既有从事相似业务的，也有从事其他经营活动的。所提供的资料采用的是指数形式，以抵消不同来源资料的差异。

（2）商谈服务水平。L&D与集团内有兴趣的客户签约，确定目标服务水平；还为各种各样的服务水平制定费率表以帮助选择。

（3）投标。公司允许L&D向其他经营集团投标。因为每个集团都有自己的分销机构，所以L&D争取到的任何业务都明显节约了施乐公司的成本。

（4）对外提供服务。L&D也可以向外部客户推销服务，既可以提供完整的服务网络，也可以提供运输、仓储等单项分拨服务。

利润中心的确定明显有利于提高员工的士气、主动精神和敬业精神。除此之外，随着利润中心观念被引入L&D，3年中施乐公司的生产力平均提高了12%。

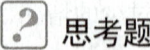 **思考题**

成本中心与利润中心这两个概念的区别与联系是什么？

 复习思考题

1．配送中心成本由哪些成本项目构成？
2．标准成本法的基本原理是什么？有什么作用？
3．作业成本法的基本原理是什么？

4．简述降低仓储运营成本的策略。

5．简述降低配送运营成本的策略。

 ## 实训题

实训目的：

1．了解和熟悉配送中心成本的构成。

2．熟悉和掌握配送中心成本核算方法。

实训要求：

1．提前熟悉成本核算理论，收集相关资料。

2．向配送中心相关人员了解成本核算的内容和方法。

3．认真记录在成本核算的实际操作中存在的问题和注意事项。

实训操作与规范：

1．遵守企业的规章制度。

2．要有保密意识，不探寻、不传播企业的商业秘密。

 ## 推荐阅读材料

1．降低物流成本的应对策略，沃尔玛与亚马逊不尽相同。

http://www.56invest.com/plus/view.php?aid=4009

2．7-11 配送中心成本管理与控制。

http://www.cqvip.com/read/read.aspx?id=45242205

第 11 章

配送中心运作绩效评价

学 习 目 标

- 了解绩效评价的作用和意义;
- 熟悉绩效评价的要素;
- 掌握配送中心各基本作业的绩效评价指标。

引导案例

中储物流配送业务

中国物资储运总公司(以下简称中储)立足于发挥储运的硬件优势和网络优势,积极拓展配送业务,以现有分布于全国各大中城市的仓库为据点,形成地域物流配送中心,并逐步建立中储全系统的物流配送网络和完整的配送业务流程及服务规范,向现代物流产业进军。目前已有所属 60 多个仓储企业介入此项业务,许多传统仓库成了能提供分销、库存、加工等多项服务的配送中心。配送的形式多种多样,服务的深度和广度不断延伸。

为了让客户放心、满意地使用中储的配送服务,中储向客户提出了"配送及时,交接准确,反馈迅速,搬运安全,信誉可靠,网络服务"的承诺。"配送及时",即接到配送单后,保证市内当天送达,200 公里以内 24 小时内送达,600 公里以内 36 小时内送达;"交接准确",即由专业人员负责交接工作,保证货物和各种票据的交接手续简单、准确;"反馈迅速",即货物经分拣送达后,保证用最快的通信方式通知客户确认;"搬运安全",即实行绿色服务,不污染、不破坏货物包装,保证外包装破损率在 1‰以下;"信誉可靠",即由中储原因发生的货损货差责任事故,中储将按市价全额赔偿,同时客户还可选择是否由中储给货物代投保险;"网络服务",即中储在沈阳、大连、天津、石家庄、郑州、西安、咸阳、成都、重庆、武汉、衡阳、南京、连云港、上海实现联网改造,以降低空车率。

中储不仅在服务中认真履行承诺,而且还针对不同的客户提供具体的个性化服务。例如,中储一分公司在为海尔服务的过程中,库房温度和湿度保持在规定的范围之内,做到库房内地面和货物上无尘土,同时保管员"日事日毕",配送业务原则上当天任务当天完成,每天、每周、每月进行动态盘点并按时报告。又如,无锡中储物资公司在与张家港浦项不锈钢有限公司的合作中，无锡中储为保证货物在运输途中的安全，车辆配备足够数量的"井"字形木架底座；卷板装载汽车后，加固并遮盖防雨篷布；装卸时使用软索，落地时上盖下垫；卷板被装上火车时，车皮地板上铺满草垫，并按对方图纸规定的方式装车；卷板与车皮间使用 8 号铁丝捆绑牢固，卷板与铁丝的接触部位全部使用橡皮垫加以保护。无锡中储在保证了货物运输安全的同时，真正做到了客户满意。再如，中储为 LG 电子沈阳乐金有限公司的库存商品不仅提供防雨、防盗、防潮、防鼠、防污染等基本保证，还按照要求为该公司的一切业务资料保密，提供 24 小时装卸服务，由汽车运输快速、及时、准确地将货物运送到东北地区各指定的代销地点。此外，中储为西门子、基士得耶办公设备（中国）有限公司辽宁分公司等的配送服务，都切实履行了配送服务承诺，并且根据不同客户的要求提供个性化服务，做到一切为客户着想、一切为客户服务。

❓ 思考题

中储公司对客户的承诺中体现了绩效管理的哪些内容？该公司又是如何实施的？对中储公司的绩效做简单评价。

▷ 11.1　配送中心绩效评价概述

配送中心绩效是指在一定的经营期间内企业的经营效益和经营者的业绩。配送中心的绩效评价分析是运用数量统计和运筹学方法，采用特定的指标体系，对照统一的评价标准，按照一定的程序，通过定量、定性分析，对配送中心在一定经营期间的经营效益和经营者的业绩，做出客观、公正和准确的综合判断。开展绩效评价能正确判断配送中心的实际经营水平，发现运营方面的不足，从而采取积极有效的措施予以改进，提高经营能力和管理水平，并通过绩效评价调动各部门及员工的积极性，为客户提供更加优质的产品和服务，进而增加配送中心的整体效益。

为了科学、客观地反映配送中心的运营情况，应考虑建立与之相适应的配送中心绩效评价方法，并确定相应的绩效评价体系。反映配送中心绩效的评价指标的内容要科学、全面、客观、操作性强，在实际工作中，建立配送中心绩效评价的指标体系时应遵循如下原则。

（1）应突出重点，要对关键绩效指标进行重点分析。

（2）应采用能反映配送中心业务流程的绩效指标体系。

（3）评价指标要能反映整个配送中心的运营情况。

（4）应尽可能采用实时分析与评价的方法，做到事前分析实时控制。

（5）在绩效评价时，不但要考虑配送中心运营的经济性因素，还应重点考查配送中心对客户的服务质量与效果，绩效指标应能反映配送中心与客户之间的关系，并把最终客户对配送中心产品或服务的满意度指标作为配送中心绩效评价的一个最终标准。

11.2 配送中心绩效评价指标体系

11.2.1 绩效评价指标体系

1. 绩效评价要素

配送中心绩效评价要素包括对配送中心设施、设备、员工、作业时间、订单效益和作业规划与管理水平的评价。

（1）设施。设施是指人员和设备以外的一切硬件，包括办公室、休息室、储区、拣货区、发货区、消防设施等。对设施的绩效考核即考察设施空间利用率大小，特别是在土地资源短缺的情况下，提高单位土地面积的使用效率极为重要。

（2）设备。物流配送中心的设备品种多，除加工设备之外，还有保管、搬运、存取、装卸、配送等设备。由于各种作业有一定的时间性，因此不易计算设备工时。在评估设备生产力时，除用设备开动率之外，更重视用单位时间内机械的产出量、产出金额、作业单元数（托盘数、纸箱数）、操作速度和故障率等参数来评估设备的绩效。

（3）员工。构成企业最主要的因素是人，企业员工素质的优劣将严重影响企业的效益。特别是物流配送中心，作业人员的工作能力是影响企业运营的关键。对人员绩效进行评估时，要考虑人员编制、员工待遇和员工作业效率。

（4）作业时间。缩短作业时间不但可以提高工作效率，而且可使交货期提前。可见，时间是衡量效率最直接的因素。评估时间效率即可掌握单位时间内投入/产出量、作业单元数及各作业时间比率。

（5）订单效益。在物流配送中心中流通的物品种类和品质，将直接影响订单数额，即直接影响物流配送中心的效益。为了满足客户需要，各种商品必须具备一定的库存量，否则一旦缺货，将失去客户信任。但是，库存量又不能太多，否则积压资金。是否做到了最佳库存量，也是评估重点之一。

（6）作业规划与管理水平。规划管理的目的在于使企业按预想的最佳方案进行作业，提高企业效益。为了实现最佳投入产出效果，规划时必须决定作业中的最佳资源组合，设计最好的作业方式。如何评估规划管理力度，主要看投入产出效果。

2. 绩效评价指标体系

为了客观、全面地评价配送中心的运营情况，一般可以通过一个相应的指标体系来进行配送中心绩效的评价，指标体系要注重客观性和实际可操作性。绩效评价指标体系主要由商品销售绩效、作业处理绩效、仓库保管绩效、配送效率、机具设备使用等构成。

本章将配送中心绩效评价指标体系分为进/出货、储存、盘点、订单处理、拣货、配送等基本作业的绩效评价指标进行一一阐述。

11.2.2 进/出货作业绩效评价指标

进货作业是物品进入物流配送中心的第一阶段，出货作业是物品准备移出配送中心的最后阶段。这一进一出的动作是否正确有效，将严重影响配送中心的其他作业。进/出货作业的绩效评价指标如表 11.1 所示。

表 11.1　进/出货作业的绩效评价指标

评估要素	空间利用	人员效率	设备开机率	时间利用率
绩效指标	• 站台使用率 • 站台高峰率	• 每人每小时处理进货量 • 每人每小时处理出货量	• 每台进/出货设备每天装卸货量 • 每台进/出货设备每小时装卸货量	• 进货时间 • 出货时间

1. 站台使用率和高峰率

$$站台使用率 = \frac{进/出货车次装卸货停留总时间}{站台泊位数 \times 工作天数 \times 每天工作时数} \times 100\%$$

$$站台高峰率 = \frac{高峰车数}{站台泊位数} \times 100\%$$

通过观察站台使用情况，可分析出码头存在的实质问题。若站台使用率偏高，且站台高峰率也较高，表示站台停车泊位数量不足，造成交通拥挤。可采取下列措施：增加停车泊位数；为提高效率，要做好时段管理，让进出配送中心的车辆能有序地行驶、停靠、装卸货作业；增加进出货人员，加快作业速度，减少每辆车停留装卸的时间。若站台使用率低，站台高峰率高，表示虽然车辆停靠站台时间平均不高，站台停车泊位数量仍有余量，但在高峰时间进出货仍存在拥挤现象，此种情况主要是没有控制好进出货时间引起的。关键是要将进出货车辆的到达作业时间岔开，可采取以下措施：①应要求供应商依照计划准时送货，规划对客户交货的出车时间，尽量降低高峰时间的作业量。②若无法与供应商或客户达成共识分散高峰期流量，则应特别安排人力在高峰时间以保持商品快速装卸搬运。③人员负担和时间耗用。考核进出货人员的工作分配及作业速度，以及目前的进出货时间是否合理。

若配送中心的进/出货站台分开设置，则进/出货站台使用率计算公式如下：

$$进货站台使用率 = \frac{进货车次装卸货停留总时间}{进货站台泊位数 \times 工作天数 \times 每天工作时数} \times 100\%$$

$$出货站台使用率 = \frac{出货车次装卸货停留总时间}{出货站台泊位数 \times 工作天数 \times 每天工作时数} \times 100\%$$

2. 每人每小时处理进/出货量

为了评估进出人员工作量、作业效率和进/出货时间，应计算每人每小时处理的进/出货量。其计算公式如下：

$$每人每小时处理进/出货量 = \frac{进/出货量}{进/出货人员数 \times 每日进/出货时间 \times 工作天数}$$

$$进/出货时间率 = \frac{每日进/出货时间}{每日工作时数} \times 100\%$$

若进/出货人员共用时，则每人每小时处理进出/货量公式如下：

$$每人每小时处理进/出货量 = \frac{进货量+出货量}{进/出货人员数 \times 每日进/出货时间 \times 工作天数}$$

若每人每小时处理进出货量高，且进出货时间率也高，表示进出货人员平均每天的负担较重，原因在于配送中心目前的业务量过大。可考虑增加进出货人员，以减轻每人的工作负担。

若每人每小时处理进出货量低，但进出货时间率高，表示虽然配送中心一日内的进出货时间长，但每位人员进出货负担却很轻。原因是：进出货作业人员过多和商品进出货处理比较繁杂、进出货人员作业效率较低。可采取以下措施：考虑缩减进出货人员；对于工效差的问题，应随时督促、培训，同时应尽量想办法减少劳力及装卸次数（如托盘化）。

若每人每小时进出货量高，但进出货时间率低，表示上游进货和下游出货的时间可能集中于某一时段，以致作业人员必须在此段时间承受较高的作业量。可考虑平衡人员的劳动强度和避免造成车辆太多致使站台泊位拥挤，采取分散进出货作业时间的措施。

3．每台进/出货设备每天装卸货量

为了计算每台设备的工作量，必须计算其每天的装卸货量。其计算公式如下：

$$每台进/出货设备每天装卸货量 = \frac{进货量+出货量}{装卸设备数 \times 工作天数}$$

如果指标数值较低，说明设备开动率差，资产过于闲置。其原因在于进/出货量低，设备数量较多。

4．每台进/出货设备每小时装卸货量

$$每台进/出货设备每小时装卸货量 = \frac{进货量+出货量}{装卸设备数 \times 工作天数 \times 每日进出货时数}$$

11.2.3 储存作业绩效评价指标

1．储区面积率

通过储区面积率计算可知厂房空间利用率是否合理。储区面积率计算公式如下：

$$储区面积率 = \frac{储区面积}{配送中心面积} \times 100\%$$

配送中心面积主要包括储区和理货区。理货区占配送中心面积的30%~50%，储区面积占50%~70%。如果储区面积率小，应研究整个物流配送中心的规划布置是否合理，空间是否充分利用。

2．可供保管面积率

可供保管面积率是扣除通道后货品的可保管面积占整个储区的比例。这个比例大小说明储区内通道占的面积大小。在满足配送中心作业需要的条件下，储区通道宽度窄一些为好。可供保管面积率的计算公式如下：

$$可供保管面积率=\frac{可保管面积}{储区面积}\times100\%$$

3．储位容积利用率和单位面积保管量

$$储位容积利用率=\frac{存货总体积}{储位总容积}\times100\% \qquad 单位面积保管量=\frac{平均库存量}{可保管面积}$$

由这两个公式可知，当储位容积利用率和单位面积保管量偏低时，说明每一个储位有重量限制，在库品的重量太重，制品不能堆叠太高或摆放太密。另外，因存货量较少导致储位过剩。

当储位容积利用率低而单位面积保管量很高时，说明在库品体积小，但存货量较多。此种情况下，不能把多种品种物品放在同一储位上，否则会降低储位容积利用率。

当储位容积利用率高，单位面积保管量低时，说明在库品体积较大，或者货架高度较低而没有充分利用储区高度，导致单位面积货品储存量偏低。

4．平均每品项所占储位数

$$平均每品项所占储位数=\frac{货架储位数}{总品项数}$$

平均每品项所占储位数若能规划在 0.5~2.0，即使无明确的储位编号，也能迅速存取商品，不至于造成储存、拣货作业人员找寻困难，也不会产生同一品项库存过多的问题。

5．库存周转率
库存周转率有两个计算公式：

$$库存周转率=\frac{出货量}{平均库存量}\times100\% \qquad 库存周转率=\frac{营业额}{平均库存金额}\times100\%$$

如果周转率高，库存周转期间短，表示用较少的库存完成了同样的工作，减少了积压资金，即资金使用率高，利益也相应增加。

6．库存管理费率

$$库存管理费率=\frac{库存管理费用}{平均库存量}\times100\%$$

由公式可知，当库存管理费率过高时，表示没有很好地控制库存管理费用，使物流成本增加。为了降低物流管理成本，必须对库存管理费逐项研究，力求降低各项成本。

7．呆废料率（数量、金额）

$$呆废料率（数量）=\frac{呆废料件数}{平均库存量}\times100\% \qquad 呆废料率（金额）=\frac{呆废料金额}{平均库存金额}\times100\%$$

呆废料是指在仓库中滞留时间超过仓库周转期的物品。呆废料率较高时，表示仓库存在如下问题：①产品变质；②验收产品时疏忽；③仓库管理不善，保管不佳；④存量过多、过久；⑤客户退货或取消订单；⑥市场变化。

通过分析呆废料率高的原因之后，针对实际情况，逐一改善。

11.2.4　盘点作业绩效评价指标

1．盘点数量误差率

为了加强库存管理，确保配送中心效益，必须加强库存盘点工作。盘点数量误差率计算公式如下：

$$盘点数量误差率 = \frac{盘点误差量}{盘点总量} \times 100\%$$

由公式可知，若盘点误差率过高，表示计算机显示有库存物品，但库中无货，反之则表示计算机显示无库存物品，但库中有货。这说明在库管理不佳。造成盘点误差的原因可能有以下几点：①运送过程中发生物品损耗；②记账时看错品项和数字；③单据丢失，进/出货未过账；④包装出错；⑤盘点记数有误。可根据上述原因逐一整改，加强管理。

2．盘点品项误差率

$$盘点品项误差率 = \frac{盘点品项误差数量}{盘点品项总数量} \times 100\%$$

通过该指标可以研究发生盘点误差的主要原因。如果盘点数量误差率高，而盘点品项误差率小的话，说明发生误差的货品品项数少，但发生误差品项的数量都较大。改进方法是调查负责此货物品项的人员是否尽职尽责，物品置放区域是否得当。

当盘点数量误差率低，而盘点品项误差率较高时，表示发生误差的货物种类增多了。如果货物品项增加，将影响出货速度。解决方法是适当减少物品种类，并加强管理。

3．平均盘差品金额

$$平均盘差品金额 = \frac{盘点误差金额}{盘点误差量}$$

如果平均盘差品金额较高，表示高价位产品的误差较大，即高价位货品流失量严重。这给企业利益造成较大损失，必须加强管理。最好的管理方法是对在库品进行 ABC 分类管理。A 类物品品项数占 15%~20%，但金额却占 75%~80%；B 类物品品项数占 30%，金额却占 15%~20%；C 类物品品项数占 45%~50%，金额只占 5%。为此，必须对 A 类物品加强管理。

11.2.5　订单处理作业绩效评价指标

1．订单分析

通过对日均受理订单数、每订单平均订货数量和平均订货单价的分析，观察每天订单变化情况，以拟订客户管理策略及业务发展计划。

$$日均受理订单数=\frac{订单数量}{工作天数} \qquad 每订单平均订货数量=\frac{出货量}{订单数量}$$

$$日均商品单价=\frac{营业额}{订单数量}$$

2．订单延迟率

订单延迟率用于衡量交货的延迟状况。

$$订单延迟率=\frac{延迟交货订单数}{订单数量}\times100\%$$

若订单延迟率较高，解决方法有：通过找出作业瓶颈加以解决；研究物流系统前后作业能否相互支持或同时进行，谋求作业的均衡性；掌握库存情况，防止缺货；合理安排配送时间。

3．订单货件延迟率

订单货件延迟率用于评价配送中心是否应实施客户重点管理，使自己有限的人力、物力做到最有效的利用。

$$订单货件延迟率=\frac{延迟交货量}{出货量}\times100\%$$

应考虑实施客户 ABC 分析法，以确定客户重要性程度，从而采取重点管理。例如，根据订单资料，按客户的购买量占配送中心营业额的百分比做客户 ABC 分析，尽可能减少重要客户延迟交货的次数，以提高服务水平。

4．紧急订单响应率

紧急订单响应率用于分析配送中心快速订单的处理能力和紧急插单业务的需求情况。

$$紧急订单响应率=\frac{未超过12小时出货订单}{订单数量}\times100\%$$

如果紧急订单响应率低，可采取以下改善对策：制定快速作业处理流程及操作规程；制定快速送货计费标准。

5．缺货率

缺货率用于衡量存货控制决策是否合理，是否应该调整订购点及订购量的基准。

$$缺货率=\frac{接单缺货数}{出货量}\times100\%$$

如果缺货率较高，可采取以下改善对策：加强库存管理；登录计算机系统分析存货异常情况；掌握采购、补货时机；督促送货商送货的准时性。

6．短缺率

$$短缺率=\frac{出货短缺数}{出货量}\times100\%$$

可通过考察每位员工、每次作业的质量，做好每一作业环节的复核工作，以改善短缺率指标。

11.2.6 拣货作业绩效评价指标

由于拣货作业多数依靠人工配合简单机械化设备，是劳动密集型的作业，因此必须重视拣货人员的负担及效率的评估。拣货的时程及拣货的运用策略往往是决定接单出货时间长短的最主要因素，而拣货的精确度更是影响出货质量的重要环节。

1．人均作业能力

人均作业能力用于衡量拣货的作业效率，以便找出在作业方法及管理方式上存在的问题。

$$人均作业能力=\frac{订单总笔数}{拣货人员数\times每天拣货时数\times工作天数}$$

该指标的改善措施有以下几种：①拣货路径的合理规划；②储位的合理配置；③确定高效的拣货方式；④拣货人员数量及工作的安排；⑤拣货的机械化、电子化。

2．批量拣货时间

批量拣货时间用于衡量每批平均拣货所需时间，可为日后分批策略的制定做参考。

$$批量拣货时间=\frac{每日拣货时数\times工作天数}{拣货分批次数}$$

批量拣货时间短，表示拣货的反应时间很快，即订单进入拣货作业系统乃至完成拣取所花费的时间很短。它特别有利于处理紧急订货。

3．每订单/每件商品拣货投入成本

$$每订单拣货投入成本=\frac{拣货投入成本}{订单数量}$$

$$每件商品拣货投入成本=\frac{拣货投入成本}{拣货单位累计件数}$$

4．拣误率

拣误率用于衡量拣货作业的质量。

$$拣误率=\frac{拣取错误笔数}{订单总笔数}\times100\%$$

降低拣误率的主要措施有：选择最合理的拣货方式；加强拣货人员的培训；引进条形

码技术、拣货标签或计算机辅助拣货系统等自动化技术，以提升拣货的精确度；改善现场照明情况；检查拣货的速度。

11.2.7　配送作业绩效评价指标

1．人员负担

人员负担指标可通过人均配送量、人均配送距离、人均配送重量和人均配送车次 4 个方面来衡量。

$$人均配送量 = \frac{出货量}{配送人数} \qquad 人均配送距离 = \frac{配送总距离}{配送人数}$$

$$人均配送重量 = \frac{配送总重量}{配送人数} \qquad 人均配送车次 = \frac{配送总车次}{配送人数}$$

通过人员负担指标可以充分了解配送人员的工作量和作业贡献，根据实际情况可随时调整配送人员数量。

2．车辆负荷

车辆负荷指标可通过每车货运量、每车配送距离和每车配送重量 3 个方面来衡量。

$$每车货运量 = \frac{配送总距离 \times 总吨数}{配送车辆总数}$$

$$每车配送距离 = \frac{配送距离}{配送总车数} \qquad 每车配送重量 = \frac{配送总重量}{配送总车数}$$

通过车辆负荷指标可以评估配送车辆的负荷大小，从而决定是否增减车辆。最佳车辆负荷大小应根据实际情况来确定。

3．空车率

$$空车率 = \frac{空车行走距离}{配送总距离} \times 100\%$$

当空车率较高时，表示没有充分做到"回程顺载"的原则，增加了配送成本。为了减少空车率，首先要提高回程顺载率，加强"回收物流"管理。

4．配送车辆开动率

$$配送车辆开动率 = \frac{配送总车次}{车辆数量 \times 工作天数} \times 100\%$$

通过公式可以观察车辆的利用率。如果利用率过高，则应增加车辆；如果利用率太低，则应减少车辆数量或增加配送货物。

5．配送平均速度

配送平均速度用于评估配送路线是否最佳。

$$配送平均速度 = \frac{总配送距离}{总配送时间}$$

6. 时间效益

时间效益用于分析单位时间的贡献率。

$$单位时间配送量 = \frac{出货量}{配送总时间} \qquad 单位时间生产能力 = \frac{营业额}{配送总时间}$$

7. 配送成本

配送成本可从配送成本比率、每吨配送成本、每车次配送成本和每公里配送成本几个方面进行分析。

$$配送成本比率 = \frac{车辆配送成本}{物流总费用} \times 100\% \qquad 每吨配送成本 = \frac{本辆配送成本}{总配送重量}$$

$$每车次配送成本 = \frac{车辆配送成本}{总配送车次} \qquad 每公里配送成本 = \frac{车辆配送成本}{总配送距离}$$

通过分析配送成本，从而采取措施，降低成本，提高效益。

8. 配送延误率

$$配送延误率 = \frac{配送延误车次}{总配送车次} \times 100\%$$

为了维护企业信誉，确保交货时间是较为重要的。若配送延误率较高，其原因可能是车辆故障、交货配送延误、路况不良等问题。可针对具体原因，逐一改进。

11.2.8　配送中心经营管理综合指标

1. 配送中心单位面积效益

配送中心单位面积效益用于衡量配送中心单位面积（每平方米）的营业收入（产值）。

$$配送中心单位面积效益 = \frac{营业额（产值）}{建筑物总建筑面积}$$

当物流配送中心单位面积效益过小时，说明销售量减少、营业额不高和产品价值降低等，应扩大营业范围或针对实际情况加以改进。

2. 人员作业能力

人员作业能力用于衡量配送中心人员的单产水平。

$$人均作业量 = \frac{出货量}{配送中心总人数} \qquad 人均生产率 = \frac{营业额}{配送中心总人数} \times 100\%$$

通过这两个公式可以衡量配送中心员工贡献大小和商品价格情况。

人员作业能力可通过以下途径进行改善：①有效地利用节省人员的物流机械设备；②减少配送中心从业人员，首先考虑削减间接人员，尤其是当直间工比率不高时。

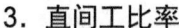

3．直间工比率

直间工比率用于衡量配送中心作业人员及管理人员的比率是否合理。

$$直间工比率 = \frac{一线作业人员}{配送中心总人数 - 一线作业人数} \times 100\%$$

4．固定资产周转率

固定资产周转率用于衡量配送中心固定资产的运行绩效，评估所投资的资产是否充分发挥效用。

$$固定资产周转率 = \frac{产值}{固定资产总额} \times 100\%$$

5．产出与投入平衡率

产出与投入平衡率是指进出货件数比率。该指标用于判断是否维持低库存量，以及与零库存的差距。

$$产出与投入平衡率 = \frac{出货量}{进货量} \times 100\%$$

改善产出与投入平衡率的对策有：如果想以低库存作为最终目标，且不会发生缺货现象，则产出与投入平衡率最好控制在 1 左右，而实现整改目标的关键是要切实做好销售预测。

11.2.9　配送中心客户服务水平指标

除了要对配送中心运营的经济性进行考评以外，还应该强调配送中心的服务质量。只有在考虑一定客户服务水平的前提下对经济性指标进行考察，才是有意义的。客户服务水平指标一般有以下几个。

1．客户满意度

客户满意度是衡量企业竞争力的重要指标，客户满意与否不仅影响企业的经营业绩，而且影响企业的形象。这项指标不仅反映出配送中心服务水平的高低，同时可衡量出企业竞争力的大小。其计算公式为：

$$客户满意度 = \frac{满足客户需求数量}{客户需求数量} \times 100\%$$

2．缺货率

缺货率是配送中心商品可得性的衡量尺度。将全部商品所发生的缺货次数汇总起来，就可以反映一个配送中心实现其服务承诺的状况。其计算公式为：

$$缺货率 = \frac{缺货次数}{客户订货次数} \times 100\%$$

3．准时交货率

准时交货率是满足客户需求的考核指标。其计算公式为：

$$准时交货率= \frac{准时交货次数}{总交货次数} \times 100\%$$

4．货损货差赔偿费率

货损货差赔偿费率是反映仓库在整个收发保管作业过程中作业质量的综合指标。其计算公式为：

$$货损货差赔偿费率= \frac{货损货差赔偿费总额}{同期业务收入总额} \times 100\%$$

11.3 配送中心绩效评价指标分析

配送中心的各项考核指标是从不同角度反映某一方面的情况，如果仅凭某一项指标很难反映事物的总体情况，也不容易发现问题，更难找到产生问题的原因。因此，要全面、准确、深刻地认识配送中心运作的现状和规律，把握其发展的趋势，必须对各个指标进行系统而周密的分析，以便发现问题，并透过现象认识内在的规律，采取相应的措施使配送中心各项工作水平得到提高，从而提高企业的经济效益。

1．指标分析的意义

（1）了解配送中心各项任务的完成情况和取得的成绩，及时总结经验。

（2）发现配送中心工作中存在的问题及薄弱环节，以便查明原因并加以解决。

（3）弄清配送中心设施的利用程度和潜力，进一步提高作业能力。

（4）考核配送中心基本原则的执行情况，对作业的质量、效率、安全、经济等做出全面评价。

（5）找出规律，为配送中心的发展规划提供依据。

2．指标分析的方法

1）对比分析法

对比分析法是将两个或两个以上有内在联系的、可比的指标（或数量）进行对比，从对比中找矛盾、寻差距、查原因，从而认识配送中心运作的现状及其规律性。对比分析法是指标分析法中使用最普遍、最简单和最有效的方法。

运用对比分析法对指标进行对比分析时，一般都应该选定对比标志。根据分析问题的需要，主要有以下几种对比方法。

（1）计划完成情况的对比分析。计划完成情况的对比分析，是指将同类指标的实际完成数（或预计完成数）与计划数进行对比分析，从而反映计划完成的绝对数和程度，分析计划完成或未完成的具体原因，肯定成绩，总结经验，找出差距，提出措施。

（2）纵向动态对比分析。纵向动态对比分析是指将配送中心的同类有关指标在不同时间做对比，如本期与基期（或上期）对比、与历史平均水平对比、与历史最高水平对比等。这种对比，反映事物发展的方向和速度，说明增长或降低的原因，并提出建议。

（3）横向类比分析。横向类比分析是指将配送中心的有关指标在同一时期相同类型的不同空间条件下的对比分析。类比单位的选择一般是同类企业中的先进企业，它可以是国内的，也可以是国外的。横向类比分析往往能起到"清醒剂"的作用，能够找出差距，采取措施，赶超先进。

（4）结构对比分析。结构对比分析是指总体分为不同性质的各部分，以部分数值与总体数值之比来反映事物内部构成的情况，一般用百分数表示。例如，在货物保管损失中，可以计算分析因保管养护不善造成的霉变残损、丢失短少、不按规定验收、错收错付而发生的损失等各占的比重。通过指标的结构对比，可以研究各组成部分的比重及变化情况，从而加深认识配送中心工作中各个部分存在的问题及其对总体的影响。

应用对比分析法进行对比分析时，首先要注意所对比的指标或现象之间的可比性。对比分析是两个或两个以上有联系的指标或现象间的比较，这就要求根据现象的性质并结合分析研究的目的来考虑。在进行纵向动态对比时，主要是要考虑指标所包括的范围、内容、计算方法、计量单位、所属时间等相互适应，彼此协调；在进行横向类比对比时，要考虑对比的单位之间必须是经济职能或经济活动性质、经营规模基本相同，否则就缺乏可比性。其次要结合使用各种对比分析方法。每个对比指标只能从一个侧面来反映情况，只做单项指标的对比，会得出片面结论，有时甚至会得出误导性的分析结果。把有联系的对比指标结合运用，有利于全面、深入地研究分析问题。另外，还需要正确选择对比的基数。对比基数的选择，应根据不同的分析和目的进行，一般应选择具有代表性的作为基数。如在进行指标的纵向动态对比分析时，应选择企业发展比较稳定的年份作为基数，这样的对比分析才更具有现实意义；否则，与过高或过低的年份所做的比较，就达不到预期的目的和效果。

2）因素分析法

因素分析法是用来测定受多种因素影响的某种经济现象总变动中各个因素的影响方向和影响程度的一种统计分析方法。因素分析法适用于多种因素构成的综合性指标的分析，如成本、利润、资金周转等方面的指标。运用因素分析法的一般程序是：①确定需要分析的指标；②确定影响该指标的各因素及与该指标的关系；③计算确定各个因素影响的程度数额。

因素分析法的具体方法主要是差额分析法和连环替代法。如果各项因素与某项指标的关系为加或减的关系时，可采用差额分析法。例如，企业利润总额是由 3 个因素影响的，其表达式为：利润总额=营业利润+投资损益+营业外收支净额。在分析上年和本年的利润变化时可以分别算出本年利润总额的变化，以及 3 个影响因素与上年比较时不同的变化，这样就可以了解本年利润增加或减少主要是由 3 个因素中的哪个因素引起的。若各项因素与某项指标的关系为乘或除的关系时，可采用连环替代法。

因素分析法的基本做法是，假定影响指标变化的诸因素之中，在分析某一因素变动对总指标变动的影响时，只有这一个因素在变动，其余因素都必须是同度量因素（固定因素），然后逐个进行替代某一项因素单独变化，从而得到每项因素对该指标的影响程度。

在采用因素分析法时，应注意各因素按合理的顺序排列，并注意前后因素按合乎逻辑的衔接原则处理。如果顺序改变，各因素变动影响程度之积（或之和）虽仍等于总指标的变动数，但各因素的影响值就会发生变化，从而得出不同的答案。

下面以材料成本差异的分析为例来说明因素分析法在成本费用分析中的运用。首先，先确定影响材料成本总额的因素，一般认为有 3 种因素：产品产量、单位产品所消耗的材料数量及材料的单价。按它们相互之间的依存关系及确定因素顺序的方法列出计算公式为：

$$材料成本总额=产品产量×单位产品所消耗的材料数量×材料的单价$$

例 某配送中心的材料成本资料如表 11.2 所示。

表 11.2　某配送中心的材料成本资料

因　素	计　划　数	实　际　数	差　额
产品产量（件）	10 000	9 800	−200
单位产品消耗材料量（千克）	4	3.75	−0.25
材料单价（元）	5	6	+1
材料成本总额（元）	200 000	220 500	+20 500

从表 11.2 中可以看出，材料成本总额实际数高于计划数，多出 20 500 元，是一种不利的趋势。这种趋势是由 3 种因素共同作用导致的。先用因素分析方法来对这个问题进行分析。

a．以计划数为基数计算总成本为 10000×4×5=200000（元）。

b．以实际产品产量替代计划产品产量计算总成本为 9800×4×5=196000（元）。

则产品产量的变动对材料成本总额的影响为：

$$（b−a）=−4000（元）\qquad①$$

c．以实际单位产品材料消耗量替代计划的数量计算总成本为 9800×3.75×5=183750（元）。

则单位产品消耗材料变动对材料成本总额的影响为：

$$（c−b）=−12250（元）\qquad②$$

d．以实际材料单价替代计划材料单价计算总成本为 9800×3.75×6=220500（元）。

则材料单价变动对材料成本总额的影响为：

$$（d−c）=36750（元）\qquad③$$

影响额合计=①+②+③=20500 元

通过计算可以看出，虽然产品数量和单位产品消耗数量的变动都使材料成本总额呈下降的趋势（分别使成本下降 4 000 元和 12 250 元），但由于材料单价的上升，使材料成本总额上升的趋势超过了使之下降的因素的影响，最终结果即材料成本总额上升 20 500元，这与分析对象相一致。

从例中可以看出材料单价是配送中心绩效评价关注的重点，进一步分析可能导致其上升的原因，如果是因进价过高、舍近求远等原因造成，则要采取措施对采购部门进行改进；如果是采购计划问题导致紧急采购使单价上升，或质量的提高使单价上升，则要区别各种情况，具体问题具体分析，不能将单价的变动不加分析地全盘归责于采购部门。

另外，产品产量的减少导致材料成本总额的下降未必是一种好趋势，产品产量的减少，可能导致销售收入下降，影响配送中心的盈利能力。因此，对导致产品产量下降的原因也要深入分析，另外，单位产品的材料消耗量有利的变动，也值得进一步分析，然后将经验加以推广。以上这些数字背后的分析工作，不可能在会计报表上完成，需要深入生产经营第一线进行调查研究。

 案例分析

7-11 便利店的高效配送系统

作为全球最大的便利店企业，截至 2016 年 2 月底，7-11 在全世界 17 个国家和地区已开了 58 904 家连锁店。从美国诞生到引进日本逐渐发展壮大，再到泰国、中国台湾、中国香港，再到中国大陆市场，在每一个征战的市场上，都获得了举世瞩目的成绩。它的绿、红、橘的商标及闪耀在都市里的招牌，也成了一道亮丽的城市风景。2016 财年，7-11 日本公司零售总额 2 473 亿元人民币，总收入 457 亿元人民币，利润 93.8 亿元人民币，销售额和利润额都是全球业界第一。净利润率高达 20.5%，远超过全球所有零售企业（全球平均水平在 3% 左右），同时，人均创造利润约 116 万元人民币！同我国便利店相比，7-11 的"坪效"是国内便利店的 11 倍，"人效"是国内的 87 倍，而存货周转率仅为国内的 1/6，两者效益和效率都相去甚远！7-11 取得如此骄人的成绩，离不开其完善高效的配送体系。

完善高效的配送体系是零售业实现连锁经营的基础条件，一家成功的连锁便利店背后一定有一个高效的物流配送系统。JIT 物流配送的特点是少量、多次、迅速，这对整个物流配送体系的效率和准确度要求极高。新鲜、及时、便利和不缺货是 7-11 配送管理的最大特点，它建立的 JIT 的物流配送体系，还成功削减了相当于商品原价 10% 的物流费用。

典型的 7-11 便利店非常小，场地面积平均仅 20 平方米左右，但就是这样的门店提供的日常生活用品达 300~500 种，所有商品必须能通过物流配送中心得到及时补充。这种多品种小批量高频率的物流特点需要高效的共同配送，即按照不同的地区和商品群划分，组成共同配送中心，改变以往供应商直接往店铺送货的配送方式，由供应商先将货物送到店铺指定的配送中心，再由指定的配送中心于适当时间往店铺配送。

7-11 的物流配送对于一般性商品，实行一日三次的配送制度，早上 3—7 点配送前一天晚上生产的一般食品，前一天晚上生产的特殊食品如牛奶、新鲜蔬菜等，则在早上 8—11 点完成配送，当天上午生产的食品，在下午 3—6 时送到。对于特殊要求的如冰激凌就会绕过配送中心，由配送车直接从供应商那分为早中晚三次分别配送到各家店铺。除此之外，为做到供货的万无一失，还特地定了一个特别配送制度，即当预计第二天天气变化导致需求量急剧增加时，配送中心就会动用安全库存对店铺进行紧急配送。为了提升配送效率，对物流所有的流程以分钟计算，以一个包括 170~180 个店铺的配送小组物流活动时间为例，整个物流活动时间约为 4 小时，具体分解如下：一家便利店备货时间 65 秒，搬运时间 5~6 分钟，从点头分拣到结束 15 分钟等，每一个流程精确到分甚至到秒。

最值得一提的是 7-11 的食品配送，目前已经实现了全球范围内的不同温度带物流配送体系，针对不同种类的商品设定了不同的配送温度，并使用与汽车生产厂家共同开发的专用运输车进行配送。7-11 的食品是销量最大的，其最大的特点是新鲜、美味，因此食品的物流是“根据温度管理”的。每个配送中心都有冷冻食品配送中心、常温食品配送中心。在各个区域设立的共同配送中心，根据产品不同特性，将商品分为冷冻型（零下 20℃），如冰激凌；微冷型（5℃），如牛奶、生菜等；恒温型，如罐头、饮料等；暖温型（20℃），如饭食、面包等四个温度段进行集约化管理。

从便利店方面来说，实施 JIT 的共同配送可保证商品的新鲜度，减少库存储量，增加商品品类，减少商品因过期而产生浪费的现象，降低了物流成本，实现了单品管理。对供应商来说，共同配送系统的使用，可使其及时根据便利店订货情况来组织生产，使原材料库存降至最低，同时，随着配送店铺的不断增加，规模效应越明显，其物流成本越来越低。

此外，7-11 公司还提供联机接受订货系统和自动分货系统，来协助配送中心实现运作的系统化和高效化，信息技术系统是提高运营质量的强大后盾。信息技术系统主要包括订货、销售信息记录分析、货架管理、订单处理的信息化。先进的信息技术系统可使 7-11 对市场需求及时全面地获得反馈，并与供应商及物流服务提供商建立了强大的合作网络，可以极大地提高供应链以及便利店运营效率，加快订单流动。

7-11 便利店凭借高效的物流配送系统，成功实现了物流低成本、高效率，在与其他零售企业的竞争中处于优势地位。

思考题

7-11 的配送模式对我国便利店发展有何借鉴意义？

复习思考题

1．简述配送中心绩效评价指标体系的作用及建立原则。
2．简述配送中心绩效评价的内容。
3．简述仓储系统的绩效评价指标。
4．简述配送系统的绩效评价指标。
5．考核配送中心服务水平方面的指标有哪些？有何意义？

实训题

实训目的：

1．了解和熟悉配送中心绩效评价指标。
2．熟悉和掌握配送中心绩效评价方法。

实训要求：

1．提前熟悉成本核算理论，收集相关资料。

2．分析总结不同类型企业在绩效考核时的侧重点及其原因。

3．对所实习（参观）的企业实际使用的绩效考核与分析方法进行评价。

实训操作与规范：

1．遵守企业的规章制度。

2．要有保密意识，不探寻、不传播企业的商业秘密。

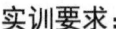 **推荐阅读材料**

1．三分钟掌握世界上最伟大的管理工具——平衡计分卡。

http://www.360doc.com/content/16/0718/08/34487992_576438874.shtml

2．绩效主义毁了索尼。

https://www.huxiu.com/article/1084/1.html

3．张继辰，王伟立．华为目标管理法（第 1 版）[M]．深圳：海天出版社，2015.

参考文献

[1] 刘昌祺，王倪明，张俊霖. 物流配送中心设计及其应用[M]. 北京：机械工业出版社，2013.

[2] 贾争现. 物流配送中心规划与设计（第3版）[M]. 北京：机械工业出版社，2013.

[3] 刘志学，徐贤浩. 物流配送中心规划与运作管理（第2版）[M]. 武汉：华中科技大学出版社，2014.

[4] 金跃跃，刘昌祺，杨玮. 物流仓储配送系统设计技巧450问[M]. 北京：化学工业出版社，2015.

[5] 罗伯特·马尔德（Robert Mulder），米歇尔·科布森（Michiel Kobussen）. 仓库和配送中心设计[M]. 孙阳，译. 沈阳：辽宁科学技术出版社，2014.

[6] 陈达强，谢如鹤. 配送与配送中心运作与规划[M]. 杭州：浙江大学出版社，2010.

[7] 姚城. 物流配送中心规划与运作管理[M]. 广州：广东省出版集团，广东经济出版社，2011.

[8] 冯耕中，李毅学，华国伟. 物流配送中心规划与设计（第2版）[M]. 西安：西安交通大学出版社，2011.

[9] 王转. 配送中心系统规划课程设计指导[M]. 北京：高等教育出版社，2016.

[10] 王成林. 配送中心规划与设计[M]. 北京：中国财富出版社，2014.

[11] 马向国，刘昌祺. 现代物流配送中心规划、仿真及应用案例[M]. 北京：中国发展出版社，2014.

[12] 罗松涛，高明波. 配送与配送中心管理[M]. 北京：对外经济贸易大学出版社，2008.

[13] 王转. 配送与配送中心（第2版）[M]. 北京：电子工业出版社，2015.

[14] 青岛英谷教育科技股份有限公司. 物流配送中心规划与运作管理[M]. 西安：西安电子科技大学出版社，2016.

[15] 丁立言，等. 物流配送[M]. 北京：清华大学出版社，2002.

[16] 方庆馆，王转. 现代物流设施与规划[M]. 北京：机械工业出版社，2004.

[17] 李万秋. 物流中心运作管理[M]. 北京：清华大学出版社，2003.

[18] 孙学琴，梁军. 物流中心运作管理[M]. 北京：机械工业出版社，2004.

[19] 储雪俭. 物流配送中心与仓储管理[M]. 北京：电子工业出版社，2006.

[20] 王焰. 配送中心规划与管理[M]. 长沙：湖南人民出版社，2006.

[21] 李玉民. 物流工程[M]. 重庆：重庆大学出版社，2009.